C·H·Beck
PAPERBACK

Horst Teltschik

RUSSISCHES ROULETTE

Vom Kalten Krieg zum Kalten Frieden

C.H.Beck

Mit 13 Abbildungen

Gesetzt aus der Stempel Garamond LT Std
Druck und Bindung: Pustet, Regensburg
Umschlaggestaltung: Geviert, Grafik und Typografie,
Andrea Hollerieth
Umschlagabbildung: Iskander Rakete,
Waffenschau in Kubinka, Juni 2015

Gedruckt auf säurefreiem, alterungsbeständigem Papier
(hergestellt aus chlorfrei gebleichtem Zellstoff)
Printed in Germany
ISBN 978 3 406 73229 4

www.chbeck.de

Inhalt

Einleitung

Nach dem Ende des Kalten Krieges wurde die Welt nicht plötzlich friedlich. Auch in den 1990er Jahren gab es zahlreiche gewaltsame Konflikte. Es genügt, an den Irak, Jugoslawien, Somalia oder Ruanda zu erinnern. Doch ein großer Krieg zwischen Atommächten war nach dem Fall des «Eisernen Vorhangs» so gut wie unmöglich geworden. Man gewöhnte sich daran, nicht mehr, wie noch in den 1980er Jahren, im Schatten eines großen Konfliktes zu leben. Der Frieden erschien zunehmend als Selbstverständlichkeit, und nicht wenige haben heute offenbar vergessen, dass er es nicht ist.

Am 7. April 2018 berichtete die Hilfsorganisation «Weißhelme», die syrische Armee habe in Ost-Ghouta Giftgas eingesetzt. Ob es sich wirklich so verhielt, ist bis heute ungeklärt. Ein Zwischenbericht der Kontrollorganisation für Chemiewaffen, der OPCW, vom Juli 2018 schloss den Einsatz von Nervengift aus, lieferte aber Indizien für die Verwendung von Chlorgas. Trotz der völlig ungeklärten Faktenlage drängte US-Präsident Donald Trump sofort auf einen umfassenden Militärschlag gegen das Assad-Regime und das, obwohl Russland als dessen Verbündeter gedroht hatte, alle auf Syrien abgefeuerten Raketen abzuschießen und im Gegenzug die Basen anzugreifen, von denen sie gestartet würden. In der Konsequenz hätte das bedeutet, dass amerikanische Schiffe im Mittelmeer ins Visier russischer Marschflugkörper geraten wären – mit völlig unberechenbaren Folgen für den Weltfrieden. Donald Trump schien das nicht weiter zu bekümmern. Er kündigte Moskau die Raketen sogar per Twitter an: «Mach dich bereit, Russland, denn sie werden kommen, schön und neu und ‹smart›.» Sein eigenes Militär hat ihm in letzter Minute den großen Enthauptungsschlag ausgeredet. Heraus kam am 14. April eine Art Alibiangriff auf angeblich mit dem syrischen Chemiewaffenprogramm in Zusammenhang stehende Orte, der nur sehr geringen Schaden anrichtete und vermutlich mit Moskau abgestimmt war. Dennoch, die Welt war in diesen Tagen so nahe an einer Katastrophe, wie seit den frühen 1980er Jahren nicht mehr.

Etwas mehr als ein halbes Jahr später kam es an der Straße von Kertsch, der Meerenge zwischen dem Schwarzen und dem Asowschen Meer, zu einem ernsten Zwischenfall. Drei Schiffe der ukrainischen Marine, die in Richtung Asowsches Meer unterwegs waren, wurden von der russischen Marine aufgebracht. Daraufhin verhängte das Parlament der Ukraine das Kriegsrecht und Präsident Poroschenko verkündete, er halte einen Krieg der beiden Länder für möglich. Der ukrainische Botschafter in Berlin forderte sogar ernsthaft die Entsendung der deutschen Marine zur Krim, um dort zu «deeskalieren».

Es ist noch gar nicht so lange her, da sahen sich Russland und die NATO als Partner. Ungetrübt war das Verhältnis auch in den 1990er Jahren nicht, aber es existierte doch ein gegenseitiges Grundvertrauen, und es kam auf vielen Ebenen, auch im sicherheitspolitischen Bereich, zu erfolgreicher Zusammenarbeit. Inzwischen muss man konstatieren, dass die Feindbilder zurückgekehrt sind. In Russland sehen viele «den Westen» als rücksichtslosen Konkurrenten, der das eigene Land gedemütigt hat und seine Einflusszone immer weiter an die russischen Grenzen schieben will. Präsident Putin zieht einen gehörigen Teil seiner Popularität daraus, dass er «dem Westen» Paroli bietet. Aber umgekehrt steht auch bei uns das Feindbild Russland wieder in voller Blüte. Positive Nachrichten aus Moskau sucht man derzeit vergebens, auch dann, wenn es einmal Anlass dazu gäbe. Stattdessen herrscht geradezu eine

Obsession mit «Putin», der auch in der deutschen Berichterstattung zunehmend zu einer Art omnipotentem Bösewicht wird. Er scheint seine Finger in nahezu jeder üblen Machenschaft der Weltpolitik zu haben, und es gibt keine Schandtat, die man ihm nicht zutraut.

Die verzerrte Wahrnehmung des Kontrahenten auf beiden Seiten ist nicht ungefährlich, denn sie verkleinert die diplomatischen Spielräume, steht einem Interessenausgleich im Wege und macht die rasche Eskalation von Konflikten wahrscheinlicher. Die eigene Interpretation der westlichen Politik war sicher einer der Gründe für Russlands aggressive Haltung in der Ukrainekrise und die schnelle Annexion der Krim. Man vergleiche aber auch die Reaktion westlicher Politiker in den Fällen Skripal und Khashoggi. Den verantwortungslosen Nowitschok-Anschlag auf den ehemaligen Doppelagenten Sergej Skripal beantworteten die westlichen Regierungen umgehend mit einer Ausweisung russischer Diplomaten, begleitet von einer scharfen Rhetorik – und das bereits lange bevor die Beweise vorlagen, mit denen die Urheberschaft des russischen Militärgeheimdienstes inzwischen nachgewiesen wurde. Auf den bestialischen Mord an dem Dissidenten Jamal Khashoggi im saudischen Konsulat in Istanbul reagierte der Westen dagegen sehr viel abwartender. Die diplomatischen Rücksichtnahmen, die beim Verbündeten Saudi-Arabien greifen, sind bei Russland völlig ausgeschaltet. Das ist eine gefährliche Entwicklung.

«Je näher uns jemand ist, desto schwerer fällt es, ihn zu hassen», schrieb der Journalist Bastian Berbner kürzlich in der «Zeit», und er zitierte eine Anekdote George Orwells aus dem Spanischen Bürgerkrieg: «Ein Mann, wahrscheinlich ein Bote mit einer Nachricht, sprang aus dem Schützengraben und rannte in bester Sicht auf dem Wall entlang. Er war nur halb bekleidet und hielt mit beiden Händen seine Hose fest. Ich habe nicht auf ihn geschossen. Ich war gekommen, um Faschisten zu töten, aber ein Mann, der seine Hose festhält, ist kein Faschist, er ist offenkundig ein Mensch, wie du selbst.» Feindbilder leben davon, dass wir unsere Gegner nicht wirklich kennen. Je weniger wir über sie wissen, desto leichter fällt es, unser Mitgefühl auszuschalten. Nur eine Minderheit der Soldaten, so zeigen Studien, feuerte in den Weltkriegen gezielt auf andere Menschen. Es braucht einiges, damit ein Mensch den Willen zum Töten entwickelt. Deswegen legt die Kriegspropaganda so großen Wert darauf, den Gegner zu entmenschlichen, ihn als das schlechthin «Böse» darzustellen und ihn zum unversöhnlichen Feind zu stilisieren.

Je weniger Kontakte es zu denjenigen gibt, die nicht unserer Meinung sind, desto leichter werden sie in unserem Kopf zu Gegnern, auf die wir nicht mit Empathie reagieren, sondern mit Wut und Aggression. Mit einem Gegner wollen wir nicht reden, wir wollen auch seinen Standpunkt nicht verstehen, sondern wir wollen ihn bekämpfen oder zum Nachgeben zwingen. Umgekehrt zeigt die psychologische Forschung, dass Vorurteile und Hass schwinden, wenn Menschen ihr Gegenüber erst einmal näher kennenlernen. Es ist im Grunde eine Binsenweisheit: Miteinander reden hilft.

Was für einzelne Menschen und ihre Konflikte gilt, das gilt auch zwischen Staatsführern und auf der Ebene der internationalen Politik. Wenn ich etwas gelernt habe in den vielen Jahren, die ich politisch tätig war, darunter knapp zwei Jahrzehnte als außenpolitischer Berater von Bundeskanzler Helmut Kohl in einer der gefährlichsten Phasen des Kalten Krieges, dann ist es dieses: Es braucht den persönlichen Draht der Spitzenpolitiker zueinander. Ohne Treffen und Gespräche entsteht kein Vertrauen, und ohne Vertrauen können aus Gegnern keine Partner werden. Es war das persönliche Vertrauensverhältnis zwischen Michail Gorbatschow, George Bush dem Älteren und Helmut Kohl, durch das die Überwindung des Kalten Krieges überhaupt erst möglich wurde. Und damit so ein Vertrauensverhältnis entstehen kann, muss man auch zuhören können und die Interessen seines Gegenübers zunächst einmal zur Kenntnis nehmen. Doch passiert das gegenwärtig noch im Verhältnis zu Russland?

Auch wenn etwa die Bundesregierung sich in den letzten Jahren sehr darum bemüht hat, den Gesprächsfaden nach Moskau nicht abreißen zu lassen, so gibt es in der internationalen Politik heute doch einen Trend dahin, mit dem Gegner nicht mehr zu reden. Der Ausschluss von der internationalen Kommunikation wird als Strafe für Fehlverhalten genutzt und die Wiederaufnahme von Kontakten nicht selten an Vorbedingungen geknüpft. So gibt es viele, die es als eine Art Verrat an westlichen Werten empfinden, wenn jemand mit Assad oder dem Regime in Teheran reden möchte. Auch wer sich mit Wladimir Putin trifft, muss zumindest mit Misstrauen rechnen, so als könnte ein Gespräch mit ihm den Dialogpartner kontaminieren. Es ist jedoch sehr wahrscheinlich, dass er über die jetzige Amtszeit hinaus Präsident Russlands bleiben wird. Entsprechende Überlegungen zu einer Verfassungsänderung sind im Kreml und in der Duma längst in Gange. Putin wird auf absehbare Zeit der Ansprechpartner im Kreml sein.

In der Ukrainekrise und vorher schon infolge des Georgienkrieges von 2008 wurden als Reaktion Dialogforen wie der NATO-Russland-Rat ausgesetzt. Doch wie sinnvoll ist es, mit seinen Gegnern in einer Krise nicht mehr zu reden? «Mit wem wollen Sie sonst reden, um politische Konflikte zu lösen? Mit Ihren Freunden?», wurde Bastian Berbner von einem Psychologieprofessor der New Yorker Columbia-University gefragt, der dort ein «Difficult Conversations Lab» betreibt. «Außerdem, älteste Regel: Am Ende gewinnt, wer seinen Gegner kennt. Dafür musst du mit ihm reden.» Oder, etwas salopper formuliert: Im Zweifel muss man sich auch mit dem Teufel treffen, wenn man ein Ergebnis haben will.

Die NATO und Russland befinden sich gegenwärtig in einer

Eskalationsspirale, die nicht selten an Sandkastenspiele trotziger Kinder erinnert: Bewirfst du mich mit Sand, dann werfe ich zurück. Truppen werden an die Grenze verlegt, die Militärs führen Manöver durch, die jeweils klar gegen den anderen gerichtet sind, es wird aufgerüstet, und täglich steigt das Risiko, dass bei einem Patrouillenflug, einem Manöver oder eben in Syrien oder der Ukraine etwas schiefgeht. Wohin soll das führen? Dringend nötig wären neue Gespräche über Abrüstung und Rüstungskontrolle sowie vertrauensbildende Maßnahmen auf militärischem Gebiet. Tatsächlich geschieht das Gegenteil, und Instrumente, die wie die OSZE (Organisation für Sicherheit und Zusammenarbeit in Europa) die kollektive Sicherheit in Europa stärken könnten, werden kaum genutzt.

Viele der Verträge, mit denen am Ende des Kalten Krieges die Abrüstung in Gang kam und mit denen eine gewisse Transparenz geschaffen wurde, sind nicht mehr in Kraft. Die Regierung von US-Präsident George W. Bush kündigte 2001 den ABM-Vertrag zu Raketenabwehrsystemen, Russland setzte 2007 den KSE-Vertrag zur Kontrolle konventioneller Streitkräfte in Europa aus. Und im Herbst 2018 verkündete US-Präsident Donald Trump, aus dem INF-Vertrag austreten zu wollen, der den USA und Russland den Besitz landgestützter nuklearer Mittelstreckenraketen und Marschflugkörper verbietet und vor allem für Europa von Bedeutung ist.

Russland wirft den USA vor, durch die Einrichtung von Raketenabwehrbasen in Polen und Rumänien den INF-Vertrag zu verletzen, da diese auch zum Abschuss von nuklearen Marschflugkörpern geeignet seien. Auch seien die neuen Angriffsdrohnen der US-Streitkräfte in ihren Fähigkeiten Mittelstreckenraketen vergleichbar. Die USA wiederum werfen Russland vor, falsche Angaben über die Reichweite neu entwickelter Raketen zu machen und in Wahrheit bereits neue Mittelstreckenraketen in Dienst gestellt zu haben. Am 4. Dezember 2018 erklärten die NATO-Außenminister, Russland habe mit der Entwicklung und Stationierung des Raketensystems 9M729 den INF-Vertrag gebrochen. Noch am gleichen Tag kündigte US-Außenminister Mike Pompeo an, den Vertrag in 60 Tagen auszusetzen. Die Antwort von Präsident Putin blieb nicht aus. Die russischen Systeme würden die zulässige Reichweite nicht übersteigen. Die USA wollten den INF-Vertrag kündigen, um neue Waffensysteme zu entwickeln. «Wir werden das Gleiche tun», konterte er. Wie auch immer sich das tatsächlich verhalten mag: Wenn Verdachtsmomente gegenüber Russland «seit Jahren» vorliegen, wie NATO-Generalsekretär Jens Stoltenberg behauptete und unter anderem auf den NATO-Russland-Rat als Dialogforum hinwies, dann stellt sich die Frage, warum solche Gespräche zwischen Russland und den USA dort nicht schon viel früher aufgenommen wurden und nicht erst Ende Januar 2019 gewissermaßen in letzter Minute und dann auch nur auf der Ebene von Botschaftern, die keinerlei Entscheidungsbefugnis haben. Am 1. Februar 2019 jedenfalls kündigten die USA den INF-Vertrag. Sollte bis dahin keine der Initiativen zu seiner Rettung erfolgreich sein, wird er ein halbes Jahr später auslaufen.

Was in den aufgeheizten Debatten um die gegenseitigen Vorwürfe gerne übersehen wird, ist, dass an diesen Verträgen auch zahlreiche Überwachungsmissionen und Kontrollmaßnahmen hingen, die bei allen Differenzen ein gewisses Grundvertrauen erhalten konnten. Wer über das Militärpotential seines Gegenübers einigermaßen Bescheid weiß, ist weniger anfällig für wilde Spekulationen. Inzwischen befinden wir uns jedoch auf einem Weg, der Russland für die USA und die USA für Russland militärisch wieder zunehmend zu einer «black box» werden lässt – mit allen Folgen, die das für ins Kraut schießende Verdächtigungen und Überreaktionen auf beiden Seiten hat. Wir sind dabei, russisch Roulette zu spielen, und es könnte sein, dass die Patronenkammer irgendwann einmal nicht leer ist.

Wie konnte es so weit kommen? Es lohnt, daran zu erinnern, dass wir schon einmal weiter waren. Nach dem Ende des Kalten Krieges sprach man vom Gemeinsamen Haus Europa, die im Rahmen der KSZE (Konferenz für Sicherheit und Zusammenarbeit in Europa) beschlossene Charta von Paris sollte eine europäische Friedensordnung schaffen, und noch in seiner Rede vor dem Deutschen Bundestag 2001 bekannte sich Putin zur Partnerschaft mit dem Westen. Welche Chancen boten sich 1989/90, um eine dauerhafte Friedensordnung in Europa zu errichten! Es war ein historischer Moment, wie er sich in der Geschichte nur selten einmal bietet. Er blieb ungenutzt, und ich frage mich manchmal, ob gerade uns Deutschen die Bedeutung jener revolutionären Umwälzungen in der UdSSR, in Europa und weltweit eigentlich jemals so richtig bewusst geworden ist.

Schon im Dezember 1994 warnte der russische Präsident Boris Jelzin auf einem KSZE-Gipfel in Budapest, Russland werde es nicht tolerieren, von der neuen Sicherheitsordnung in Europa ausgeschlossen zu werden. Hintergrund waren damals die Differenzen zwischen Russland und dem Westen wegen der Krise in Bosnien und insbesondere die amerikanische Unterstützung für den NATO-Beitritt Polens, Ungarns und Tschechiens. Europa habe sich noch nicht von dem Erbe des Kalten Krieges befreit und laufe Gefahr, in einen «kalten Frieden» zurückzufallen, sagte Jelzin damals. Heute ist dieser Zustand definitiv erreicht, und es geht eher darum, eine weitere Eskalation zu vermeiden.

Wie soll man mit Russland umgehen? In unseren Debatten gewinnt zunehmend eine Richtung an Gewicht, die das Land als neo-imperialistische Macht wahrnimmt, die danach strebt, den alten sowjetischen Einflussbereich wieder herzustellen. Verbreitet ist die Vorstellung, Moskau warte nur auf eine günstige Gelegenheit, um die baltischen Staaten anzugreifen und sich die ehemaligen Sowjetrepubliken wieder einzuverleiben. Auch in Polen sorgt man sich vor einem russischen Überfall, als ob Moskau nicht wüsste, dass er ein Angriff auf die NATO schlechthin wäre. Und mehr noch: Weil Russland mit dem Westen nicht mithalten könne, strebe es danach, ihn zu zerstören, so sieht es der amerikanische Historiker Timothy Snyder und verortet die Wurzeln für den weltweiten Aufstieg des Rechtspopulismus in Putins Russland. Wer mit der russischen Führung rede oder ihre Interessen ernst nehme, der fördere bewusst oder unbewusst nur ihre Versuche, den Westen zu spalten. Alle Wege führen nach Moskau, wieder einmal.

Wenn diese Sichtweise stimmen würde, dann gäbe es in der Tat nur eine mögliche Politik: Gegenüber zur Expansion entschlossenen Aggressoren hilft keine Nachgiebigkeit, sondern nur Stärke. Gerne wird in diesem Zusammenhang auch die Erfahrung der gescheiterten Appeasement-Politik gegenüber Hitler in der zweiten Hälfte der 1930er Jahre bemüht. Die Nachgiebigkeit des Westens führte damals nicht zum Abbau der Spannungen, sondern befeuerte nur den Expansionstrieb des nationalsozialistischen Deutschlands.

Doch stimmt diese Analogie? Was wenn Moskaus Interessen im Kern defensiv sind, wenn es der russischen Führung tatsächlich darum geht, sich gegenüber einer wahrgenommenen Expansion des Westens zu behaupten und russische Interessen zu wahren? Dann würde eine Konfrontationsstrategie die Ängste und Vorannahmen nur bestätigen und in eine vermeidbare Eskalationsspirale führen. Eine auf Interessenausgleich und Rüstungskontrolle setzende Politik hätte in diesem Fall sehr viel bessere Aussichten.

Die Frage, wie die Chancen von 1989/90 verspielt wurden, ist daher alles andere als trivial. Es handelt sich auch nicht um ein rein historisches Problem. Denn je nachdem wie man die Geschichte der Beziehungen zwischen dem Westen und Russland in den letzten knapp drei Jahrzehnten erzählt, ergeben sich ganz andere Schlussfolgerungen für die aktuelle Politik.

Nach meiner Erfahrung auf dem internationalen Parkett gibt es in der Außenpolitik in der Regel weder Schwarz noch Weiß. Vielmehr dominieren verschiedene Schattierungen von Grautönen. Es wäre sicherlich falsch, Russland nur als unschuldiges Opfer des Westens zu sehen. Beide Seiten hätten mehr tun können. Der Westen hatte keine Strategie, zeigte zu wenig Initiative und nahm Russland irgendwann als Machtfaktor nicht mehr wirklich ernst. Die russische Seite wiederum hätte mehr Mut aufbringen müssen, auf den Westen zuzugehen. Doch genauso falsch wäre es zu behaupten, der Westen habe Russland Angebot um Angebot gemacht, aber Moskau habe an einer Partnerschaft schlicht kein Interesse gehabt. Denn eines ist meines Erachtens klar: Die russische Politik reagierte auch auf die Handlungen des Westens, und die NATO-Staaten hätten sehr viel mehr Grund zur Selbstkritik, als sie im Moment zugestehen wollen.

Man sollte Russlands Aggression der letzten Jahre weder gutheißen noch verteidigen, doch die gegenwärtige Konfrontationspolitik der NATO müsste dringend durch Kompromissbereitschaft und Verhandlungsangebote ergänzt werden, wenn wir nicht Gefahr laufen wollen, vom kalten Frieden in einen heißen Konflikt zu schlittern. Wir brauchen Dialog statt Eskalation. Und aus welcher Epoche ließe sich besser lernen, wie ein festgefahrener Konflikt aufzulösen ist, als aus der Zeit der Systemkonfrontation? Der Kalte Krieg wurde am Ende überwunden. Es lohnt, sich heute die Lehren zu vergegenwärtigen, die dieser historische Erfolg bereithält.

«Die Welt so sehen, wie sie ist»: Die Lehren des Kalten Krieges

Wer am Ende des Kalten Krieges geboren wurde, ist inzwischen um die 30 Jahre alt. Ein erheblicher Teil der heutigen Bevölkerung verfügt über keine bewusste Erinnerung an die Zeit der Systemkonfrontation, als die nukleare Vernichtung der Menschheit eine reale Möglichkeit war. Und für viele der heute politisch Handelnden oder medial prägenden Figuren ist die damalige Zeit eine ferne Vergangenheit, an die man sich nur noch verschwommen erinnert. Doch alle, die leichtfertig von einer Rückkehr des Kalten Krieges oder einem «neuen Kalten Krieg» sprechen, sollten sich bewusst machen, wie gefährlich die damalige weltpolitische Lage trotz des Gleichgewichts des Schreckens war. Wir sollten alles daransetzen, dass der Ost-West-Konflikt nicht zurückkehrt und dass wir die Sicherheitssysteme bewahren oder wieder in Kraft setzen, die zu seiner Überwindung geschaffen wurden.

Dass der Kalte Krieg friedlich beendet werden konnte, lag neben den ökonomischen Problemen der Sowjetunion vor allem an der Strategie der NATO, die seit der zweiten Hälfte der 1960er Jahre eine Politik der Stärke konsequent mit Angeboten zur Entspannung verband. Der Entspannungspolitik lag zuallererst die Einsicht zugrunde, dass ein Ausgleich nur dann möglich ist, wenn man die Interessen seines Gegenübers erst einmal zur Kenntnis nimmt und respektiert, ganz egal, ob man sie für berechtigt hält oder nicht. Ideologische Gräben werden nicht überwunden, indem man dem Gegner erklärt, dass er sich im Irrtum befindet, sondern indem man abgesehen von allen Differenzen Felder sucht, auf denen man trotz allem kooperieren kann. So wird Vertrauen geschaffen, das Spannungen abbaut und eine Basis für langfristige Veränderungen bietet. «Wandel durch Annäherung» hat Egon Bahr diese Strategie genannt.

Nun wird niemand der NATO vorwerfen, dass sie im Kalten Krieg eine Politik der Schwäche verfolgt hat. Während heute eindeutige Haltungen verlangt werden und in klaren Alternativen gedacht wird, war man sich damals aber bewusst, dass militärische Stärke und Dialog einander nicht ausschließen, sondern sich sogar gegenseitig verstärken können. Dieses Nebeneinander war für den Erfolg der Entspannungspolitik von großer Bedeutung. Die Hand blieb immer ausgestreckt.

Und noch etwas war entscheidend: eine gewisse Hartnäckigkeit im Bemühen um Ausgleich trotz Provokationen der Gegenseite. Denn die Entspannungspolitik des Kalten Krieges ist keine geradlinige Erfolgsgeschichte. Es gab viele Rückschläge und manches sieht im Rückblick eindeutiger und selbstverständlicher aus, als es damals war. Doch nach jeder empörenden Aktion der Sowjetunion hat man wieder an den Verhandlungstisch zurückgefunden, blieb das Bemühen um Abrüstung und Interessenausgleich bestehen. Das sollte doch auch heute möglich sein, denn bei aller Kritik an Putins Russland wird man schwerlich behaupten können, die sowjetischen Provokationen wären damals so viel harmloser gewesen.

Vorausgegangen waren der Entspannungspolitik dramatische Krisen, die Europa und die Welt an den Rand eines neuen Weltkrieges und vor allem eines nuklearen Krieges geführt hatten. Hoffen wir, dass es heute nicht wieder derartiger hochgefährlicher Krisen bedarf, bis ihre Notwendigkeit wieder breiter gesehen wird.

Die Vorgeschichte der Entspannungspolitik

Im November 1958 kündigte der sowjetische Generalsekretär Nikita Chruschtschow in einer Note an die drei Westmächte den Viermächtestatus für Berlin und Gesamtdeutschland auf. Ultimativ forderte er die Umwandlung West-Berlins in eine sogenannte Freie Stadt, den Abzug der alliierten Truppen und die Kontrolle über die Zugangswege. Es drohte eine Wiederholung der Berlinblockade, wie sie die Stadt bereits 1948/49 erlebt und nur durch die immense Hilfe der amerikanischen und britischen Luftwaffe überstanden hatte.

Zwei Monate später forderte die Sowjetunion einen Friedensvertrag mit Gesamtdeutschland. Die NATO müsse aufgelöst und durch ein gesamteuropäisches Sicherheitssystem ersetzt werden. Wieder zwei Monate später, im März 1959, folgte die nächste Drohung: Wenn die sowjetischen Forderungen nicht innerhalb von sechs Monaten erfüllt würden, werde Moskau einen separaten Friedensvertrag mit der DDR abschließen und ihr die staatliche Souveränität und damit auch die alleinige Kontrolle über die Zugangswege nach Berlin übertragen. Gleichzeitig drohte Chruschtschow mit Krieg. Das Ultimatum sollte folgenlos verstreichen. Doch Chruschtschow erneuerte es, als er im Juni 1961 mit dem neuen US-Präsidenten John F. Kennedy in Wien zusammentraf.

Am 13. August begann die DDR, in Berlin eine Mauer zu errichten. Die Spannungen erreichten einen neuen Höhepunkt, als sich am 27. Oktober 1961 sowjetische und amerikanische Panzer am Checkpoint Charlie gefechtsbereit gegenüberstanden. Auch die Bundeswehr war im Winter 1961/62 kriegsbereit. Es gab Ausgangsverbot für die Soldaten. Die Panzerverbände waren aufgetankt und aufmunitioniert und die Unterziehräume besichtigt. Amerikanische Kampfflugzeuge wurden nach Europa verlegt.

Doch damit hatte die Eskalation des Ost-West-Konfliktes

noch kein Ende gefunden. Im Herbst 1962 begann die Sowjetunion, Raketenbasen auf Kuba zu errichten, nachdem Washington zuvor Mittelstreckenraketen des Typs Jupiter in der Türkei stationiert hatte. Die USA verhängten eine Quarantäne über Kuba. Die Kubakrise brachte beide Weltmächte an den Rand eines Atomkrieges. Doch Chruschtschow lenkte ein, nachdem die USA in geheimer Absprache zugesagt hatten, nach einem Abbau der sowjetischen Basen auf Kuba ihrerseits die Raketen aus der Türkei abzuziehen.

An die Dramatik dieser Ereignisse und die Höhepunkte des Kalten Krieges in den Jahren 1958 bis 1962 zu erinnern, ist wichtig. Denn sie zeigen, wohin wir zurückfallen können, wenn sich die heutige Eskalationsspirale ungehindert weiterdreht und wir nicht aktiv gegensteuern. Niemals wieder sollte die Welt so nah an der atomaren Vernichtung vorbeischrammen wie in der Kubakrise. Doch wie hat man damals aus der Konfrontation herausgefunden? Wie hat der Westen, wie haben allen voran die USA, die NATO und die Europäer auf diese Bedrohungen reagiert? Welche Politik verfolgte die Bundesregierung?

Am 10. Juni 1963, ein gutes halbes Jahr nach der gefährlichsten Krise des Kalten Krieges, hielt Präsident John F. Kennedy auf der Abschlussfeier der American University seine eindrucksvolle «Friedensrede». Er wolle «nicht nur von Frieden für Amerikaner, sondern von Frieden für alle Männer und Frauen» und «für alle Zeiten» sprechen. Im Zeitalter von Atomwaffen sei ein totaler Krieg sinnlos. Er sprach die Sowjetunion direkt an und erinnerte daran, dass in der Kriegsgeschichte noch nie eine Nation dermaßen viel Leid ertragen musste wie dieses Land im Laufe des Zweiten Weltkrieges. Mindestens 27 Millionen Menschen kamen ums Leben. Unzählige Wohnhäuser und Bauernhöfe wurden niedergebrannt oder geplündert. Ein Drittel des Staatsgebiets und fast zwei Drittel der industriellen Basis blieben verwüstet zurück.

Nach Kennedy hätten deshalb beide Staaten sowie ihre jeweiligen Alliierten ein tiefes, auf Gegenseitigkeit beruhendes Interesse daran, dass ein gerechter und ehrlicher Frieden herrsche und dem Wettrüsten Einhalt geboten werde. Es gehe nicht darum, Schuldzuweisungen vorzunehmen oder jemanden zu verurteilen. «Wir müssen die Welt so nehmen, wie sie ist … und uns um Entspannung bemühen, ohne in unserer Wachsamkeit nachzulassen.» Notwendig dafür sei ein «höheres Maß an Kontakt und Kommunikation». Kennedys Worte sind heute so aktuell wie 1963. Eine Kopie dieser Rede würde man gerne den heute verantwortlichen Politikern in die Hand drücken. Der sowjetische Generalsekretär Nikita Chruschtschow bezeichnete Kennedys Vortrag als «größte Rede eines amerikanischen Präsidenten seit Roosevelt». Sie wurde in den sowjetischen Medien ungekürzt und unzensiert veröffentlicht.

Und Kennedys Initiative trug auch konkrete Früchte: Im Juli begannen in Moskau Verhandlungen über ein umfassendes Verbot von Atomtests. Bereits am 5. August unterzeichneten die Vertreter der Sowjetunion, der USA und Großbritanniens das sogenannte Begrenzte Teststoppabkommen, den Verzicht auf atomare Versuche in der Atmosphäre, im Weltraum und unter Wasser. Der Verzicht auf unterirdische Atomversuche blieb allerdings weiterhin ausgeklammert. Am 22. November 1963 wurde Kennedy in Dallas, Texas, ermordet. Doch seine Strategie des Friedens sollte fortwirken.

Im März 1966 übermittelte Bundeskanzler Ludwig Erhard in einer Note an alle Warschauer-Pakt-Staaten «Deutsche Vorschläge für eine konstruktive Friedenspolitik». Er schlug den Austausch förmlicher Gewaltverzichtserklärungen vor und Verhandlungen über Abrüstung und Entspannung. Die Schwäche seines Angebots lag darin, dass die DDR immer noch ausgeklammert blieb, da Bonn sich weigerte, sie anzuerkennen. Dennoch war es ein wichtiger Versuch, die Bundesrepublik in die westliche Debatte über Entspannungspolitik mit dem Osten mit eigenen Positionen einzubringen und die Beziehungen zu den Warschauer-Pakt-Staaten mitzugestalten. Die SPD-Bundestagsfraktion unterstützte die Bemühungen Erhards um Rüstungsbeschränkungen und Sicherheit in Europa. Und auch die beiden Bundeskanzler, die Ludwig Erhard im Amt folgten, Kurt Georg Kiesinger und Willy Brandt, sollten sich auf seine Friedensnote von 1966 berufen.

Im Juni 1966 reiste der französische Präsident Charles de Gaulle nach Moskau. Ohne Abstimmung mit der Bundesregierung schlug er ein Verhandlungspaket vor, das die Wiedervereinigung Deutschlands im Rahmen eines kollektiven europäischen Sicherheitssystems und den Abzug der amerikanischen Truppen aus Europa vorsah. Den Schlusspunkt im Jahr 1966 setzte der amerikanische Präsident Lyndon B. Johnson mit seiner bekannten «Brückenbau»-Rede vom Oktober, in der er für die Überwindung der Gräben zwischen West und Ost eintrat.

Angesichts dieser Vielzahl an unkoordinierten Vorstößen war es überfällig, die Positionen innerhalb des Westens stärker abzustimmen. Die Initiative ergriff der belgische Außenminister Pierre Harmel aus Sorge um Zusammenhalt und Stabilität der NATO. Im Dezember 1967 beschloss die Atlantische Allianz nach einjährigen Beratungen in vier Arbeitsgruppen den sogenannten Harmel-Bericht. Es wurde die wichtige Übereinstimmung erzielt, dass die NATO auf «zwei Säulen» ruhe: auf militärischer Sicherheit und Entspannung. So hieß es in dem Bericht wörtlich: «Militärische Sicherheit und eine Politik der Entspannung stellen keinen Widerspruch, sondern eine gegenseitige Ergänzung dar … Der Weg zu Frieden und Stabilität in Europa beruht vor allem auf dem konstruktiven Einsatz der Allianz im Interesse der Entspannung.» Als Schwerpunkte der künftigen Arbeit wurden vereinbart: Verbesserung der Ost-West-Beziehungen; das Selbstbestimmungsrecht der Deutschen und europäische Sicherheit; Abrüstung und Rüstungskontrolle sowie Sicherheitsprobleme im Mittelmeerraum. Diese Politik sollte in den folgenden Jahren auch zur Leitlinie der deutschen Außenpolitik werden.

Doch bereits im August 1968 folgte ein schwerer Rückschlag, als die Sowjetunion den «Prager Frühling» mit Panzern buchstäblich niederwalzte und die «Breschnew-Doktrin» auf blutigem Wege durchsetzte. Mit ihr hatte sich die sowjetische Führung das Recht zur militärischen Intervention in den Staaten des Warschauer Paktes vorbehalten, in denen das kommunistische System gefährdet war. Leitbild des Prager Frühlings war ein «Sozialismus mit menschlichem Antlitz» gewesen. Auch die DDR-Führung hatte sich entschlossen, an der Grenze zur Tschechoslowakei Truppen der Nationalen Volksarmee (NVA) zur Unterstützung der sowjetischen Intervention bereitzustellen.

Es war Willy Brandt, Außenminister in der Koalitionsregierung von CDU/CSU und SPD unter Bundeskanzler Kurt Georg Kiesinger, der dennoch als erster westlicher Politiker im Frühjahr 1969 erneut den Vorschlag einer Europäischen Sicherheitskonferenz (ESK) aufgriff, den bereits Generalsekretär Chruschtschow Anfang der 1960er Jahre in die Diskussion eingeführt hatte. Brandt wollte diese Idee nicht der östlichen Seite überlassen. Im Oktober 1969 zum Bundeskanzler gewählt, wurde die Entspannungspolitik, die «Ostpolitik», zum Markenzeichen seiner Amtszeit.

In Zusammenarbeit mit seinem engsten Berater Egon Bahr, Bundesminister für besondere Aufgaben, folgten im August 1970 bilaterale Verträge mit der UdSSR, im Dezember 1970 mit Warschau, im Dezember 1972 mit der DDR (Grundlagenvertrag) und im Dezember 1973 mit Prag. Im September 1971 war das Viermächteabkommen über Berlin unterzeichnet worden. Es kam zu mehreren persönlichen Gesprächen zwischen Bundeskanzler Willy Brandt und Generalsekretär Leonid Breschnew in Moskau und Bonn sowie, besonders spektakulär, zur Begegnung im September 1971 in Oreanda auf der Krim. Sie endete mit einer gemeinsamen Bootsfahrt auf dem Schwarzen Meer. 1973 begannen die multilateralen Gespräche im Rahmen der KSZE, begleitet von Abrüstungs- und Rüstungskontrollverhandlungen, insbesondere zu Mutual and Balanced Force Reductions (MBFR) und zu SALT II (Strategic Arms Limitation Talks), nachdem im Mai 1972 der SALT-I-Vertrag unterzeichnet worden war, dessen wichtigster Bestandteil der ABM-Vertrag zur Begrenzung von Raketenabwehrsystemen war.

Die Unterzeichnung der KSZE-Schlussakte in Helsinki im August 1975, mit der sich die teilnehmenden Staaten unter anderem auf die friedliche Lösung von Konflikten und die Achtung der Menschenrechte verpflichteten, galt als Höhepunkt der Entspannungspolitik. Sie führte in West wie Ost zu Erwartungen, die mit der Lebenswirklichkeit vor allem in den Warschauer-Pakt-Staaten oft sehr rasch in Widerspruch gerieten. Unter Berufung auf die KSZE-Vereinbarung haben Gruppen wie Einzelne in Osteuropa versucht, demokratische Rechte einzufordern. Sie scheiterten in der Regel, wurden verfolgt oder eingesperrt. Doch viele gaben nicht auf. Besonders eindrucksvoll dafür war das Schicksal des tschechischen Literaten und Regimekritikers Václav Havel, Gründer der Charta 77. Er saß fünf Jahre im Gefängnis, danach wurde er einer der Initiatoren der «samtenen Revolution» von 1989 und der erste demokratisch gewählte Präsident der Tschechoslowakei nach dem Ende der kommunistischen Herrschaft.

Die Bewährungsprobe des Westens

Die Entspannungspolitik sollte nach der Unterzeichnung der KSZE-Schlussakte sehr bald in einen neuen Höhepunkt des Kalten Krieges einmünden. Trotz aller neu geschlossenen Abkommen und Verträge hatte der damalige Generalsekretär der KPdSU, Leonid Breschnew, begonnen, neue nukleare Mittelstreckenraketen (SS-20) entwickeln und stationieren zu lassen. Sie waren von ihrer Reichweite nicht gegen die USA gerichtet, sondern zielten ausgerechnet auf Europa, auf die Staaten und Regierungen, die wie Deutschland unter den Bundeskanzlern Willy Brandt, Helmut Schmidt und Helmut Kohl die Hauptakteure der Entspannungspolitik waren.

Schon 1977 hatte Bundeskanzler Helmut Schmidt als Erster in seiner Rede im International Institute for Strategic Studies (IISS) in London auf die Gefahr hingewiesen, dass durch die sowjetische Aufrüstung mit nuklearen Mittelstreckenraketen Europa von der amerikanischen Sicherheit abgekoppelt werde. Seine Rede führte im Dezember 1979 zum Doppelbeschluss der NATO. Mit ihm kündigte die NATO an, ihrerseits in Europa neue nukleare Mittelstreckenraketen (Pershing II) und Marschflugkörper als Gegengewicht zu den sowjetischen nuklearen Mittelstreckenraketen aufzustellen. Gleichzeitig bot sie jedoch der Sowjetunion Verhandlungen über eine beiderseitige Null-Lösung für alle Nuklearsysteme mit einer Reichweite zwischen 1000 und 5500 Kilometer Reichweite an. Alternativ sollten diese Systeme auf beiden Seiten auf eine vereinbarte Zahl reduziert werden. Die Politik der Stärke und der Aufrüstung wurde also konsequent durch Verhandlungsangebote und Kompromissvorschläge flankiert – eine Kombination, die man heute vergeblich sucht, die sich aber letztlich als erfolgreich erweisen sollte.

Trotz mehrerer Kompromissvorschläge scheiterten die amerikanisch-sowjetischen Verhandlungen in Genf zunächst. Im November 1982 war der in den letzten Jahren von Krankheit deutlich gezeichnete Generalsekretär Breschnew gestorben. Ihm folgte zwei Tage später trotz seines ebenfalls schlechten Gesundheitszustandes Juri Andropow, Chef des KGB seit 1967. Einem persönlichen Mitarbeiter zufolge sei Andropow im Herbst 1983 gesundheitlich nicht mehr in der Lage gewesen, die amerikanischen Kompromissvorschläge in den Genfer Abrüstungsverhandlungen im Politbüro zu diskutieren. Im letzten halben Jahr seines Lebens hatte er keine ausländischen Gesprächspartner mehr empfangen.

Im Februar 1984 starb Andropow. Ihm folgte der 72-jährige Konstantin Tschernenko. Auch seine Amtszeit war von schwerer Krankheit geprägt. Ein Jahr später war auch er verstorben. Seit Ende der siebziger Jahre, als sich im Kalten Krieg ein neuer Höhepunkt der Konfrontation anbahnte, wurde die Sowjetunion von drei kranken bis schwerkranken Generalsekretären geführt.

Im Dezember 1984 war auch der sowjetische Verteidigungsminister Dmitri Ustinow gestorben. Er hatte im Juni 1983 im Gespräch mit Bundeskanzler Helmut Kohl und Außenminister Hans-Dietrich Genscher in Moskau auf die Frage, über wie viele SS-20-Raketen denn die Sowjetunion verfüge, mit listigem Gesicht nur geantwortet: «Viele». Die satte Genugtuung war ihm buchstäblich anzusehen, dass er mit einem Waffensystem prahlen konnte, vor dem sich vor allem die Europäer fürchteten.

Dennoch hatte das Politbüro noch vor der Wiederwahl von Präsident Ronald Reagan im November 1984 beschlossen, die Genfer Verhandlungen mit den USA wiederaufzunehmen. Außenminister Andrej Gromyko war nach Washington gereist, um eine entsprechende Vereinbarung mit seinem amerikanischen Kollegen George Shultz zu treffen. Diese Entscheidung der sowjetischen Führung kam damals überraschend. Die Beziehungen zwischen Ost und West hatten sich Anfang der 1980er Jahre dramatisch verschlechtert. Nach dem Einmarsch der Sowjetunion in Afghanistan 1979 boykottierte der Westen 1980 die Olympischen Sommerspiele in Moskau und die UdSSR 1984 die Olympischen Spiele in Los Angeles. Präsident Reagan attackierte bei seinen öffentlichen Auftritten schonungslos die Sowjetunion. In seiner bekannten Rede vom 8. März 1983 hatte er die UdSSR als «Reich des Bösen» («evil empire») bezeichnet. Dissidentengruppen in den Warschauer-Pakt-Staaten nahmen diese öffentliche und schonungslose Kritik mit viel Zustimmung auf: Endlich wage es ein führender westlicher Politiker, den wahren Charakter der Sowjetunion öffentlich anzusprechen, so lautete in dieser Zeit der Kommentar der Gruppe Charta 77 bei einem Gespräch in Prag.

Diese deutliche Reaktion war für viele im Westen beschämend, die in Reagan nur den Kalten Krieger zu erkennen glaubten. Und das vor allem deswegen, weil der amerikanische Präsident am 23. März 1983 völlig überraschend und im Alleingang seine «Strategische Verteidigungsinitiative» (SDI = Strategic Defense Initiative) angekündigt hatte. Der ungarisch-amerikanische Physiker und Vater der Wasserstoffbombe, Edward Teller, war der Erfinder und stärkste Befürworter von SDI. Er hatte Reagan von seinem Projekt überzeugt.

Die Abfolge dieser Ereignisse zerstörte die Illusionen und Hoffnungen vieler Menschen auf Frieden und Entspannung in Europa, die sie nach der Unterzeichnung der KSZE-Schlussakte und der Ostverträge gehegt hatten. Der Doppelbeschluss der NATO wurde zum Ankerpunkt einer breiten Protestbewegung gegen nukleare Aufrüstung, vor allem in Deutschland. Vielfältige Bürgerinitiativen aus fast allen Schichten der Bevölkerung bis in die Kirchen hinein formierten sich zu einer diffusen «Friedensbewegung», die sich interessanterweise nicht gegen die sowjetische Aufrüstung mit nuklearen Mittelstreckenraketen richtete, sondern ausschließlich gegen den Doppelbeschluss der NATO. Sie wollten nicht wahrhaben, dass dieser NATO-Beschluss das Ziel hatte, die sowjetische Führung zu veranlassen, ihre nuklearen Mittelstreckenraketen wieder zu vernichten. Das sollte die Voraussetzung dafür sein, dass keine amerikanischen nuklearen Mittelstreckenwaffen in Europa stationiert würden.

Die Protestbewegung weitete sich zu mehreren Massendemonstrationen von einigen hunderttausend Teilnehmern aus. Im Oktober 1981 hatten sich 350000 Demonstranten im Bonner Hofgarten versammelt; einen Monat später 400000 in Amsterdam und im Juni 1982 ca. 500000 auf den Bonner Rheinwiesen. Großdemonstrationen gab es in New York, Den Haag, Lissabon, Kopenhagen, Wien und anderen Städten. Hinzu kamen Sitzblockaden an geplanten Raketenstandorten wie Mutlangen und Menschenketten.

Große Teile der SPD, angefangen bei Erhard Eppler, über Oskar Lafontaine und Heinrich Albertz bis zum Vorsitzenden, Willy Brandt, und der Gewerkschaften unterstützten die Demonstrationen. Auch Mitglieder der FDP schlossen sich der Kritik an. Einer der Wortführer war interessanterweise William Borm, der – wie später bekannt wurde – einige Jahre Informant des DDR-Staatssicherheitsdienstes gewesen war.

Die politisch einseitige Zielrichtung der Demonstranten ausschließlich gegen Regierungen der NATO-Staaten und die organisatorische Leistungskraft der «Friedensbewegung» legten die Vermutung nahe, dass östliche Geheimdienste mit im Spiel waren. Das sollte sich nach dem Ende der DDR bestätigen.

Bundeskanzler Helmut Schmidt verlor zusehends den Rückhalt in seiner Partei und Bundestagsfraktion. Auch Außenminister Hans-Dietrich Genscher musste 1981 in seiner Partei die Vertrauensfrage stellen. Die Mehrheit der FDP unterstützte jedoch seine Entscheidung, am Doppelbeschluss der NATO festzuhalten. Doch im September 1982 kam es zum endgültigen Bruch der SPD/FDP-Regierung. Am 1. Oktober wurde Helmut Kohl im Rahmen eines Misstrauensvotums zum neuen Bundeskanzler einer CDU/CSU/FDP-Koalitionsregierung gewählt.

In seiner ersten Regierungserklärung erläuterte er seine außen- und sicherheitspolitische Strategie. Priorität hatten die

Eine Partnerschaft über 19 Jahre: 1972 bis 1991

engen Beziehungen zu den Vereinigten Staaten von Amerika und eine starke NATO sowie die freundschaftlichen Beziehungen zu Frankreich und die Integration der Europäischen Gemeinschaft (EG). Auf der Grundlage dieser beiden stabilen Fundamente war er entschlossen, die Entspannungspolitik mit der Sowjetunion und allen Warschauer-Pakt-Staaten auf der Grundlage der KSZE-Schlussakte sowie der Ostverträge von Willy Brandt weiterzuentwickeln. Er ließ keinen Zweifel daran, dass er am Doppelbeschluss der NATO trotz aller Vorbehalte, die er selbst im Präsidium seiner Partei antraf, festhalten werde.

Als wertvolle Hilfe erwies sich der französische Präsident François Mitterrand, erklärter Sozialist, der sich in seiner Rede am 20. Januar 1983 im Deutschen Bundestag anlässlich des 20. Jahrestages des Deutsch-Französischen Freundschaftsvertrages unmissverständlich zum Doppelbeschluss der NATO bekannte. Er warnte, wie schon Helmut Schmidt in seiner

Londoner Rede, vor einer sicherheitspolitischen «Abkoppelung Europas von den USA».

Trotz dieser Zuspitzung der Ost-West-Beziehungen war Helmut Kohl bestrebt, die Beziehungen zur Sowjetunion konstruktiv zu gestalten. Als Leonid Breschnew am 10. November 1982 starb, nahm der Bundeskanzler zu seinem Nachfolger Jurij Andropow sehr schnell Kontakt auf. In einem Brief erläuterte er die zukünftige Außen- und Sicherheitspolitik der neuen Bundesregierung und erklärte seine Bereitschaft, die Zusammenarbeit mit der UdSSR im beiderseitigen Interesse weiterentwickeln zu wollen. Im Juni des folgenden Jahres kam es zu einem ersten gemeinsamen Gespräch in Moskau. Dies zeigt eines ganz deutlich: dass der Westen und allen voran die jeweiligen Bundesregierungen trotz des Kalten Krieges in den 1960er, 70er und 80er Jahren, der an Gefährlichkeit die heutigen Spannungen bei weitem übertroffen hat, persönliche Gespräche und Verhandlungen mit Moskau gezielt angestrebt und wichtige Erfolge errungen haben. Voraussetzung war gemäß der Harmel-Strategie die eigene Sicherheit. Auf ihrer Grundlage sollte und konnte eine kreative und am Ende sehr wirkungsvolle Entspannungspolitik verfolgt werden.

Besonders Willy Brandt und Helmut Kohl haben diese Politik konsequent und im Ergebnis erfolgreich betrieben. Ihre sowjetischen Gegenspieler, die Generalsekretäre Breschnew, Andropow und Tschernenko, haben es ihnen nicht leicht gemacht. Im Gegenteil! Es musste erst Michail Gorbatschow kommen, um schließlich sogar revolutionäre Veränderungen in den Ost-West-Beziehungen zu erreichen. Doch wäre er dazu bereit gewesen, wenn es nicht schon im Vorfeld die Entspannungsbemühungen seitens des Westens und der Bundesregierungen gegeben hätte?

Hinzukommen musste die westliche Entschlossenheit, die eigene Sicherheit nicht zu vernachlässigen und sie den vielfältigen sowjetischen Herausforderungen anzupassen. Die «Frie-

Präsident Ronald Reagan, ein zuverlässiger Freund Deutschlands von Anbeginn an

densbewegung» Anfang der 1980er Jahre gegen den Doppelbeschluss der NATO verdeutlicht, wie schwierig es war, die notwendigen sicherheitspolitischen Maßnahmen selbst im eigenen Land durchzusetzen. Doch die Lehre aus jenen Jahren heißt, dass Politiker auch mit unpopulären Themen Wahlen gewinnen können, wenn sie dem Wähler die Sicherheit geben, zu wissen, was sie wollen; wenn sie klare Ziele haben; wenn sie bereit sind, dafür zu kämpfen, auch mit dem Risiko, Wahlen zu verlieren. Bundeskanzler Helmut Kohl, die CDU/CSU sowie die FDP haben die Bundestagswahlen im März 1983 mit deutlicher Mehrheit gewonnen.

Die Geschlossenheit und Entschlossenheit des Westens, am Doppelbeschluss der NATO festzuhalten und mit der Stationierung amerikanischer nuklearer Mittelstreckenraketen in der Bundesrepublik Deutschland und in anderen europäischen Staaten zu beginnen, sowie die amerikanische Ankündigung von SDI haben nach Aussage von Michail Gorbatschow das

Politbüro der KPdSU gezwungen, seine Politik zu überdenken und neu auszurichten. Doch kann man deshalb die Politik der Reagan-Jahre heranziehen, um eine Konfrontationspolitik gegenüber Russland zu rechtfertigen, wie es gegenwärtig geschieht? Taugt sie als Beleg dafür, dass gegenüber Moskau nur Härte erfolgsversprechend ist?

Der Neubeginn

Nach dem Abbruch der amerikanisch-sowjetischen Verhandlungen über strategische Waffen und nukleare Mittelstreckenraketen im November 1983 in Genf hatte es bis in den Herbst 1984 hinein zwischen den beiden Weltmächten keine Gipfelgespräche oder Begegnungen mehr gegeben. Diese Eiszeit hatte sich wie ein bleierner Mantel über die Ost-West-Beziehungen gelegt. Der Generalsekretär der SED, Erich Honecker, sowie der bulgarische Staatschef Todor Schiwkow, von Bundeskanzler Helmut Kohl zu einem offiziellen Besuch nach Bonn eingeladen, sagten auf Druck der sowjetischen Führung ab. Nur der rumänische Staats- und Parteichef Nicolae Ceauşescu wagte es dennoch zu kommen.

In seiner Rede vor der UN-Generalversammlung in New York im September 1984 griff der amerikanische Präsident Reagan den sowjetischen Vorschlag vom Sommer des Jahres auf, Verhandlungen über Weltraumwaffen zu führen. Es sollte ein «Schirm» geschaffen werden, unter dem eine «große Spannbreite» von Themen behandelt werden konnte. Das war ein deutliches Angebot an Moskau zur Zusammenarbeit.

Am 28. September empfing Präsident Reagan zum ersten Mal den sowjetischen Außenminister Andrej Gromyko. Es kam zu keinen inhaltlichen Annäherungen, aber es war der Beginn vertraulicher bilateraler Kontakte zwischen beiden Großmächten. Zwei Monate später erklärten beide Seiten in

Ein herzliches Wiedersehen mit Präsident Reagan im Weißen Haus nach seiner Wiederwahl im November 1984

einer offiziellen Vereinbarung, dass sie übereingekommen seien, in neue Verhandlungen über die Nuklear- und Weltraumwaffen einzutreten.

Am 6. November 1984 war Präsident Reagan wiedergewählt worden. Drei Wochen später traf Bundeskanzler Helmut Kohl in Washington ein, um mit ihm die zukünftige Entspannungs- und Sicherheitspolitik im Detail abzustimmen und in einer «Gemeinsamen Erklärung» festzuschreiben. Das war an sich schon ein ungewöhnlicher Schritt, aber er sollte der neuen Bundesregierung vor dem Hintergrund des neuen Kalten Krieges Sicherheit und Einvernehmen über die zukünftige amerikanische Außen- und Abrüstungspolitik gegenüber der Sowjetunion garantieren und sie vor weiteren spontanen und überraschenden Schritten der amerikanischen Administration schützen.

Welch ein Erfolg! Beide Seiten bekräftigten sowohl den KSZE-Prozess als auch die Harmel-Strategie über Sicherheit einerseits und Dialog, Zusammenarbeit und Verhandlungen mit den Warschauer-Pakt-Staaten andererseits. Darüber hinaus erklärte Reagan seine Bereitschaft zu regelmäßigen Gesprächen und Zusammenkünften mit der sowjetischen Führung. Er begrüßte eine analoge Politik der Bundesregierung mit allen Staaten des Warschauer Paktes. In Fragen der Abrüstung und Rüstungskontrolle wurden enge Konsultationen vereinbart. Das betraf die beiderseitigen und ausgewogenen Truppenverminderungen (MBFR), die Konferenz über Vertrauens- und Sicherheitsbildende Maßnahmen und Abrüstung in Europa (KVAE) und die Genfer Abrüstungskonferenz (CD). Beide Seiten bekräftigten, dass im Falle eines nachprüfbaren Abkommens die nuklearen Mittelstreckenraketen in Europa wieder abgebaut würden.

Wer hatte Präsident Reagan, dem «Schauspieler aus Kalifornien», 1984 eine solche Politik zugetraut? Galt er nicht als sprunghaft, als partiell senil, als wenig kenntnisreich? Entsprechend war das Echo auf die Gemeinsame Erklärung in Deutschland. Sie erregte kaum Aufmerksamkeit, weder in der Politik noch in den Medien. Niemand nahm sie so recht ernst. Selbst die Regierungsparteien begriffen nicht, dass sie hier ein politisches Instrument geliefert bekommen hatten, um sich an die Spitze einer konstruktiven und aktiven Entspannungspolitik mit der Sowjetunion und den Warschauer-Pakt-Staaten zu setzen – mit Unterstützung der USA. Sie begriffen auch nicht, dass es ein persönliches Verdienst von Helmut Kohl war, ein enges Vertrauensverhältnis zu Präsident Reagan entwickelt zu haben, das die Voraussetzung dafür war, ein solches Ergebnis in Form einer schriftlichen Verpflichtung des Präsidenten zu erreichen. Wäre ein solches Ergebnis heute in den deutsch-amerikanischen Beziehungen möglich?

Für Helmut Kohl hatte es sich ausgezahlt, dass er bereits als

Oppositionsführer das Gespräch mit Ronald Reagan gesucht hatte. Als dieser 1978 als republikanischer Bewerber für die Präsidentschaft nach Bonn gekommen war, wollte kein Mitglied der SPD/FDP-Bundesregierung mit einem ehemaligen Schauspieler aus Kalifornien zusammentreffen. Die Presse hatte ihn als weitgehend inkompetenten und damit aussichtslosen Bewerber für das Präsidentenamt abgeschrieben. Doch Helmut Kohl hatte ihn empfangen. Als er noch als Oppositionsführer im Oktober 1981 nach Washington reiste, bekam er daher fast selbstverständlich einen Termin beim Präsidenten Reagan im Weißen Haus. Und nach seiner Wahl zum Bundeskanzler sollte Reagan ihn bereits als «alten Freund» begrüßen.

Helmut Kohl verstand es meisterhaft, persönliche Beziehungen zu anderen Staatschefs aufzubauen. Die Teilung Deutschlands und Berlins sowie ihre Auswirkungen auf die Menschen hatten den neuen amerikanischen Präsidenten von Anfang an persönlich interessiert. Darüber hinaus kam es darauf an, ihm nicht zahlreiche Details zu erläutern, sondern die drei bis vier wichtigsten Themen zu vermitteln und dafür die Unterstützung Reagans zu gewinnen. Und wenn dieser begann, am Ende des Gesprächs neue Anekdoten über die DDR oder die Sowjetunion zu erzählen, war der Erfolg für Helmut Kohl sichergestellt. Heute wird diese Art der persönlichen Einfühlung und Kontaktpflege zu ausländischen Staatschefs gerne belächelt oder aber, wenn es sich um politische Gegner handelt, gegenüber denen Haltung gezeigt werden soll, als Kumpanei kritisiert. Dies verkennt aber, was für ein eminent wichtiger Faktor persönliche Beziehungen in der internationalen Politik sind. Was bringen einem eine klare moralische Position und eine eindeutige Haltung, wenn es darum geht, in konkreten Sachfragen Zugeständnisse des Gegenübers zu erhalten? Manchmal lohnt es sich, politische Probleme pragmatisch vom Ende her zu denken.

Gipfeldiplomatie und Abrüstung nehmen Fahrt auf

Am 10. März 1985 starb der Generalsekretär der KPdSU, Konstantin Tschernenko. Einen Tag darauf wurde Michail Gorbatschow zu seinem Nachfolger gewählt. 54 Jahre jung und gesund beendete er die lange Periode der drei alten und am Ende schwer kranken Führer der Sowjetunion.

Das erste Gespräch mit Bundeskanzler Helmut Kohl am 14. März in Moskau verlief ernüchternd. Gorbatschow betonte, die Kontinuität in der Innen- und Außenpolitik der Sowjetunion bewahren zu wollen, und machte unmissverständlich klar, dass die zukünftigen gegenseitigen Beziehungen «von Fragen der Sicherheit» abhängig seien. Sie seien und blieben «bestimmend». Im Grundsatz gilt das bis heute. Sicherheit, nach innen wie nach außen, bleibt das bestimmende Interesse der russischen Führungselite.

Bereits einen Tag nach der Ernennung Gorbatschows zum neuen Generalsekretär wurden in Genf die amerikanisch-sowjetischen Verhandlungen über Nuklearwaffen interkontinentaler und mittlerer Reichweite sowie über Defensiv- und Weltraumwaffen wieder aufgenommen. Ziel war die Reduzierung und Begrenzung sowohl der strategischen Nuklearwaffen als auch der nuklearen Mittelstreckenraketen sowie die Verhinderung eines Wettrüstens im Weltraum und auf der Erde. Die Eiszeit zwischen den beiden Weltmächten ging buchstäblich einen Tag nach der Wahl Gorbatschows zu Ende.

Tauwetter setzte ein. Am 19./20. November 1985 wurde nach sechs Jahren die Gipfeldiplomatie wieder aufgenommen. Reagan und Gorbatschow trafen sich zu einem ersten Gespräch in Genf. Mitte Oktober 1986 folgte das nächste Gipfeltreffen in Reykjavik. Beide Gesprächspartner bekundeten ihre Bereitschaft, innerhalb von zehn Jahren alle Nuklearwaffen abzuschaffen. Anfang 1987 schlug Generalsekretär Gorbatschow vor, alle amerikanischen und sowjetischen Mittelstreckenraketen zu vernichten. Präsident Reagan stimmte zu. Und am 8. Dezember des gleichen Jahres unterzeichneten beide auf ihrer dritten Gipfelbegegnung in Washington den INF-Vertrag (INF = Intermediate Nuclear Forces) über die Vernichtung aller bodengestützten nuklearen Kurz- und Mittelstreckenraketen der USA und der Sowjetunion innerhalb von drei Jahren. Im Juli 1991 folgte die Unterzeichnung des START-I-Vertrages (START = Strategic Arms Reduction Treaty) über die Begrenzung der strategischen Nuklearraketen. Vereinbart wurde ihre Reduzierung um ein Drittel gegenüber dem Stand bei Vertragsabschluss auf je 1600 Trägersysteme und 6000 Gefechtsköpfe.

Der in Deutschland ständig als «Kalter Krieger» denunzierte amerikanische Präsident Ronald Reagan und sein Nachfolger George H.W. Bush haben die weitreichendsten Abrüstungsergebnisse in der Geschichte erreicht: die doppelte Null-Lösung für alle Kernwaffensysteme der USA und der Sowjetunion mit einer Reichweite zwischen 500 und 5500 Kilometer und die deutliche Reduzierung der strategischen Nuklearraketen über 5500 Kilometer Reichweite. Verbunden damit war ein bis dahin nicht gekanntes umfangreiches Verifikationssystem von Vorortinspektionen und Überwachungsverfahren. Anfang des Jahrzehnts waren vor allem in Deutschland und in Westeuropa noch hunderttausende Demonstranten gegen die Politik des NATO-Doppelbeschlusses auf die Straßen gegangen. Im Winter 1987/88 dagegen schwiegen sie, als die Null-Lösung vereinbart war, und sogar eine zweifache.

Doch das war noch nicht alles: 1968 hatte die NATO den Warschauer-Pakt-Staaten Verhandlungen, bekannt als Signal von Reykjavik, über beiderseitige und ausgewogene Truppenverminderungen (MBFR = Mutual and Balanced Force Reductions) vorgeschlagen. Es sollte darum gehen, das konventionelle Ungleichgewicht in Europa in Grenzen zu halten. Sie mündeten nach jahrelangen Gesprächen im März 1989 in das größere Verhandlungsforum über konventionelle Streitkräfte in Europa (VKSE) ein. Ziel war es, ein stabiles und sicheres Gleichgewicht der konventionellen Streitkräfte auf niedrigerem Niveau in ganz Europa zu erreichen. Die Fähigkeit zu Überraschungsangriffen und großangelegten offensiven Aktionen sollte beseitigt werden.

Im November 1990 wurde der KSE-Vertrag in Paris unterzeichnet. Er half dabei, die sich nach der Auflösung des Warschauer Paktes und der UdSSR neu ergebenden militärischen Realitäten in eine kooperative Sicherheitsordnung einzubinden, auch wenn seine konkreten Regelungen durch das Ende des östlichen Bündnissystems in großen Teilen überholt waren. Die gleichzeitig stattfindenden Verhandlungen über Vertrauens- und Sicherheitsbildende Maßnahmen (VSBM) trugen ebenfalls zur Entspannung bei.

Und nicht zuletzt nahm im September 1992 die Generalversammlung der Vereinten Nationen die Konvention zum Chemiewaffenverbot an. Auf Einladung des französischen Präsidenten fand im Januar 1993 in Paris eine Zeichnungskonferenz statt. 140 Staaten gehörten zu den Erstunterzeichnern. Inzwischen sind 181 Staaten der Konvention beigetreten. Sie trat im April 1997 in Kraft und verpflichtet die Unterzeichnerstaaten, auf ihrem Territorium auf Entwicklung und Besitz sowie auf den Einsatz chemischer Waffen zu verzichten und vorhandene Bestände zu vernichten.

Ende Mai/Anfang Juni 1988 setzte Reagan seine Gipfeldiplomatie mit Generalsekretär Gorbatschow im Rahmen seines ersten Gegenbesuches in Moskau fort. Im November 1988 traf er zum fünften und letzten Mal mit Gorbatschow in New York zusammen. Die wechselseitigen Beziehungen hatten einen nie gekannten Höhepunkt erreicht. Die Eiszeit war gewissermaßen einem Frühling gewichen. Die von Bundeskanz-

Präsident Reagan hält Wort: Die Gipfelgespräche mit Präsident Gorbatschow haben – wie mit Bundeskanzler Helmut Kohl verabredet – begonnen.

ler Helmut Kohl herbeigewünschte Gipfeldiplomatie hatte erste, gewichtige Erfolge gezeitigt und den Bewegungsspielraum in Europa zwischen West und Ost entscheidend vergrößert.

In diesen Jahren der Regierungen von Reagan und seines Nachfolgers George Bush sowie Gorbatschows und Jelzins sind für alle Rüstungsbereiche die weitreichendsten Abrüstungs- und Rüstungskontrollvereinbarungen zwischen West und Ost und global verhandelt und vereinbart worden. Heute rüsten die USA und Russland vor allem im nuklearen Bereich wieder auf. Die Militärhaushalte werden dramatisch erhöht. Der amerikanische Kongress hat einen drastischen Anstieg der amerikanischen Militärausgaben auf über 700 Milliarden US-Dollar beschlossen. Nuklearraketen sollen schneller, dadurch unsichtbarer und durch geringere Sprengkraft einsatzfähiger werden.

Fast zeitgleich hat der chinesische Präsident Xi Jinping die Chance genutzt, die Erhöhung des chinesischen Militärhaushalts um 8,1 Prozent bekannt zu geben. Präsident Putin kündigte umgehend die Entwicklung neuer Nuklearraketen an. Auch die Militarisierung des Weltraums steht auf der Agenda dieser globalen Mächte. Raketenabwehrsysteme werden installiert. Konventionelle Truppen werden wechselseitig an den Grenzen stationiert. Kampfflugzeuge fliegen zur Abschreckung entlang der Grenzgebiete. Kriegsschiffe kontrollieren Grenzgewässer. Die Gefahr unbeabsichtigter Zwischenfälle steigt ständig an. An die vorhandenen Abrüstungs- und Rüstungskontrollvereinbarungen scheint keiner zu denken oder gar anknüpfen zu wollen. Selbst der NATO-Generalsekretär tut sich schwer, sich daran zu erinnern, dass Bemühungen um Abrüstung und Rüstungskontrolle zu seinen Aufgaben zählen sollten.

In der Endphase des Kalten Krieges waren Abrüstung und Entspannung dagegen der Kern der politischen Bemühungen. Auch die Politik der Stärke in den Reagan-Jahren war immer mit einer ausgestreckten Hand und Verhandlungsangeboten verbunden. Und diese schlossen eigenen Verzicht ein, wie die doppelte Null-Lösung zeigte. Heute dagegen scheint man zu erwarten, dass Russland seine eigenen, irregeleiteten Interessen aufgibt und auf die Positionen des Westens einschwenkt. Man muss aber etwas anbieten, wenn man Verhandlungslösungen erreichen will.

Ronald Reagans Politik wird jedenfalls zu Unrecht als Beleg dafür angesehen, dass nur eine Politik unnachgiebiger Stärke gegenüber Russland zum Erfolg führen kann. Er hat die Sowjetunion nicht bloß totgerüstet. Vielmehr war es die Mischung aus entschlossenem Auftreten und aufrichtigen Verhandlungsangeboten, die schließlich zum Erfolg führte und die Chancen von 1989/90 ermöglichte. Der Bruch zwischen den Reagan-Jahren und der Entspannungspolitik der 1970er Jahre war letztlich weniger tief, als viele meinen.

«Das Eis ist gebrochen»: Die Chancen von 1989/90

Die Wiederaufnahme der amerikanisch-sowjetischen Gipfeldiplomatie und der Abrüstungsverhandlungen sollte sich – wie erwartet – auch positiv auf die deutsch-sowjetischen Beziehungen auswirken. Nach einer Phase der Verstimmung, ausgelöst durch ein unglückliches Interview von Bundeskanzler Helmut Kohl im Oktober 1986 im amerikanischen Nachrichtenmagazin «Newsweek», in dem er Gorbatschows Reformankündigungen in eine missverständliche Analogie mit der Nazi-Propaganda von Joseph Goebbels gebracht hatte, kam es im Oktober 1988 in Moskau zu einem persönlichen Zusammentreffen zwischen Kohl und Gorbatschow. Es sollte für die weitere Entwicklung der deutsch-sowjetischen Beziehungen entscheidend werden. Das Eis sei gebrochen, erklärte Gorbatschow. Er habe damals gespürt, dass man diesem Mann vertrauen könne.

1987/88 hatten sich die politischen Rahmenbedingungen dramatisch verbessert. Die CDU/CSU mit Helmut Kohl an der Spitze war 1987 mit 44,3 Prozent eindrucksvoll wiedergewählt worden. Im Mai 1988 war es bereits zum vierten Gipfeltreffen zwischen Präsident Reagan und Generalsekretär Gorbatschow gekommen. Mit dem Austausch der Ratifikationsurkunden war im Mai der INF-Vertrag in Kraft getreten. Noch im gleichen Jahr sollten die ersten Mittelstreckenraketen aus Deutschland abgezogen werden. Dem jahrelangen Wettrüsten sollte ein Wettabrüsten folgen. Generalsekretär Gorbatschow hatte seine Reformpolitik Glasnost und Perestroika eingeleitet. Er brauchte dringend starke Wirtschaftspartner. In Moskau trafen sich zudem zwei Politiker der gleichen Generation, die im persönlichen Gespräch zuallererst ihre eigenen Kriegs- und Nachkriegserfahrungen austauschten und entschlossen waren, die Lehren daraus zu ziehen. Sichtlich bewegt berichteten beide über das Schicksal, das ihre Eltern im Weltkrieg erleiden mussten. Helmut Kohls Bruder war in Frankreich gefallen. Gorbatschow musste seinen Vater, der im Krieg war, in der Feldarbeit ersetzen. Seine Mutter, 78 Jahre alt, lebe noch allein in Südrussland. Sie habe gerade Geburtstag gehabt. Helmut Kohl veranlasste sofort, ein Geschenk für sie zu besorgen. Wichtig war für Gorbatschow zu erfahren, wie der Bundeskanzler George Bush einschätze. Kohl rühmte vor allem, wie schnell sich seine Frau Hannelore mit Barbara Bush verstanden habe. Das sollte auch mit Gorbatschows Frau Raissa nicht anders sein. Hannelore Kohl erwies sich mit ihrem Charme häufig als persönlicher Eisbrecher.

Die Kontakte zwischen dem Bundeskanzleramt und dem Kreml nahmen an Intensität zu. Eine telefonische Direktverbindung, eine Hotline, wurde eingerichtet. Eine Delegation sowjetischer Offiziere kam 1988 zu einem Geheimbesuch in die Bundesrepublik. Nur der Bundeskanzler, der Bundesminister für Verteidigung und die zuständige Abteilung im Bundeskanzleramt waren eingeweiht.

Im Juni 1989 erfolgte der Gegenbesuch Gorbatschows in der Bundesrepublik. Es sollte in vielfältiger Weise ein Schlüsselbesuch werden. Er vertiefte das persönliche Vertrauensverhältnis zwischen Helmut Kohl und Michail Gorbatschow, symbolisiert durch ein nächtliches Gespräch am Rheinufer. Die Begegnung mündete in das Versprechen des Bundeskanzlers, Gorbatschow bei seinem Reformprozess in der Sowjetunion so weit als möglich zu unterstützen. Der Generalsekretär sollte bald darauf zurückkommen.

Bei seinen Gesprächen und Besichtigungen in Düsseldorf

und Stuttgart lernte Gorbatschow ein Deutschland kennen, dessen Infrastruktur und Industrie ihn tief beeindruckten. Nach seiner eigenen Aussage bestärkte diese persönliche Erfahrung seine Hoffnung, mit der Bundesrepublik einen wichtigen Partner zur Modernisierung der UdSSR gewinnen zu können. «Was hätten wir alles zusammen machen können?», war Jahre später einer seiner Stoßseufzer.

Als Höhepunkt des Besuches unterzeichneten Bundeskanzler Helmut Kohl und Generalsekretär Michail Gorbatschow am 13. Juni 1989 eine «Gemeinsame Erklärung». Darin enthalten waren sensationelle politische und sicherheitspolitische Aussagen, die bis dahin noch in keinem deutsch-sowjetischen Dokument gestanden hatten. Sie bezogen sich auf «den Vorrang des Völkerrechts in der inneren und internationalen Politik», insbesondere auf «die Überwindung der Trennung Europas» sowie die «Achtung des Selbstbestimmungsrechts der Völker».

Nach den grundsätzlichen Festlegungen folgte ein umfassender Katalog von Möglichkeiten der politischen, wirtschaftlichen und gesellschaftlichen Zusammenarbeit sowohl im bilateralen Bereich als auch in Europa insgesamt. Und nicht überraschend endete die Gemeinsame Erklärung mit klaren sicherheitspolitischen Aussagen und Forderungen im Bereich der Abrüstung und Rüstungskontrolle.

Mit dieser wichtigen deutsch-sowjetischen Vereinbarung hatte die Bundesregierung den Gleichklang mit der Entspannungs- und Abrüstungspolitik zwischen den beiden Weltmächten USA und UdSSR hergestellt. Und beide Gesprächs- und Verhandlungsprozesse sowie der von Gorbatschow in der Sowjetunion eingeleitete innere Reformprozess von Glasnost und Perestroika sollten in Kürze historische, ja revolutionäre Veränderungen in den jeweiligen Beziehungen und weit darüber hinaus herbeiführen.

Enttäuschend war aber wieder einmal, mit welch geringer

Ein Schlüsselmoment: Präsident Michail Gorbatschow bei seinem ersten Besuch in Bonn

Aufmerksamkeit und Interesse die bedeutsamen Ergebnisse und Verpflichtungen beider Seiten in der deutschen Politik und in den Medien aufgenommen wurden. Das galt auch für die verschiedenen politischen Entwicklungen in den Warschauer-Pakt-Staaten, allen voran in Polen und in Ungarn.

Bereits im Frühjahr 1989 hatte die ungarische Regierung unter Ministerpräsident Miklós Németh und Außenminister Gyula Horn beschlossen, die überalterten Grenzbefestigungen nicht zu erneuern, sondern schrittweise zu öffnen. Gorbatschow hatte in einem Gespräch mit Nemeth in Moskau sein Einverständnis gegeben. Gemeinsam mit seinem österreichischen Kollegen Alois Mock durchschnitt Horn am 27. Juni 1989 in einem symbolischen Akt den Stacheldrahtzaun. Das sollte die dramatisch anwachsenden Fluchtbewegungen aus der DDR über Prag und Budapest noch weiter verstärken.

In Polen war am 24. August 1989 Tadeusz Mazowiecki von

der Gewerkschaftsbewegung Solidarność zum ersten nichtkommunistischen Premierminister gewählt worden. Der Weg zu einer freiheitlichen Demokratie war frei. Diese revolutionären Entwicklungen waren möglich geworden, weil Gorbatschow auf einer Gipfelkonferenz des Warschauer Paktes 1988 seinen Bündnispartnern erklärt hatte, dass sie für die Entwicklung ihrer Länder zukünftig selbst verantwortlich seien, und er sich nicht mehr in ihre inneren Angelegenheiten einmischen werde. Damit war die sogenannte Breschnew-Doktrin außer Kraft gesetzt. Und Gorbatschow hielt Wort, zuerst in Polen, in Ungarn und am Ende auch in der DDR.

Die Summe dieser Entwicklungen innerhalb der Sowjetunion, ihrer Bündnispartner und die voranschreitende Politik der Entspannung, der Abrüstung und Zusammenarbeit zwischen den beiden Weltmächten und den europäischen Staaten in Ost und West waren bereits seit dem Frühjahr 1989 unübersehbare Signale, dass auch die «deutsche Frage», die Frage des Selbstbestimmungsrechts aller Deutschen und ihrer Einheit, wieder auf die Tagesordnung der internationalen Politik kommen würde. Doch viele, zu viele, hatten in Deutschland dieses Thema längst abgeschrieben oder waren sogar strikt dagegen, es als politisches Kalkül in Angriff zu nehmen.

Der revolutionäre Aufbruch

Die überraschende Öffnung der Mauer in Berlin am 9. November 1989, ausgelöst durch die in die Geschichte eingegangene Pressekonferenz des ZK-Mitglieds der SED Günter Schabowski sollte Deutschland, Europa und die Welt dramatisch verändern. Doch anfänglich war die Sorge groß, wie die DDR-Führung, vor allem aber wie die Sowjetunion darauf reagieren würde. Die Menschen in Berlin erstürmten auf beiden Seiten die Mauer, zehntausende DDR-Bürger überquerten die Grenzbefestigungen. Doch glücklicherweise erfolgte kein einziger Schuss.

Die in der DDR stationierten 380000 sowjetischen Soldaten blieben in ihren Kasernen. Sie hätten die Grenzen mühelos wieder schließen können. Die Nationale Volksarmee (NVA) wäre im Zweifel noch mitmarschiert. Laut Eduard Schewardnadse, dem damaligen sowjetischen Außenminister, hat es noch im Januar 1990 Diskussionen in der sowjetischen Führung gegeben, die eigenen Truppen zur Sicherung der DDR einzusetzen. Es bleibt das große Verdienst von Michail Gorbatschow, das verhindert zu haben. Er forderte stattdessen in einem Telefonat mit Bundeskanzler Helmut Kohl, auf allen Seiten dafür zu sorgen, dass kein Chaos entstehe, die Entwicklung unter Kontrolle bleibe und nicht weiter eskaliere.

In den folgenden Tagen erreichten den Bundeskanzler Informationen, dass in der sowjetischen Führung erste Diskussionen über die Zukunft Gesamtdeutschlands und über den Abschluss eines Friedensvertrages begonnen hatten. Das war für ihn der Anlass, selbst die politische Initiative zu ergreifen. In seiner berühmten Rede anlässlich der jährlichen Haushaltsdebatte am 28. November 1989 erklärte Helmut Kohl unmissverständlich seinen Willen, jetzt die deutsche Einheit anzustreben, nicht vom «grünen Tisch» aus und auch nicht «mit dem Terminkalender in der Hand». In zehn Punkten erläuterte er seine Strategie, wie er das Ziel der Wiedervereinigung erreichen wolle.

Beides sollte in der Politik selbstverständlich sein: eine klare Zielsetzung und die Erläuterung der Strategie, wie das Ziel erreicht werden soll, auch wenn die Maßnahmen immer wieder angepasst werden müssen. Helmut Kohl und seine Mannschaft waren sich 1989/90 immer sicher: «Wir schaffen das.» Offen blieb, wie schnell das Ziel zu erreichen sein würde.

In einem Gespräch mit Außenminister Hans-Dietrich Genscher am 5. Dezember in Moskau übten Gorbatschow und

Schewardnadse harte Kritik an der Zehn-Punkte-Rede von Helmut Kohl. Gorbatschow bezeichnete sie als «Diktat». Doch nur zwei Monate später, am 10. Februar 1990, traf Helmut Kohl zu einem persönlichen Gespräch mit Michail Gorbatschow im Kreml zusammen. Nach wenigen einleitenden Sätzen sprach Gorbatschow die entscheidenden Worte aus: Die Sowjetunion werde die Entscheidung der Deutschen, in einem Staat zu leben, respektieren. Es sei Sache der Deutschen, den Zeitpunkt und den Weg der Einigung selbst zu bestimmen. Der Weg zur deutschen Einheit war frei.

Am 3. Oktober 1990, 329 Tage nach der Öffnung der Mauer, feierte Deutschland in Berlin seine Wiedervereinigung. Alles war friedlich und am Ende mit allen vier Siegermächten einvernehmlich verlaufen. Alle Nachbarstaaten hatten zugestimmt. Der Bundeskanzler konnte am Tag danach feststellen, dass Deutschland zum ersten Mal in seiner Geschichte keine Feinde mehr habe. Von besonderer Bedeutung sollte jedoch die Ankündigung sein, dass dem vereinten Deutschland eine größere Verantwortung in der Völkergemeinschaft zuwachse, nicht zuletzt für die Wahrung des Weltfriedens. Und Kohl fuhr fort: «Wir werden dieser Verantwortung sowohl im Rahmen der Vereinten Nationen, der Europäischen Gemeinschaft und der Atlantischen Allianz als auch in unserem Verhältnis zu einzelnen Ländern gerecht werden.»

Die deutsche Einheit hat die Lage, das Gewicht, den Einfluss und die Verantwortung Deutschlands verändert. Es liegt in Europa nicht länger in einer Randlage am Eisernen Vorhang, sondern erneut in der Mitte. Territorial und bevölkerungsmäßig ist Deutschland größer geworden und hat damit an Gewicht und Verantwortung zugenommen. Es war deshalb keine Überraschung, dass die Nachbarstaaten und vor allem auch Großbritannien die Frage diskutierten, welche Rolle dieses größere Deutschland zukünftig spielen werde. Die britische Premierministerin Margaret Thatcher wurde 1990 mit

Das unvergessliche Gespräch mit Präsident Gorbatschow am 10. Februar 1990 im Kreml: grünes Licht für die Wiedervereinigung Deutschlands

der Aussage zitiert, Deutschland sei gut für zwei Weltkriege gewesen; es könnte auch gut sein für einen dritten Weltkrieg. Ihre Sorge war, wie auch die anderer Europäer, dass die doch im Großen und Ganzen stabile Nachkriegsordnung zerstört werden könnte, ohne dass eine neue Ordnung in Sicht sei.

Im politischen Raum stand unausgesprochen die Frage, ob Deutschland ein zuverlässiger und berechenbarer Partner des Westens bleiben werde. Oder würde es, wie in der Zeit Bismarcks, zu einer Gleichgewichtspolitik, zu einer Schaukelpolitik zwischen West und Ost zurückkehren? Würde es gar der Versuchung erliegen, sich stärker dem Osten zuzuwenden? Diese Sorge bewegte nicht nur den französischen Präsidenten François Mitterrand und die britische Premierministerin Margaret Thatcher, sondern beispielsweise auch den italienischen

Ministerpräsidenten Giulio Andreotti oder den niederländischen Premierminister Ruud Lubbers. Sie alle wollten, dass ein größer werdendes Deutschland sowohl in der NATO als auch in der Europäischen Gemeinschaft eingebunden bleibe.

Daher war entscheidend, dass Helmut Kohl von Anfang an unmissverständlich daran festgehalten hat, dass auch ein geeintes Deutschland Mitglied der NATO bleiben müsse. Aus dem gleichen Grund hatte er François Mitterrand noch im Dezember 1989 in einem Brief vorgeschlagen, gemeinsam die Initiative für eine Politische Union der EG zu ergreifen. Mitterrand griff diesen Vorschlag sofort auf, der dann auch auf dem EG-Gipfel im April 1990 in Dublin beschlossen wurde. Selbst die amerikanische Regierung hatte noch vor der Wiedervereinigung klare Erwartungen ausgesprochen, als Präsident George Bush in seiner Mainzer Rede Ende Mai 1989 der Bundesregierung anbot, «partner in leadership» zu sein, gemeinsam als Partner internationale Verantwortung zu übernehmen, ein Angebot, das heute mit einem Präsidenten Trump undenkbar wäre.

Dennoch ist diese wichtige Aussage des Bundeskanzlers vom 4. Oktober 1990 über die größere Verantwortung eines geeinten Deutschlands in der deutschen Öffentlichkeit als wenig bedeutsam, im besten Fall als selbstverständlich verstanden worden. Sie fiel niemandem besonders auf. Ein öffentliches Echo darauf blieb aus. Doch die Zeit war vorbei, dass wir Deutsche mit der Aussage kokettieren konnten, wir seien ein ökonomischer Riese, aber ein politischer Zwerg. Das war zu keinem Zeitpunkt glaubwürdig. Darauf passte schon immer das jüdische Wort: «Mach' dich nicht so klein, so groß bist du gar nicht», oder um den Kunsthistoriker Johann Winckelmann zu zitieren, der einmal in einem anderen Zusammenhang das Wort vom «Prinzip der stillen Größe, aber edlen Einfalt» geprägt hat.

Sicherlich würden es nach wie vor viele Menschen in

Deutschland vorziehen, in einer Nische der Weltgeschichte verharren zu können, eine «große Schweiz» zu werden und so von allen Händeln dieser Welt unberührt zu bleiben. Sie wollen nicht wahrhaben, in welchem Maße sich Entscheidungen Deutschlands, seien sie außen- und sicherheitspolitischer oder wirtschafts- und finanzpolitischer Art, oft unmittelbar auf unsere Nachbarn und Partner in Europa oder sogar weltweit auswirken.

Doch erst als Bundespräsident Joachim Gauck im Januar 2014 in seiner Rede auf der Münchner Sicherheitskonferenz, 24 Jahre nach Helmut Kohl, für eine «größere globale Verantwortung Deutschlands» plädierte, fand diese überfällige Erkenntnis ein breites und weitgehend zustimmendes Echo in der deutschen und internationalen Öffentlichkeit. Das war eine richtige, aber späte Einsicht.

Die entscheidenden Meilensteine auf dem Weg zur Wiedervereinigung: Priorität Sicherheit

Der friedliche und nach außen fast reibungslose sowie überraschend schnelle Prozess der Wiedervereinigung war erfolgreich, weil Bundeskanzler Kohl und die Bundesregierung eine Reihe von wichtigen politischen Bedingungen und Interessen der verantwortlichen Regierungen nicht nur berücksichtigten, sondern aktiv nutzten. Gegenüber den drei Westmächten ging es um die Zusicherung, dass ein geeintes Deutschland Mitglied der Atlantischen Allianz und der Europäischen Gemeinschaft (EG) bleiben werde. Die Sorge war groß, dass der Friede und die Stabilität der Nachkriegsordnung Europas gefährdet werden könnten. Doch das wollte die Bundesregierung verhindern.

Entscheidend war die Frage, wie die Zustimmung von Präsident Gorbatschow und der sowjetischen Führung zu bekommen sei. Es ging ja nicht allein darum, die Einheit Deutschlands zu erreichen. Ein geeintes Deutschland sollte, ja musste Mitglied der NATO bleiben. Das setzte auch voraus, den friedlichen Abzug aller sowjetischen Truppen aus Berlin und aus der DDR in einer vereinbarten Frist durchzusetzen.

Dem Bundeskanzler war von Anfang an klar, dass es darauf keine einfache Antwort geben könne. Sein Ziel war es, ein Gesamtpaket an Initiativen, Angeboten und Vorschlägen zu erarbeiten und ständig weiterzuentwickeln, um Gorbatschow zu gewinnen. Es sollte sich nicht um Vorleistungen handeln, sondern um eine Politik des «do ut des», der Leistung und Gegenleistung.

Ein wichtiger Faktor war hier wie so oft das enge persönliche Vertrauensverhältnis, das sich zwischen Präsident George Bush und Gorbatschow sowie zwischen Helmut Kohl und Gorbatschow entwickelte. Gorbatschow sagte einmal, dass ohne dieses wechselseitige Vertrauen vieles anders entschieden worden wäre. Ein vergleichbares Vertrauensverhältnis gab es zwischen den beiden Außenministern Genscher und Schewardnadse, den amerikanischen Außenminister Jim Baker eingeschlossen. Es gab keine leeren Versprechungen. Zusagen wurden eingehalten. Hilfen für die Linderung der Versorgungsnotlage in der UdSSR wurden – wie versprochen – großzügig gewährt und Kredite garantiert.

Für den Durchbruch in den Verhandlungen war am Ende nur ein Thema entscheidend – das Thema Sicherheit. Die Gipfelgespräche zwischen den USA und der UdSSR auf der Ebene der Präsidenten und Außenminister sowie die weitreichenden Ergebnisse in den Abrüstungs- und Rüstungskontrollverhandlungen trugen maßgeblich zur Verständigung nicht nur zwischen den beiden Weltmächten, sondern zwischen Ost und West generell bei. In seiner Rede am 31. Mai 1989 in Mainz hatte Präsident Bush nicht nur sein Interesse an Abrüstung und Rüstungskontrolle bekräftigt, sondern den wichtigen Satz hinzugefügt, dass die Sowjets wissen sollten, «dass unser Ziel nicht darin besteht, ihre legitimen Sicherheitsinteressen zu untergraben».

Gleichzeitig hatte er der Bundesregierung wie erwähnt eine gemeinsame Aufgabe als Partner in einer Führungsrolle angeboten. Eingebettet in dieses tiefe und uneingeschränkte Vertrauen der amerikanischen Administration bot der Bundeskanzler Ende April 1990 der sowjetischen Führung an, noch vor der Vereinigung Deutschlands einen umfassenden bilateralen Vertrag über Gewaltverzicht und Zusammenarbeit zu verhandeln. Seit Chruschtschow hatte die Sowjetunion immer wieder ihr Interesse an Verträgen mit sicherheitspolitischen Zusicherungen bekundet. Ziel des Vertrages sollten klare Sicherheitsgarantien für die Sowjetunion sein und die Zusage für eine enge Zusammenarbeit und Partnerschaft.

Die Reaktion der sowjetischen Führung auf diesen Vorschlag war fast euphorisch. Der sogenannte «Große Vertrag», der «Vertrag über gute Nachbarschaft, Partnerschaft und Zusammenarbeit», zwischen der UdSSR und der Bundesrepublik Deutschland wurde im September unterschrieben und am 9. November 1990 nach der Wiedervereinigung ratifiziert. Er enthält klare sicherheitspolitische Verpflichtungen der Bundesrepublik Deutschland. Darüber hinaus wurde eine umfassende Zusammenarbeit in allen Bereichen vereinbart. Innerhalb der beiden Jahre 1989/90 unterzeichnete die Bundesregierung unter Helmut Kohl 27 Verträge und Abkommen mit der Sowjetunion.

Die sicherheitspolitischen Interessen Moskaus dominierten das ganze erste Halbjahr 1990. Auf der Agenda stand die Schlüsselfrage der NATO-Mitgliedschaft eines geeinten Deutschlands. Auf Initiative der Bundesregierung richtete am 8. Juni die NATO-Ministertagung eine Botschaft an die Sowjetunion und an alle anderen Warschauer-Pakt-Staaten, in der sie erklärte: Sie reiche allen «die Hand zur Freundschaft und Zusammenarbeit». Gleichzeitig kündigten die Minister an, die Militärstrategie der NATO sowie deren Strukturen und Ausrüstung im Lichte der sich abzeichnenden neuen Gegebenheiten überprüfen zu wollen.

Fast zeitgleich zum Parteitag der KPdSU im Juli 1990 fand ein NATO-Sondergipfel in London statt. Die abschließende gemeinsame «Londoner Erklärung – die Nordatlantische Allianz im Wandel» enthielt wichtige Botschaften an die Sowjetunion und an die anderen Mitgliedsstaaten des Warschauer Paktes. Besonders bedeutend war das Angebot der NATO, eine gemeinsame Erklärung zum Nichtangriff und Gewaltverzicht zu beschließen. Gorbatschow sollte seine Genugtuung in den bald folgenden Gesprächen mit dem Bundeskanzler im Kaukasus zum Ausdruck bringen: Der NATO-Gipfel sei ein historischer Wendepunkt gewesen. Entsprechend sachlich fiel seine Antwort auf die Frage der NATO-Mitgliedschaft des geeinten Deutschlands aus: Deutschland erhalte jetzt seine volle Souveränität, und es sei die Entscheidung eines souveränen Staates, ob es einem Bündnis und welchem es angehören wolle.

Es blieb im Rahmen der VKSE-Verhandlungen das Thema der zukünftigen Stärke der Bundeswehr. Auch in dieser Frage kam es im Kaukasus zur Einigung. Die Bundeswehr sollte zukünftig 370 000 Mann umfassen. Zur Verständigung kam es auch über den Zeitraum des Abzugs der sowjetischen Truppen aus der DDR. Vier Jahre wurden vereinbart. Da die Sowjetunion für die zurückkehrenden Truppen keine ausreichenden Unterbringungsmöglichkeiten besaß, legte die Bundesregierung zusätzlich ein Milliardenprogramm zum Bau von Unterkünften auf. Darüber hinaus verpflichtete sie sich, auf Herstellung und Besitz von sowie die Verfügung über ABC-Waffen zu verzichten und Mitglied des Nichtverbreitungsvertrages (NVV-Vertrages) zu bleiben. Die Summe aller dieser bilateralen und multilateralen sicherheitspolitischen

Vereinbarungen war am Ende der Schlüssel zur deutschen Einheit.

Die Zugeständnisse der Sowjetunion

Wenn Imperien zusammenbrechen, dann tun sie dies selten, ohne dass es zu heftigen Gewaltausbrüchen kommt. Ein untergehendes Imperium versucht in der Regel, sich militärisch gegen seinen Niedergang zu stemmen. Dass eine Supermacht, wie sie die Sowjetunion war, ihr Vorfeld und sogar Teile des eigenen Staatsgebietes friedlich aufgibt, ist ein historisch nahezu einmaliger Akt. Wer Russland heute verstehen will, sollte sich in Erinnerung rufen, was Moskau in den Jahren 1989/90 akzeptieren musste und friedlich akzeptiert hat und zu welchen Zugeständnissen die sowjetische Führung damals bereit gewesen ist:

- Sie hat 1989 der Öffnung der Grenzen ihrer mitteleuropäischen Partnerstaaten zugestimmt und militärisch nicht eingegriffen.
- Gorbatschow hat Wort gehalten und sich nicht mehr in die Liberalisierungs- und Demokratisierungsprozesse seiner Bündnispartner eingemischt, wie es seine Vorgänger 1953 in der DDR, 1956 in Ungarn und 1968 in Prag noch mit brutaler militärischer Gewalt getan haben.
- Deutschland konnte friedlich wiedervereinigt werden. Die DDR, der wichtigste Teil von Stalins «Kriegsbeute», wurde zurückgegeben. Damit war der größte Konfliktherd in Europa nach dem Zweiten Weltkrieg, die Teilung Deutschlands und Berlins, überwunden.
- Das geeinte Deutschland blieb im Einverständnis mit der sowjetischen Führung Mitglied in der Europäischen Gemeinschaft und in der NATO.
- 500 000 sowjetisch-russische Truppen mit allen ihren

Waffensystemen, einschließlich der Nuklearwaffen, wurden in der vereinbarten Zeit von vier Jahren friedlich und ohne Zwischenfälle aus Mitteleuropa, aus Ungarn, der Tschechoslowakei und Polen, nach Russland zurückgeführt, darunter 380 000 Mann aus der DDR. Bei der Verabschiedung der letzten russischen Truppen auf dem Gendarmenmarkt in Berlin sang eine russische Einheit in Anwesenheit von Präsident Boris Jelzin und Bundeskanzler Helmut Kohl ein Lied in deutscher Sprache, in dem es hieß: «Wir sind als Feinde gekommen; wir gehen als Freunde.»

- Ende der achtziger, Anfang der neunziger Jahre wurden die weitreichendsten Abrüstungs- und Rüstungskontrollvereinbarungen sowohl im Bereich der konventionellen Waffen als auch für die nuklearen und chemischen Systeme mit umfassenden Kontrollverfahren vereinbart. Laut Gorbatschow sind auf Grundlage dieser Vereinbarungen bis heute etwa 80 Prozent der Nuklearwaffen vernichtet worden. In einem Gespräch im Juni 1992 erklärte der letzte aus der Sowjetarmee verbliebene Marschall, Boris Schaposchnikow: «Wir sind heute so weit, dass wir nicht mehr von einem Wettrüsten, sondern von einem Wett*ab*rüsten sprechen können.»
- Am 1. Juli 1991 löste sich der Warschauer Pakt offiziell auf, friedlich und fast lautlos.

Diese weitreichenden und in der Tat sensationellen Entscheidungen der sowjetischen Führung mit Präsident Michail Gorbatschow an der Spitze mögen heute für die meisten Menschen im Westen als selbstverständlich gelten. Sie waren es zu keinem Zeitpunkt. Gorbatschow selbst musste große Widerstände in der sowjetischen Führung überwinden.

1990 war das Jahr dramatischer Umbrüche in der Sowjetunion. Gorbatschows Reformprogramm Glasnost und Perestroika löste heftige Auseinandersetzungen auf vielen Gebieten des politischen und gesellschaftlichen Lebens aus. Es ging nicht nur um eine tiefgreifende Wirtschaftsreform, sondern gleichzeitig um eine Neugestaltung des politischen Systems und um grundlegende Veränderungen im geistig-kulturellen Bereich. Dazu kamen eine dramatische Versorgungskrise und die drohende Zahlungsunfähigkeit. In beiden Fällen konnte die Bundesregierung mit Nahrungsmittellieferungen und Krediten in vielfacher Milliardenhöhe Hilfe leisten.

Innerhalb der KPdSU brachen heftige Auseinandersetzungen zwischen den radikalen Erneuerern und den konservativen Bewahrern des alten Kommandosystems aus. Gleichzeitig kam es immer häufiger zu Massendemonstrationen und Massenstreiks. In den Republiken traten nationale Bewegungen auf. Schon im März 1990 hatte Litauen seine Unabhängigkeit erklärt. In Kaukasien brachen Bürgerkriege aus.

Als am 2. Juli 1990 der 28. Parteitag der KPdSU zusammentrat, griff das Mitglied des Politbüros Jegor Ligatschow die Reformpolitik Gorbatschows und seine Deutschlandpolitik frontal an. Er warf ihm die «vollständige Annullierung der Ergebnisse des Zweiten Weltkrieges» vor. Bei der Wahl in das Politbüro erhielt Gorbatschow 1116 Gegenstimmen (von 4538), so viele wie noch nie ein Generalsekretär vor ihm. Doch es gelang ihm, seinen härtesten Gegenspieler, eben jenen Jegor Ligatschow, aus dem Politbüro zu werfen. Nach zwölf Tagen endete mit dem ZK-Plenum der Parteitag. Noch am gleichen Tag traf Bundeskanzler Helmut Kohl mit seiner Delegation in Moskau ein. Als er am nächsten Morgen mit Präsident Gorbatschow zu einem ersten Vieraugengespräch zusammenkam, erlebte er einen Gesprächspartner, der seine Erleichterung sichtlich zu erkennen gab, dass der Parteitag für ihn erfolgreich verlaufen war. Die Erleichterung war auch Außenminister Eduard Schewardnadse anzumerken. Der Parteitag hätte auch anders ausgehen können, und dann hätte die Zukunft der

Sowjetunion sowie Deutschlands und Europas anders ausgesehen.

Der Traum von einer gesamteuropäischen Friedens- und Sicherheitsordnung von Vancouver bis Wladiwostok

Nach diesen revolutionären, aber dennoch friedlichen Veränderungen folgte nicht das «Ende der Geschichte» (Francis Fukuyama). International stellten sich unmittelbar zwei Aufgaben: Brauchen wir eine «neue Weltordnung» und wenn ja, wie sollte sie aussehen? Und wie muss zukünftig Gesamteuropa gestaltet werden? Die Antwort darauf erfolgte überraschend schnell.

Vom 19. bis 21. November 1990 trafen sich alle 34 Staats- und Regierungschefs der KSZE-Staaten in Paris und unterzeichneten die «Charta von Paris für ein neues Europa». Die Charta war kein völkerrechtlicher Vertrag, sondern eine politische Absichtserklärung. Gemeinsam stellten die Unterzeichner fest, dass das Zeitalter der Konfrontation und der Teilung Europas zu Ende gegangen sei. Die «Beziehungen sollen künftig auf Achtung und Zusammenarbeit gründen».

Die Charta beschreibt ausführlich die Prinzipien der Menschenrechte, der Demokratie, der Rechtsstaatlichkeit und einer marktwirtschaftlichen Ordnung, die zukünftig für alle Mitgliedsstaaten gelten sollten. Die Förderung der Demokratie sowie die Achtung der Menschenrechte seien unverzichtbar. Diesem Prinzipienkatalog schließen sich ausführliche Aussagen an über die Gestaltung der freundschaftlichen Beziehungen zwischen den Teilnehmerstaaten und – nicht überraschend – zum Thema Sicherheit: Sicherheit sei unteilbar und untrennbar mit der aller anderen verbunden. Alle Staaten sollten sich der Androhung oder Anwendung von Gewalt enthalten. Streitfälle sollten friedlich beigelegt werden. Die Zusammenarbeit bei der Rüstungskontrolle und Abrüstung sollte gefördert werden. Deshalb habe man die Absicht, «den politischen Konsultationsprozess zu verstärken und die Zusammenarbeit zu erweitern». Das sollte dazu beitragen, «ein geeintes Europa aufzubauen». «Das nun ungeteilte und freie Europa fordert einen Neubeginn.»

Im Bereich der Sicherheit sollte auf dem Vertrag über Konventionelle Streitkräfte in Europa aufgebaut und die Verhandlungen über Vertrauens- und Sicherheitsbildende Maßnahmen (VSBM) fortgesetzt werden. Möglichst bald sollten die Verhandlungen über «ein wirksam verifizierbares, weltweites und umfassendes Verbot chemischer Waffen» abgeschlossen werden. Zusammenarbeiten wolle man bei der «Ausrottung» des Terrorismus und im Kampf gegen den illegalen Drogenhandel. Es folgen ausführliche Vereinbarungen über wirtschaftliche Zusammenarbeit und in den Bereichen Energie, Transport und Tourismus, Umwelt und Kultur. Gefördert werden sollte «insbesondere bei der Jugend» der Kulturaustausch und die Zusammenarbeit in allen Bereichen der Bildung. Fast vorausschauend erklärten die Unterzeichner ihre Besorgnis über die anhaltenden Spannungen in der Mittelmeerregion und unterstrichen gemeinsam ihre Bereitschaft, ihre «Bemühungen zur Festigung von Sicherheit und Zusammenarbeit im Mittelmeerraum» fortzusetzen.

Zur Durchsetzung aller dieser Vereinbarungen und allgemeinen Absichtserklärungen verabredeten die Staats- und Regierungschefs eine Reihe neuer Strukturen und Institutionen des KSZE-Prozesses für die weitere Zusammenarbeit:

- Regelmäßige Treffen der Außenminister, mindestens einmal jährlich.
- Ein «Ausschuss Hoher Beamter» soll die Sitzungen vorbereiten und deren Beschlüsse durchführen.

- Treffen anderer Minister können vereinbart werden.
- Alle zwei Jahre soll in der Regel ein Folgetreffen der Teilnehmerstaaten für eine Bestandsaufnahme stattfinden.
- In Wien wird ein «Konfliktverhütungszentrum» (KVZ) eingerichtet.

In einem Zusatzdokument wurde die Durchführung der Vereinbarungen weiter konkretisiert. So sollte das Konfliktverhütungszentrum «die Durchführung von vertrauens- und sicherheitsbildenden Maßnahmen unterstützen», u.a. «den Mechanismus für Konsultation und Zusammenarbeit in Bezug auf ungewöhnliche Aktivitäten» und vor allem die «Zusammenarbeit bei gefährlichen Zwischenfällen militärischer Art». Im Bundeskanzleramt hatte man auf der Grundlage dieser eindrucksvollen Ergebnisse sogar darüber nachgedacht, ob ein gemeinsamer gesamteuropäischer Sicherheitsrat angestrebt werden sollte. Doch diese Idee wurde nach 1990 nicht weiterverfolgt.

Die Pariser Charta – welch eine Vision! «I have a dream…», mit diesen Worten begann der amerikanische Bürgerrechtler Martin Luther King seine berühmteste Rede. Zum ersten Mal in der Geschichte des europäischen Kontinents eröffnete sich die Chance, dass die Werte, für die wir uns seit Jahrzehnten eingesetzt hatten: Freiheit, Menschenrechte, Demokratie, Rechtsstaatlichkeit und Marktwirtschaft, ihren Siegeszug in ganz Europa antreten könnten. Und das am Ende eines Jahrhunderts, das von zwei Weltkriegen mit fast hundert Millionen Toten geprägt wurde und durch die Unmenschlichkeit der faschistischen und kommunistischen Gewaltherrschaft so viel Elend, Tränen, Blut und Tod erleben musste. Eine solche Chance hatte es in der Geschichte des euro-asiatischen Kontinents noch nie gegeben!

Sollte ein gemeinsames, freies und demokratisches Europa von Vancouver bis Wladiwostok nicht unser Traum sein? Ein israelisches Wort, das der früheren Premierministerin Golda Meir zugesprochen wird, lautet: «Wer nicht an Wunder glaubt, ist kein Realist.»

Der bekannte Münchner Theologe Eugen Biser nannte das europäische Haus «auf dem blutgetränkten Boden Zentraleuropas eine Zitadelle des Friedens inmitten einer instabilen und von Krisen erschütterten Welt». In seiner Aachener Rede am 9. Mai 1991 anlässlich der Verleihung des Karlspreises erklärte der französische Präsident François Mitterrand: «Europa hatte lange nicht so viele Gründe zur Hoffnung.» Und für Michail Gorbatschow war die Pariser Akte die Blaupause für das «Gemeinsame Europäische Haus», in dem alle Bewohner, also auch die Russen, die gleiche Sicherheit garantiert bekämen und Russland selbstverständlicher Bestandteil eines sich neu entwickelnden Europa über die Europäische Gemeinschaft hinaus sein sollte. Seine Aufgabe sei es jetzt, die Sowjetunion von der Diktatur zur Demokratie und von der zentralen Kommandowirtschaft zur Marktwirtschaft zu führen.

Wer von Visionen in der Politik spricht, wird häufig sehr schnell diskreditiert. In diesem Zusammenhang wird vor allem der frühere Bundeskanzler Helmut Schmidt mit seiner Aussage zitiert: «Wer Visionen hat, sollte zum Arzt gehen.» Er hat diesen Satz später deutlich relativiert. Doch wer Menschen, ein ganzes Volk verantwortungsvoll führen will, muss auch die Phantasie und damit die Kreativität der Menschen anregen, wenn er Ziele erreichen will. Helmut Maucher, langjähriger Chef der Nestlé AG in der Schweiz, sagte dazu zu Recht: «Wer keine Vision hat, kann weder große Hoffnungen erfüllen noch große Vorhaben verwirklichen. Insofern sind Visionen eine Führungsaufgabe. Sie haben eine Wirkung in sich, weil sie Menschen begeistern können, Energie freisetzen und damit entscheidend dazu beitragen, dass eine Vision keine Illusion bleibt, sondern in der Zukunft zur Realität wird.»

Doch der Rückblick nach fast dreißig Jahren ist bedrückend. Was haben wir aus der Pariser Charta für ein neues Europa gemacht? Wir standen wieder einmal am Anfang eines Weges, der Verheißung versprach; eine Verheißung aber, die sich nicht von alleine erfüllen konnte, sondern Arbeit, Kreativität, Mut und auch Opfer einforderte. Was könnte unseren Kontinent, der wie kein anderer über Jahrhunderte von Kriegen überzogen wurde, von autoritären und totalitären Regimen beherrscht war, der so unendlich viel Leid, Not und Tränen erlebt hat, was könnte diesen gepeinigten Kontinent Europa stärker befrieden als Freiheit, Demokratie, Rechtsstaatlichkeit und wirtschaftlicher Wohlstand?

Keine Generation vor uns hatte jemals die Chance, einen solchen Traum träumen zu können. Wir in ganz Europa, wir durften 1990 nicht nur träumen. Wir hatten die Chance, diesen Traum, dieses großartige Ziel einer gesamteuropäischen Friedens- und Sicherheitsordnung in Angriff zu nehmen; ein gemeinsames europäisches Haus zu bauen, in dem alle Bewohner in gleicher Weise sicher leben sollten.

Der Mantel der Geschichte: Ein historischer Moment wird nicht genutzt

Alle die sensationellen, historischen Veränderungen zwischen West und Ost waren einvernehmlich und friedlich verlaufen und das in kürzester Zeit. Es war ein «window of opportunity», wie die Amerikaner sagen, ein Fenster, das nur für einen kurzen Zeitraum geöffnet war. In dieser kurzen Zeitspanne galt es, wie Otto von Bismarck einmal sagte, einen entscheidenden Zug zu machen: «Politik ist, dass man Gottes Schritt durch die Weltgeschichte hört, dann zuspringt und versucht, einen Zipfel seines Mantels zu fassen.» Helmut Kohl hat 1989 diesen «Zipfel» ergriffen und ihn nicht mehr losgelassen. Dadurch wurde die deutsche Einheit möglich. Doch im Falle der gesamteuropäischen Sicherheitsordnung, wie sie die Charta von Paris entworfen hatte, wurde dieses Fenster der Möglichkeiten verpasst.

Wer trägt die Schuld an diesem historischen Versäumnis? Wie so oft in der Politik klingen auch hier die einfachen Antworten zunächst überzeugend, verfehlen aber die Realität. Eine beliebte Erklärung besteht darin, dass der Westen die Sowjetunion als eine Art Konkursmasse betrachtete und sich lediglich möglichst viel von dem Kuchen sichern wollte, bevor der «russische Bär» wieder zu alter Stärke zurückfinden würde. Zudem habe die NATO das Feindbild Russland benötigt, um die eigene Existenz zu rechtfertigen, die durch eine gesamteuropäische Sicherheitsordnung in Frage gestellt worden wäre.

Tatsächlich sind diese Vermutungen auch nicht vollkommen falsch. Es gab solche Stimmen, denen es schwerfiel, das Denken des Kalten Krieges abzulegen. Doch gab es auch starke Kräfte, die eine stabile gesamteuropäische Sicherheitsordnung ernsthaft anstrebten und zu ihnen gehörten nicht zuletzt die Regierungschefs der USA, Frankreichs und Deutschlands.

Die Realität wird nicht vollständig erfasst, wenn man alle Ergebnisse politischen Handelns nur mit der zielgerichteten Verfolgung von Interessen erklären will. Denn damit wird unterstellt, dass die Akteure das Geschehen jederzeit beherrschen, während tatsächlich auch im politischen Bereich oft etwas zutiefst Menschliches herrscht: die schlichte Überforderung durch das enorme Tempo, mit dem die Weltgeschichte voranschreitet. Es gehört zu den Grunderfahrungen der Politik, dass sich Regierungen, Administrationen und Parlamente sehr schnell überfordert fühlen und tatsächlich auch sind, je größer die Anzahl der Probleme ist, mit denen sie sich mehr oder weniger zur gleichen Zeit befassen müssen und die sie gar lösen sollen.

Zu viele Aufgaben zur gleichen Zeit

Die Pariser Charta für ein neues Europa vom November 1990 hatte die Gestaltungsprinzipien und erste Instrumente für eine gesamteuropäische Friedens- und Sicherheitsordnung benannt. Der Fahrplan war vereinbart. Doch wer sollte, vielmehr wer konnte 1991 den Zugführer, wer die Begleitmannschaft stellen? Der polnische Außenminister Krzysztof Skubiszewski kritisierte bereits 1991 in einem internen Gespräch, dass der Westen keine Strategie habe. Die Pariser Charta für ein neues Europa schien bereits vergessen zu sein. Wie kam es dazu? Wer verstehen will, warum die Chancen von 1989/90 ungenutzt blieben, der muss sich zuallererst vergegenwärtigen, mit welcher Vielzahl von politischen Problemen die beteiligten Regierungen schon im Jahr nach dem Vollzug der deutschen Einheit konfrontiert waren.

Vorrang für die Bundesregierung hatte die volle Integration der neuen Bundesländer und die rasche Angleichung der Lebensverhältnisse zwischen West- und Ostdeutschland. Diese Aufgabe allein musste die volle Aufmerksamkeit und das ganze Leistungsvermögen der politisch Verantwortlichen in Anspruch nehmen. Sie konnten sich auf keinen vergleichbaren Präzedenzfall berufen. Für fast alle Beteiligte auf beiden Seiten war es ein Lernprozess – learning by doing.

Gleichzeitig hatte der europäische Integrationsprozess eine neue Dynamik erhalten. Die Mitgliedsstaaten der EG mussten sich mit weitreichenden politischen Entscheidungen befassen, die nicht zuletzt auf Betreiben der Bundesregierung zustande gekommen waren. Auf der gemeinsamen Agenda standen schwierige Themen wie die Vollendung des Binnenmarktes, die Wirtschafts- und Währungsunion mit der Schaffung einer gemeinsamen europäischen Währung, die Vollendung des Schengen-Abkommens, eine gemeinsame europäische Asyl- und Einwanderungspolitik, die Politische Union sowie eine gemeinsame Außen- und Sicherheitspolitik.

Am 7. Februar 1992 unterzeichneten die Staats- und Regierungschefs den Vertrag über die Europäische Union mit dem Ziel, die Wirtschafts- und Währungsunion zu vollenden und zum 1. Januar 1999 den Euro als gemeinsame europäische Währung einzuführen. Das war der Beginn eines europäischen Marathonlaufes, der bis heute noch andauert.

Es war das strategische Ziel von Helmut Kohl, nach der Vollendung der deutschen Einheit die europäische Integration unumkehrbar zu machen. Jedes Thema auf der Tagesordnung erforderte für sich das uneingeschränkte Engagement der beteiligten Regierungen. Und die Tatsache, dass fast alle Themen noch heute auf der europäischen Agenda stehen, beweist die politische Überforderung der beteiligten Regierungen.

Beschlossen und mit der sowjetischen Führung abgestimmt war die Fortdauer der Atlantischen Allianz. Was sollte ihr zukünftiges Aufgabenfeld sein? Aufgrund der Gespräche und Verhandlungen mit der sowjetischen Führung standen die Neuordnung der konventionellen Streitkräfte und die Abrüstung der nuklearen und chemischen Waffensysteme an. Und fast unmittelbar sollte sich die NATO mit der Anfrage neuer Mitgliedschaften konfrontiert sehen.

Im August 1990 annektierte der Irak unter Saddam Hussein seinen Nachbarn Kuwait. Die USA konzentrierten sich von nun an auf den Nahen und Mittleren Osten. Die amerikanische Regierung forderte die Unterstützung der Europäer ein und erwartete insbesondere die Solidarität der Bundesrepublik Deutschland gewissermaßen als Gegenleistung für die amerikanische Hilfe bei der Wiedervereinigung. Als Außenminister Jim Baker im September 1990 den Bundeskanzler in seinem Haus in Ludwigshafen aufsuchte, ging es fast nur noch um den deutschen Beitrag zum Krieg gegen den Irak.

Schon im Spätsommer 1990 zeichnete sich zudem bereits die Auflösung Jugoslawiens ab. Einzelne Republiken wie Kroatien dachten anfänglich noch über die Bildung einer Konföderation nach, aber die Unbeweglichkeit der Zentralregierung unter dem serbischen Präsidenten Slobodan Milošević führte rasch zu radikalen Auflösungstendenzen. Die Europäer waren sich uneinig, für wen und für was sie Unterstützung leisten sollten. Bundeskanzler Helmut Kohl und Außenminister Hans-Dietrich Genscher traten unter Bezug auf das Selbstbestimmungsrecht, das Deutschland gerade selbst in Anspruch genommen hatte, für die Unabhängigkeit Kroatiens und Sloweniens ein. Dagegen wollten Frankreich, Großbritannien und Spanien Jugoslawien als Vielvölkerstaat erhalten. Als im April 1992 in Bosnien-Herzegowina der Krieg ausbrach, gab es noch immer keine gemeinsame europäische Position.

Bundeskanzler Helmut Kohl hatte zwar in seiner ersten Regierungserklärung nach seiner Wiederwahl am 30. Januar 1991 einen besonderen Schwerpunkt auf die Sicherheit und Stabilität in Europa gelegt und darauf hingewiesen, dass die Charta von Paris mit Leben erfüllt und umgesetzt werden müsse. Im Mittelpunkt seiner Forderungen standen allerdings Themen der Abrüstung und Rüstungskontrolle. Er verlangte von Washington und Moskau nicht nur Verhandlungen über die nuklearen strategischen und Mittelstreckensysteme, sondern auch über die Abschaffung der nuklearen Raketen mit weniger als 500 Kilometer Reichweite und der nuklearen Artilleriemunition. Er wollte eine neue Strategie, die sich nicht länger auf Atomwaffen stützen sollte. Im Ergebnis hätten seine damals sensationellen Vorschläge zu einer atomwaffenfreien Zone in Europa geführt. Doch die Unterstützung dafür sollte selbst in Deutschland und in Europa ausbleiben. Darüber hinaus forderte Helmut Kohl die Fortsetzung einer kontrollierten Streitkräfteverminderung in Europa und vertragliche Regelungen über die konventionelle Rüstung, begleitet von vertrauensbildenden Maßnahmen zur Konfliktverhütung und Mechanismen zur friedlichen Streitbeilegung.

Auf dem Pariser Gipfel im November 1990 hatten die Mitgliedstaaten von Warschauer Pakt und NATO den Vertrag über Konventionelle Streitkräfte in Europa (KSE-Vertrag) unterzeichnet. Im November 1992 trat er in Kraft. Diese militärstrategischen Verhandlungen sollten politisch unterlegt werden. So schlug der Bundeskanzler vor, eine Parlamentarische Versammlung der KSZE zu konstituieren. Die gesamteuropäische Rechtsentwicklung und die Zusammenarbeit in den Bereichen der Wirtschaft, des Umweltschutzes und des Kulturaustausches müssten verstärkt werden.

Frankreich hatte zudem die Idee einer paneuropäischen

Konferenz in die Diskussion eingeführt, die bereits im Dezember 1990 in Prag stattfinden sollte. Gemeinsames Ziel musste es sein, alle europäischen Staaten auf möglichst vielen Gebieten immer stärker durch die Institutionalisierung des KSZE-Prozesses analog der Pariser Charta miteinander zu verflechten. Die Einbindung der USA wäre in allen Fragen der Sicherheit garantiert gewesen.

Der Zerfall des sowjetischen Imperiums

Mit großer Sorge behielt Helmut Kohl die Entwicklung in Moskau im Auge. Er wusste, dass die Chancen für einen dauerhaften Frieden in Europa stark davon abhingen, wie der Reformprozess in der Sowjetunion bzw. in Russland verlief. Voraussetzung für eine gesamteuropäische Sicherheitsordnung war und bleibt eine enge politische, wirtschaftliche und wissenschaftlich-kulturelle Zusammenarbeit des Westens insgesamt mit Russland. Moskau muss so eng als möglich an und in Europa eingebunden werden. Um die Voraussetzungen dafür in Russland selbst zu schaffen, brauchte das Land Unterstützung, und Helmut Kohl bot sich mit sicherem Gespür als treibende Kraft für eine Zusammenarbeit an – in der Europäischen Union, in der NATO, auf den Weltwirtschaftsgipfeln und gegenüber den USA. So war auf sein Drängen hin Präsident Gorbatschow erstmals am letzten Tag des Weltwirtschaftsgipfels im Juli 1991 nach London eingeladen worden. Es ging vorrangig darum, ihm wirtschaftliche Hilfe in Aussicht zu stellen.

Der Bundeskanzler konnte dabei weiterhin mit der vollen Unterstützung von Präsident Bush rechnen. In seiner Rede zur «Neuen Weltordnung» im April 1991 in Alabama hatte dieser sehr detailliert und realistisch die Schwierigkeiten beschrieben, mit denen sich Gorbatschow bei den wirtschaftlichen und po-

Mit Präsident George Bush am 17. Mai 1990 im Weißen Haus: laut Helmut Kohl «ein Glücksfall für uns Deutsche»

litischen Reformen konfrontiert sah: «Der vor der Sowjetunion liegende Weg wird schwierig und gelegentlich außerordentlich schmerzlich sein. Die Geschichte lastet schwer auf allen Völkern der Sowjetunion – die Befreiung von 70 Jahren kommunistischer Herrschaft, von tausend Jahren der Autokratie. Dieser Prozess wird sich langsam vollziehen. Es wird Rückschläge geben. Aber dieser Reformprozess, dieser Umbruch von innen muss weitergehen. Wenn die Zusammenarbeit mit anderen Ländern und unsere Fortschritte zu echtem internationalem Frieden von Dauer sein sollen, muss ihm Erfolg beschieden sein.» Und Präsident Bush beließ es nicht bei der Beschreibung des schwierigen sowjetischen Reformprozesses. Er sagte zu, diesen weiterhin zu unterstützen, und bekräftigte, den Aufbau kooperativer Beziehungen fortsetzen zu wollen.

Doch zu all den bereits aufgezählten Problemen der internationalen Politik in den Jahren 1990/91 gesellte sich noch ein weiteres: die Auflösung der Sowjetunion und des Warschauer

Paktes mit allen ihren Folgen. Ganz Osteuropa war in der Umbruchsphase 1990/91 gekennzeichnet von politischer Instabilität, wirtschaftlichen Krisen, von sicherheitspolitischer Ambivalenz, von Nationalitätenkonflikten und vom Zerfall bisheriger Ordnungsstrukturen. Versuche der Neuordnung durch Moskau wie im Baltikum oder im Kaukasus erfolgten teilweise noch unter Einsatz von militärischen Mitteln. Dies nährte die Befürchtung der mitteleuropäischen Staaten, dass sie sich in einer sicherheitspolitischen Pufferzone zwischen der NATO und der UdSSR wiederfinden könnten. Der Abzug der russischen Truppen war noch im vollen Gange. Doch die USA hatten bereits die Reduzierung ihrer Truppen in Europa angekündigt.

Die Bundesregierung führte daher Verhandlungen mit Polen und der Tschechoslowakei mit dem Ziel einer engen freundschaftlichen Kooperation. Mit beiden Regierungen wurden in der Folge Verträge über gute Nachbarschaft und partnerschaftliche Zusammenarbeit abgeschlossen. Ungarn, Polen und die Tschechoslowakei wurden 1990/91 Mitglied des Europarates. Für die Staaten Osteuropas eröffneten sich eine europäische Perspektive und die Möglichkeit einer Mitgliedschaft in EG und NATO. Damit stand die Frage einer zukünftigen gesicherten Stabilität in Mittel-, Ost- und Südosteuropa auf der europäischen Agenda. Hier entstand durch den Zusammenbruch des sowjetischen Imperiums ein Problem, das nur durch die gesamteuropäische Perspektive des Gemeinsamen Europäischen Hauses gemäß der Pariser Charta hätte entschärft werden können. Da diese nicht vorankam, geschah das Gegenteil: Neue Konfliktherde zwischen Russland und dem Westen taten sich auf.

Am 21. März 1991 besuchte der neue tschechoslowakische Präsident Václav Havel das NATO-Hauptquartier in Brüssel. In seiner Rede vor dem NATO-Außenministerrat bezeichnete er wenig überraschend die NATO als denkbaren Stützpfeiler einer zukünftigen gesamteuropäischen Sicherheitsunion und warnte vor einem sicherheitspolitischen Vakuum in Mittel- und Osteuropa.

Die Assoziierung und Mitgliedschaft in der EG war fast unmittelbar nach dem Umbruch, zum Teil sogar schon Mitte der achtziger Jahre wie in Ungarn, ins Blickfeld der mitteleuropäischen RGW-Staaten geraten. Es konnte keine Überraschung sein, dass die Atlantische Allianz das nächste Ziel sein würde. Sie allein garantierte die amerikanische Präsenz in Europa auch in der Zukunft. Václav Havel war sich bewusst, dass «aus verschiedenen Gründen», wie er sagte, sein Land im Moment nicht reguläres Mitglied der NATO werden könne. Er plädierte aber «für die baldige Einführung eines dauerhaften Systems der Kooperation und des Informationsaustausches» und dafür, Mitglieder des Parlamentes in die Arbeit der Nordatlantischen Versammlung einzubeziehen.

Václav Havel wies vor dem Hintergrund seines persönlichen Schicksals und seiner Erfahrungen in einem kommunistischen System die NATO-Außenminister zudem mit großer Weitsicht auf die aktuell drohenden Gefahren in den ehemals sozialistischen Staaten und vor allem in der Sowjetunion selbst hin: «Es ist offensichtlich geworden, dass der Aufbau demokratischer Systeme und der Übergang zu Marktwirtschaften in den Ländern Mittel- und Osteuropas von mehr Hindernissen betroffen sind, als ursprünglich erwartet wurde, und dass das unselige Vermächtnis, das diese Länder zu bewältigen haben, tiefer geht und weiter verzweigt ist, als irgendjemand sich vorstellen konnte. Die allgemeine Demoralisierung, die das kommunistische Regime hinterlassen hat, ist tief verwurzelt, und der Schock für die Gesellschaft, ausgelöst durch die plötzliche Invasion ihres Lebens durch die Freiheit, war unerwartet stark. Unsere Länder sehen sich der Bedrohung politischer und sozialer Unruhe, materieller Entbehrungen, krimineller Aktivitäten, zunehmend intensiver Gefühle der Hoffnungslosigkeit in der Gesellschaft und folglich auch der Gefahr des Populismus gegenüber. Die dort errichteten Demokratien sind sehr zerbrechlich und deswegen leicht zu verletzen, da jedes ihrer Elemente eine fundamentale Veränderung durchmacht. Die Wirtschaften dieser Länder werden kaum fähig sein, sich in absehbarer Zukunft ohne massive ausländische Hilfe zu erholen.»

Besonders beunruhigt zeigte sich Präsident Havel über die Entwicklung in der Sowjetunion. Fast seherisch sagte er voraus: «Der Fortschritt in Richtung Demokratie, Selbstbestimmung der Völker und einer funktionierenden Wirtschaft in der Sowjetunion wird von ernsten Komplikationen behindert. Die konservativen Kräfte machen offensichtlich mobil in dem Bemühen, den Lauf der Geschichte umzukehren und – gegen den Willen von Bürgern und Völkern – ein zentralistisches, autoritäres Regime wiederzuerrichten. Spannung und Instabilität im Land wachsen und können eine nachteilige Wirkung auf die internationale Situation als Ganzes haben.» Václav Havel sollte Recht behalten.

Das Ende der Sowjetunion

Mit seinem Reformprogramm von Glasnost und Perestroika hatte Gorbatschow innenpolitisch den Weg zu einer Demokratie westlichen Musters eingeschlagen. Doch wie entwickelt man nach siebzig Jahren kommunistischer Diktatur und jahrhundertelangem autokratischen Zarentum eine Demokratie ohne Demokraten? Wie können sich demokratische Institutionen und Verfahren, rechtsstaatliche Strukturen und Entscheidungen manifestieren ohne ausgebildete Experten? Außerdem mussten die politischen Reformen Hand in Hand gehen mit einer wirtschaftlichen Liberalisierung. Wie führt man aber eine Marktwirtschaft ein ohne ausgebildete Fachleute? Zwar war Ludwig Erhards bekanntestes Werk: «Wohlstand für alle» seit Ende der achtziger Jahre ins Russische übersetzt und wohl verstanden, aber es fehlten die Fachleute, um die Theorie in die Praxis umzusetzen. So hatte beispielsweise die dilettantische Ankündigung einer Preisreform 1989 dazu geführt, dass die Nachfrage auf den Gütermärkten sprunghaft anstieg, die Menschen auf Wochen die Läden leer kauften und eine bedrückende Versorgungskrise eintrat, die die Popularität der sowjetischen Führung in fataler Weise beeinträchtigte.

Der Versuch, das Beste von beiden Systemen, vom kapitalistischen und vom sozialistischen System, zu integrieren, führte zu teils dramatischen Verwerfungen. Das galt auch für den vergeblichen Versuch Gorbatschows, mit der Ankündigung von Reformen die Popularität in der Bevölkerung zu sichern und gleichzeitig die noch immer starke Parteielite unter Kontrolle zu halten. Am Ende musste er scheitern, weil seiner Regierung einerseits die Erfahrung im Umgang mit demokratischen Institutionen fehlte sowie andererseits das Wissen um die Funktionsweise eines nichtsozialistischen Wirtschaftssystems.

Rund siebzig Jahre lang hatte es die KPdSU als machtpolitische und gewissermaßen intellektuelle Institution gegeben, die für die «neue Gesellschaft» die kommunistischen «Werte», die Ideologie des Marxismus/Leninismus, auslegte, sie verkündete und die Menschen mobilisierte. Nach dem Ende des sozialistischen Systems und der Auflösung der KPdSU gab es keine vergleichbaren und vernehmbaren Institutionen, die die russische Bevölkerung für die demokratischen und marktwirtschaftlichen Werte begeistert hätten. Wer sollte die neuen Maßstäbe für das individuelle Leben und das Zusammenleben in einer sich rasch verändernden Gesellschaft entwickeln und sie artikulieren?

Es gab eine Reihe einzelner Intellektueller und den ein oder anderen Politiker, die sich für die demokratischen Rechte, für

Pressefreiheit und Menschenrechte einsetzten, vielfach konzentriert auf Moskau oder auf einzelne Städte. Doch das konnte nicht ausreichen. Mancher schien rasch die Hoffnung zu verlieren. Der russische Schriftsteller Boris Chasanow schrieb einmal fast resignativ: «In Europa hat es nie an großen Geistern gemangelt, die in Paradoxa denken konnten. In Russland müssen wir in Paradoxa leben. Im Grunde verstehen wir gar nicht anders zu leben als gegen den gesunden Menschenverstand.»

Demokratie und Privatisierung wurden bald zu Schimpfwörtern. Anstelle von demokratija = Demokratie sprach man von dermokratija (dermo = Scheiße); an die Stelle von priwatisazija = Privatisierung setzte man das Wort prichwatisazija, angelehnt an das Verb prichwatit = mitnehmen, sich verschaffen. Die Moskauer Ökonomin Larissa Pijaschewa schrieb 1990: «Ich bin mir nicht sicher, ob die Gesellschaft mit abgehackten und bereits ausgetrockneten Wurzeln lebensfähig ist. Es fällt mir schwer zu sagen, wie tief die kulturelle und ethische Degradierung unserer Völker gegangen ist, wie hoffnungslos die Fähigkeiten des bäuerlichen, handwerklichen und individuellen Könnens verlorengegangen sind, wie tief das Volk dequalifiziert und demoralisiert ist.»

Die Folgen waren verheerend. Die Wirtschaftskrise vertiefte sich stetig. Immer mehr Menschen gingen auf die Straße. Es sollten bald Hunderttausende sein. An Moskauer U-Bahnhöfen konnte man alte russische Mütterchen, sogenannte Babuschkas, erleben, die gewaschene, aber sichtlich gebrauchte Wäschestücke zum Verkauf anboten. Wirtschaftsexperten aus verschiedenen westlichen Staaten, vor allem aus den USA, wurden von den sowjetischen Reformern zu Rate gezogen. Sie trugen oft mehr zur Verwirrung als zur Lösung der Probleme bei, weil sie unterschiedliche Akzente setzten und Ratschläge gaben. Außerdem galten auch unter Gorbatschow die riesigen und vielfältigen Ressourcen der Sowjetunion als strategische

Güter. Eine Zusammenarbeit mit ausländischen Partnern oder gar eine Übernahme blieb viele Jahre und ist teilweise bis heute ausgeschlossen.

Die Zentralregierung handelte immer häufiger reaktiv. Der kurzfristige Erfolg zur Sicherung der Macht stand im Vordergrund der politischen Entscheidungen. Er war aber zugleich Ausdruck der eigenen Schwäche. Auf die Frage, wie sich die Sowjetunion entwickle, lautete in dieser Zeit die Antwort vieler damaliger Akteure: «Wir gehen einen Weg, von dem wir nicht wissen, wohin er führt, aber wir gehen ihn bis ans Ende.» Eine beliebte Antwort war auch die bekannte Fabel des größten russischen Fabeldichters Iwan Krylow (1768–1844) vom «Schwan, Krebs und Hecht». In dieser wird erzählt, wie ein Schwan, ein Krebs und ein Hecht versuchten, einen Wagen fortzubewegen, was natürlich misslang, weil der Schwan in die Lüfte, der Krebs rückwärts und der Hecht ins Wasser zog. Sprichwörtlich wurde der Schlusssatz der Erzählung: «Der Wagen steht noch heute da.» Er sollte sich aber sehr rasch in ungeahnter Weise in Bewegung setzen.

In der politischen Machtzentrale wie auf der Ebene der Republiken setzte eine sich immer mehr beschleunigende Desintegration ein. Die 15 Gliedstaaten der UdSSR verschafften sich einen hohen Grad an Autonomie, so dass Moskau für sie letztlich überflüssig wurde. Das deutete sich zuallererst in Litauen an. Bereits im Februar 1990 fanden dort erstmals freie Wahlen statt, die die Unabhängigkeitsbewegung Sajudis eindeutig für sich entscheiden konnte. Am 11. März erklärte Litauen als erste Unionsrepublik der UdSSR seine Unabhängigkeit. Gorbatschow forderte ultimativ die Rücknahme dieses «rechtswidrigen Aktes» und verhängte eine Wirtschaftsblockade. Im Januar 1991 unternahmen moskautreue Kräfte mit Hilfe sowjetischer Militärs und dem Einsatz von Panzerkräften einen vergeblichen Putschversuch. In einem Anfang Februar folgenden Referendum sprachen sich 90,5 Prozent der

Litauer für die Unabhängigkeit aus. Doch Gorbatschow blieb bei seiner Ablehnung. Er hatte gehofft, die Union der Sowjetrepubliken durch einen neu ausgehandelten Unionsvertrag zu retten. Sein Ziel war es, die unabhängigen Republiken in einer Föderation mit einem gemeinsamen Präsidenten, gemeinsamer Außenpolitik und gemeinsamen Streitkräften zusammenzuhalten. Der Vertrag sollte am 20. August 1991 unterzeichnet werden. Doch der Auflösungsprozess war schon in vollem Gange. Alle drei baltischen Staaten hatten bereits ihre Unabhängigkeit erklärt.

Einen Tag vor der Unterzeichnung des Unionsvertrages unternahm ein selbsternanntes «Staatskomitee für den Ausnahmezustand» einen Putschversuch gegen Gorbatschow, der sich zu diesem Zeitpunkt im Urlaub auf der Krim befand. Dort wurde er vier Tage lang festgehalten, weil er die Ausrufung des Notstandes und die Übertragung seiner Vollmachten an den Vizepräsidenten abgelehnt hatte. Der Putsch verlief erfolglos. Die Streitkräfte lehnten eine Unterstützung der Putschisten ab. Es wurde die Stunde von Boris Jelzin, Präsident der russischen Teilrepublik. Mit einem Megafon auf einem Panzer stehend mit Blick auf das Weiße Haus, das Gebäude des russischen Parlaments, verurteilte er die Putschisten und forderte die Rückkehr Gorbatschows nach Moskau.

Die Auflösung der UdSSR hat Gorbatschow am Ende nicht verhindern können. Nach dem gescheiterten Putschversuch erklärten noch im August die Sowjetrepubliken Ukraine, Weißrussland, Moldau, Wien und Kirgistan ihre Unabhängigkeit. Die anderen zentralasiatischen Staaten Usbekistan, Tadschikistan, Kasachstan und Turkmenistan folgten bald darauf.

Jelzin war nun zu Gorbatschows Hauptwidersacher geworden. Am 8. Dezember 1991 unterzeichnete er als Präsident der Russischen Föderation gemeinsam mit den Präsidenten der Ukraine, Leonid Krawtschuk, und Weißrusslands, Stanislau Schuschkewitsch, im weißrussischen Nationalpark

Beloweschskaja den Vertrag über die Auflösung der UdSSR und die Gründung der Gemeinschaft Unabhängiger Staaten (GUS). Gorbatschow wurde telefonisch von Schuschkewitsch unterrichtet. Am 25. Dezember 1991 trat er zurück. Jelzin wurde sein Nachfolger. Schon einen Tag später beschloss das sowjetische Parlament die Auflösung der Sowjetunion. Ende des Jahres 1991 war die UdSSR damit endgültig zerfallen.

Präsident Putin sollte angesichts dieser Ereignisse im April 2005 in seiner Rede zur Lage der Nation «von der größten geopolitischen Katastrophe des 20. Jahrhunderts» sprechen. Diese Einschätzung mag angesichts zweier Weltkriege mit fast hundert Millionen Toten übertrieben sein. Doch für eine der Siegermächte des Zweiten Weltkrieges und eine der beiden nuklearen Weltmächte, die als Widerpart zur Weltmacht USA fast fünfzig Jahre lang die bipolare Weltordnung maßgeblich mitbestimmt hat, muss die Auflösung der UdSSR und des Warschauer Paktes als eine bittere Lektion gelten.

George F. Kennan, der große amerikanische Diplomat, schrieb am Ende des Zweiten Weltkrieges den fast seherischen Satz: «Einer der gefährlichsten Augenblicke für die internationale Stabilität wird kommen, wenn eines Tages die Herrschaft Russlands anfängt zusammenzubrechen.» Und in der Tat führte das Ende der Sowjetunion in vielen der Nachfolgerepubliken zu ethnischen Konflikten und in Georgien oder Moldawien zum Bürgerkrieg. Doch auch für Russland zeichneten sich sofort neue Gefahren ab. 1991 hatte die autonome Republik Tschetschenien ihre Unabhängigkeit erklärt und damit die Gefahr signalisiert, dass sich auch die Russische Föderation auflösen könnte. Denn auch sie blieb ein Vielvölkerreich. 1994 begann Präsident Jelzin den ersten Tschetschenienkrieg. Nach der Niederschlagung der Revolte 1996 brach drei Jahre später der zweite Tschetschenienkrieg aus, den Präsident Putin mit großer Brutalität führte und der erst 2009 beendet wurde. Er wollte das unmissverständliche

Signal setzen, dass er eine weitere Erosion der Russischen Föderation nicht akzeptieren werde.

Diese dramatischen Ereignisse im Jahre 1991 in der Sowjetunion, die Auflösung der UdSSR, der Führungswechsel von Michail Gorbatschow als Präsident der Sowjetunion zu Boris Jelzin, dem Präsidenten der aus der Russischen Sowjetrepublik hervorgegangenen Russischen Föderation, veränderten die Rahmenbedingungen, die noch bei der Verabschiedung der Pariser Charta gegolten hatten. Unglaubliche Chancen für eine gesamteuropäische Friedensordnung, für die europäische Integration, für eine neue Weltordnung hatten sich aufgetan, und es hatte eine Politikergeneration gegeben, die diese Möglichkeiten erkannt hatte: Michail Gorbatschow, Helmut Kohl, François Mitterrand und George Bush. Doch der Zusammenbruch der Sowjetunion und ihres Imperiums, neue Krisenherde in der Golfregion und auf dem Balkan und nicht zuletzt auch die innenpolitische Nabelschau in Deutschland überlagerten die historischen Optionen, die sich eröffnet hatten.

Und es kamen neue globale Entwicklungen hinzu, die erst allmählich in das öffentliche Bewusstsein traten. Anfang der neunziger Jahre begannen die Volksrepublik China und Indien ihre Märkte zu öffnen. Mittel- und Osteuropa waren frei und die Märkte zugänglich. Über zwei Milliarden Menschen traten als Konsumenten, aber auch als Konkurrenten auf die Weltmärkte. Die Liberalisierung des Welthandels wurde forciert und mündete 1995 in die Gründung der Welthandelsorganisation (WTO) ein. Neue Technologien wie IT oder Containerschiffe begannen die Welt zu verändern. Und die von Präsident Bush angesprochene neue Weltordnung war für das kommende Jahrzehnt vorgegeben: eine unipolare Weltordnung, dominiert von einer Weltmacht, den USA. Und das alles vollzog sich in einem letztlich atemberaubenden Tempo. Kein Wunder, dass diese weltpolitischen Prozesse viele Verantwortliche in Politik und Gesellschaft überfordert haben.

Vision und Realität

Was wurde unter diesen Rahmenbedingungen aus der großen Vision einer gesamteuropäischen Sicherheitsordnung? Im Jahr 1991 sollte die Institutionalisierung der Pariser Charta weiter vorangetrieben werden. Im Vordergrund stand die Entwicklung eines Instrumentariums für Konfliktprävention und Krisenmanagement. Das Sicherheitskonzept der KSZE/OSZE umfasst vier Dimensionen, die jede für sich in ihrer Vielfalt überwältigend sind:

1. Die politisch-militärische Dimension:
   In diesem Bereich hat die OSZE das weltweit fortschrittlichste Regelwerk für Rüstungskontrolle und vertrauensbildende Maßnahmen geschaffen. Dazu gehören zusätzlich Grenzmanagement und Grenzsicherheit zur Erleichterung legaler Reise- und Handelstätigkeit. Ein weiteres Aufgabenfeld sind Konfliktverhütung und Konfliktlösung, Vermittlung in Konflikten, Friedenskonsolidierung und Konfliktfolgenbeseitigung und Bekämpfung des Terrorismus. Darüber hinaus baut die OSZE «moderne, demokratische, proaktive Polizeidienste auf». Hinzu kommt der Bereich der «Rechtsreformen, Truppenverkleinerung und -umbau» sowie Ausbildung von Personal und Völkerrecht.
2. Die Wirtschafts- und Umweltdimension:
   Die OSZE unterstützt die Mitglieder bei der Förderung einer verantwortungsvollen Regierungsführung, eines nachhaltigen Wirtschaftswachstums und des Umweltbewusstseins, der Eindämmung der Korruption, der gemeinsamen Nutzung natürlicher Ressourcen und einer soliden, umweltverträglichen Abfallwirtschaft.
3. Die menschliche Dimension:
   «Alle OSZE-Teilnehmerstaaten sind sich darin einig, dass

dauerhafte Sicherheit ohne die Achtung der Menschenrechte und ohne funktionierende demokratische Institutionen nicht erreicht werden kann.» Deshalb unterstützt die OSZE beim Aufbau demokratischer Institutionen, bei der Durchführung demokratischer Wahlen und organisiert Wahlbeobachtung; sie fördert die Gleichstellung von Mann und Frau; Medienfreiheit und betreibt Journalistenausbildung. Minderheitenrechte (insbesondere für Roma und Sinti) und Rechtsstaatlichkeit, Toleranz und Nicht-Diskriminierung sind ebenso wichtige Anliegen wie die Arbeit gegen Rassismus und Fremdenfeindlichkeit.

4. Einen dimensionenübergreifenden Ansatz:
Die OSZE befasst sich mit Aufgaben im Sicherheitsbereich, die grenzüberschreitende Bedrohungen darstellen wie Klimawandel, Terrorismus, Radikalisierung und Extremismus, organisierte Kriminalität, Cyberkriminalität sowie Drogen-, Waffen- und Menschenhandel. Darüber hinaus will sie Regierungen zu mehr Bürgernähe, Verantwortlichkeit und «Repräsentativität» verhelfen. Dazu kommen Bildungsprogramme über Konfliktverhütung und Konfliktfolgenbeseitigung sowie Programme zur Gleichstellung der Geschlechter, zur Migration und zum Schutz sowie zur Förderung der Jugend.

Im Februar 1991 einigten sich die KSZE-Mitgliedsstaaten nach mehrwöchigen Verhandlungen in Valletta, der Hauptstadt Maltas, auf einen neuen Mechanismus zur Streitschlichtung. Und bereits am 18. März 1991 wurde in Wien das Konfliktverhütungszentrum seiner Bestimmung übergeben. Seine erste Aufgabe bestand darin, die Durchführung von Vertrauens- und Sicherheitsbildenden Maßnahmen (VSBM) zu unterstützen und die vereinbarten Streitschlichtungsverfahren durchzusetzen. Die erste Sitzung des geplanten Außenministerrates fand im Juni 1991 in Berlin statt. Bereits im Januar

1992 folgte das zweite Treffen in Prag. Inzwischen hatte sich die KSZE aufgrund der Auflösung der UdSSR auf 48 Mitgliedsstaaten erweitert. Nur Georgien, das damals von einem blutigen Bürgerkrieg erschüttert wurde, den in Europa vor dem Hintergrund der Kämpfe in Jugoslawien kaum jemand wahrnahm, hatte keinen Beitrittswunsch geäußert.

Im Abschlussdokument des Prager Außenministerrates über die weitere Entwicklung der KSZE-Institutionen und -Strukturen tauchte zum ersten Mal die Idee auf, die KSZE mit einem Mandat zur Friedenserhaltung auszustatten. Und es wurde für den Fall schwerer Verstöße gegen Prinzipien der KSZE das bisher geltende Konsensverfahren aufgegeben. Beschlüsse bei «eindeutigen, groben und nicht behobenen Verletzungen» dieser Prinzipien können seitdem auch ohne Zustimmung des betroffenen Staates gefasst werden. Mit dieser Entscheidung war die Grundlage für die zukünftigen Streitpunkte zwischen Russland und den Mitgliedsstaaten der EU bzw. der NATO gelegt. Letztere sahen die Priorität in der Durchsetzung von Demokratie und Menschenrechten. Für Russland war das ein Instrument der Einmischung in die inneren Verhältnisse der Mitgliedsstaaten.

Außerdem wurde ein «Ausschuss Hoher Beamter» gegründet, der alle drei Monate zusammentreten sollte und für Aufsicht, Management und Koordinierung verantwortlich sein sollte. Seine Hauptaufgabe sollte allerdings in der «Überwachung und Förderung von Fortschritten im Bereich der Menschlichen Dimension» liegen, dem Schutz von Menschenrechten, Demokratie und Rechtsstaatlichkeit. Analog wurde das Büro für freie Wahlen umbenannt in «Büro für demokratische Institutionen und Menschenrechte». Zuletzt wurde ein Wirtschaftsforum mit dem Ziel gegründet, die wirtschaftliche Zusammenarbeit zu fördern.

Im Juli 1992 trafen sich die Staats- und Regierungschefs der Teilnehmerstaaten der KSZE in Helsinki, um dem «gemeinsamen Bemühen neue Impulse zu verleihen». Um selbständig friedensbewahrende Operationen mit militärischem und zivilem Personal durchführen zu können, wurde die KSZE im Sinne von Kapitel VIII der UN-Charta zu einer regionalen Organisation der Vereinten Nationen erklärt.

Heute umfasst die OSZE 57 Teilnehmerstaaten aus Europa, Zentralasien und Nordamerika und reicht von den USA/Kanada bis nach Russland und in die Mongolei. Selbst der Heilige Stuhl und Liechtenstein sind dabei, inzwischen auch Georgien. Damit verringerte sich allerdings naturgemäß die Chance, gemeinsame Positionen zu erarbeiten bzw. sie gemeinsam durchzusetzen. Doch das ist nicht das einzige Problem der OSZE. Allein die Gipfelerklärung von Helsinki umfasste 47 Punkte. Sie bekräftigten die Leitprinzipien und gemeinsamen Werte der Pariser Charta und die Anpassung der europäischen und transatlantischen Institutionen und Organisationen, seien es EG, NATO oder GUS. Die gemeinsamen Aufgaben wurden im Detail aufgelistet, angefangen von der Konfliktverhütung über Abrüstung, Terrorismus bis zu wirtschaftlicher Zusammenarbeit, von Umwelt bis zu Fragen der Mittelmeerregion. Es fehlte kein wichtiges Sachthema.

Die Gipfelerklärung wurde ergänzt durch die «Beschlüsse von Helsinki». Es folgten: 31 Punkte zur Stärkung der KSZE-Institutionen und -Strukturen; 37 Punkte über die Aufgaben des Hohen Kommissars für nationale Minderheiten; 62 Punkte zu den Themen der Frühwarnung, Konfliktverhütung und Krisenbewältigung und zur friedlichen Beilegung von Streitfällen; 18 Punkte über die Beziehungen zu internationalen Organisationen, zu nichtteilnehmenden Staaten und nichtstaatlichen Organisationen. Doch auch damit war es noch nicht getan. 45 Ziffern erläuterten die Zielsetzungen, die Verfahren und das Sofortprogramm des KSZE-Forums für Sicherheitskooperation. Selbst das Thema der Behandlung von «Urbevölkerungen» fehlte im Kapitel «Die menschliche Dimension» nicht, das 62 Punkte umfasste. Den Abschluss bildeten 32 verschiedene Verabredungen über die wirtschaftliche Zusammenarbeit. Angekündigt wurde das «Erste Treffen des Wirtschaftsforums» für den März 1993 in Prag, dem eine inhaltliche Empfehlung von 47 Themen vorgegeben wurde.

Interessant wäre zu wissen, ob je ein Mitglied der beteiligten Regierungen und Politiker die Gipfelerklärung in ihrer Gesamtheit gelesen oder sich sogar bemüht hat, Prioritäten zu setzen und Inhalte umzusetzen? Welcher Parlamentarier, welcher Beamte hat sich je dieser Arbeit unterzogen? Welcher Journalist hat die Implementierung durch die Politik im Detail verfolgt?

Die Frage stellt sich unmittelbar: Haben die beteiligten Regierungen nicht zu viel auf einmal gewollt? Wäre es nicht sinnvoller gewesen, sich zuerst auf die Befriedung der aktuellen oder sich abzeichnenden Krisen wie auf dem Balkan oder auf die Zusammenarbeit mit Russland zu konzentrieren? Wäre weniger am Ende nicht mehr gewesen? Oder handelten die beteiligten Regierungen nach dem Motto des französischen Finanzministers Jacques Necker in der Zeit von König Ludwig XVI., der auf die Frage von Marie Antoinette, was er gegen das Staatsdefizit unternehmen wolle, geantwortet haben soll: «Nichts, Madame. Die Angelegenheit ist zu ernst.»

Die Probleme stellten sich rasch ein. Die Synchronisierung politischer und wirtschaftlicher Reformen in Osteuropa wurde wegen des Fehlens belastbarer Institutionen und allgemein akzeptierter Spielregeln ein ständiger Balanceakt, der nur langsame Fortschritte ermöglichte. Die Gefahren der Polarisierung in den ehemals sozialistischen Staaten wuchsen. Der neu erwachte Nationalismus, der einerseits als kulturelle Identitätssuche von unten ernst zu nehmen ist, konnte andererseits missbraucht werden und leicht in Chauvinismus entarten, ein Prozess, der bis heute vor allem in Polen und Ungarn zu beobachten ist. Nationalistische Parolen wurden allzu leicht zur

Absicherung von Machtpositionen in einer innenpolitisch und wirtschaftspolitisch labilen Lage benutzt. Orientierungshilfe von außen war nur partiell möglich, zumal zunehmend Gewalt als Mittel zur Durchsetzung von Gruppeninteressen eingesetzt wurde.

Krisenmanagement wurde durch Aktionen von Freischärlern immer wieder zur Wirkungslosigkeit verurteilt. Paramilitärische Verbände und marodierende Soldaten machten diplomatische Bemühungen von KSZE und UN um Konfliktbegrenzung häufig zum Gespött. Die vereinbarten diplomatischen Konsultations- und Verhandlungsmechanismen liefen oftmals ins Leere. Der Zerfall Jugoslawiens legte alle historischen, religiösen und ethnischen Bruchlinien wieder offen, die als längst überwunden galten.

Als der KSZE-Außenministerrat im Dezember 1992 zum dritten Mal in Stockholm zusammentrat, sah er sich mit einer Vielzahl von Vorschlägen und Konstruktionen zur Konfliktverhütung und Konfliktbeilegung konfrontiert. Offen blieb, in welcher Form, mit welchen Mitteln und in welchem Rahmen. Gefragt gewesen wären jedoch keine Patentrezepte, sondern pragmatisches wie auch selektives Vorgehen für zwei sehr unterschiedliche politische Prozesse, die sich gleichzeitig abspielten. Auf der einen Seite war der Ministerrat konfrontiert mit Desintegration wie in Jugoslawien und in der früheren UdSSR, auf der anderen Seite mit Integration wie in EU und KSZE.

Seit 1991 kamen die Außenminister der KSZE-Staaten fast jährlich in jeweils wechselnden Hauptstädten der Mitgliedsstaaten zu ihrer Ministerratstagung zusammen. Auf dem fünften Folgetreffen in Budapest 1994 wurde die KSZE mit Wirkung zum 1. Januar 1995 in «Organisation für Sicherheit und Zusammenarbeit in Europa» (OSZE) umbenannt. Das bislang letzte Treffen der Außenminister fand im Dezember 2018 in Mailand statt. Es war die 25. Ministerratstagung. Dagegen trafen sich die Staats- und Regierungschefs der OSZE-Mitgliedsstaaten nicht – wie vereinbart – alle zwei Jahre. Das gelang nur 1992 in Helsinki, 1994 in Budapest, 1996 in Lissabon und 1999 in Istanbul. Danach trat eine Pause von elf Jahren ein, bis der kasachische Präsident Nursultan Nasarbajew am 1. Dezember 2010 das sechste Gipfeltreffen in Astana, nach seinen Worten «im Herzen Eurasiens ... über tausend Kilometer von den geographischen Grenzen Europas entfernt», eröffnen konnte. Es ging auf dieser Überprüfungskonferenz um nichts anderes als um die Wiederbelebung des OSZE-Prozesses.

Der Generalsekretär der OSZE, Marc Perrin de Brichambaut, rief die Staats- und Regierungschefs dazu auf, die «historische Chance zu ergreifen und frischen Wind in die Rüstungskontrollgespräche zu bringen, die Frühwarnung und vertrauensbildende Maßnahmen zu verbessern, sich verstärkt um die Lösung von Langzeitkonflikten zu bemühen, gemeinsam an die Bewältigung grenzüberschreitender Bedrohungen heranzugehen» – ein Appell, der bis heute nichts von seiner Aktualität verloren hat.

Auch Bundeskanzlerin Angela Merkel forderte eine «kritische Bestandsaufnahme: Was haben wir geschafft? Welche Arbeit liegt noch vor uns?» Doch enthielt ihre Rede wenig Grundsätzliches und viel Schlagwortartiges. Und obwohl sie wenig Gespür zeigte für die Größe der noch zu bewältigenden Aufgabe fügte sie am Ende die aufmunternde Aufforderung hinzu, den Kopf nicht in den Sand zu stecken. Es gebe noch eine Menge zu tun. Wie wahr! Doch auch in der Folge geschah wenig, um die Vision der Charta von Paris wiederzubeleben.

Mit zahlreichen Programmen ist die OSZE heute in mehreren Mitgliedsstaaten tätig: Albanien, Bosnien-Herzegowina, Kosovo, Montenegro, Serbien, Mazedonien, Moldawien. Sie ist Projektkoordinator in der Ukraine, leitet die Sonderbeobachtermission in dem Land und die Beobachtermission bei den russischen Grenzkontrollposten Gukowo und Donezk.

Mit einer Vielzahl von Sicherheitsfragen befassen sich OSZE-Büros in Aschgabat (Turkmenistan), in Bischkek (Kirgistan), in Duschanbe (Tadschikistan) und in Usbekistan. Außerdem ist die OSZE in eine Reihe von Konfliktbeilegungsprozessen eingebunden. Im «Minsk-Prozess» geht es um eine friedliche Lösung des Berg-Karabach-Konfliktes zwischen Armenien und Aserbaidschan. Beteiligt ist die OSZE auch bei der Beilegung des Transnistrien-Konfliktes in Moldawien und bei den internationalen Genfer Gesprächen zur Verhinderung von Zwischenfällen im Gefolge des Georgienkrieges von 2008.

All dies ist hilfreich und trägt dazu bei, Konflikte zu entschärfen. Aber eine gesamteuropäische Sicherheitsordnung ist aus den Aktivitäten im Rahmen der OSZE nicht hervorgegangen. Wenn man weiß, welche zentrale Bedeutung das Thema Sicherheit für die sowjetische und später für die russische Führung besaß und besitzt, dann wird klar, wie schwer dieses Versäumnis wiegt. Russland konnte nun nicht Teil einer gemeinsamen Sicherheitsordnung sein, in die es sich leichter als gleichberechtigter Partner hätte einreihen können, sondern es mussten Wege gefunden werden, es an die Sicherheitsstruktur des Westens anzudocken. Das sicherheitspolitische Vakuum in Ostmitteleuropa, das die betroffenen Staaten durch den Anschluss an die NATO zu beseitigen suchten, und die neuen weltpolitischen Herausforderungen sollten die Akteure schließlich vor Probleme stellen, die sich auf diese Weise nur schwer lösen ließen.

Ende 1991 war die UdSSR zerfallen, der Golfkrieg hatte den Nahen und Mittleren Osten erschüttert und der Jugoslawienkonflikt war ausgebrochen. Das Versagen der Staaten der Europäischen Gemeinschaft wie der KSZE war offensichtlich geworden. Welch eine innen- und außenpolitische, welch eine europäische und globale Agenda, die es mehr oder weniger gleichzeitig zu bearbeiten und zu gestalten galt! Visionen hatten sich aufgetan: eine Friedens- und Sicherheitsordnung von

Vancouver bis Wladiwostok, dazu eine Welt ohne ABC-Waffen, eine Welt mit immer weniger Waffen, die Helmut Kohl immer angestrebt hat. Doch es blieben die Strategien aus, das Aufzeigen der möglichen Wege und Schritte, wie diese Visionen, diese Ziele hätten erreicht werden können. Dazu gehören Kreativität und Mut, der vielen Politikern fehlt, die sich gerne auf die tagespolitischen Notwendigkeiten konzentrieren und sich am Ende dahinter verstecken.

Verpasste Chancen, enttäuschte Liebe: Die Entfremdung in der Ära Jelzin

In den heutigen Russland-Debatten dominieren holzschnittartige Sichtweisen. Die einen können sich nicht von den Stereotypen des Kalten Krieges befreien und sehen in Russland per se eine aggressive Macht, die nur durch die ungünstigen Umstände Anfang der 1990er Jahre zu einem kurzfristigen Rückzug gezwungen war, aber sofort damit begann, an der Wiederherstellung der überkommenen Machtposition zu arbeiten. In dieser, von einem tiefsitzenden Misstrauen gegenüber Moskau geprägten Sichtweise hat Russland alle großzügigen Kooperationsangebote ins Leere laufen lassen, da es kein Interesse an friedlicher Zusammenarbeit gehabt, sondern den Westen als Konkurrenten und den postsowjetischen Raum weiter als seine imperiale Einflusssphäre betrachtet habe. Der Westen hat sich in dieser Interpretation im Umgang mit Russland nichts vorzuwerfen, außer vielleicht, dass er zu lange zu nachgiebig agiert habe.

Die anderen sehen umgekehrt Russland als unschuldiges und anfänglich auch wehrloses Opfer einer skrupellosen, machtpolitischen Expansion des Westens. Dieser habe durch die NATO-Osterweiterung seine 1990 gemachten Versprechen gebrochen und sich damit ins Unrecht gesetzt. Russische Handlungen erklären sich in dieser Sichtweise allein als Reaktion auf westliche Aggressionen. Die Kooperationsangebote des Westens werden, so sie denn nicht ganz geleugnet werden, nur als Augenwischerei betrachtet.

Beide Sichtweisen sind falsch und werden der komplexen

Realität nicht gerecht. Tatsache aber bleibt, dass es nach dem verpassten «window of opportunity» von 1990/91 nicht gelang, Russland in die westliche Sicherheitsordnung einzubinden, und dass sich das Verhältnis zwischen Russland und dem Westen schon in den 1990er Jahren, in der Ära Jelzin, einzutrüben begann. Hier wurden Hoffnungen enttäuscht und weitere Chancen verpasst. Teilweise lagen den Konflikten objektive Interessengegensätze zugrunde, für die es keine einfache Lösung gab, wie im Falle des sicherheitspolitischen Vakuums in Ostmitteleuropa, das letztlich durch die Osterweiterung von NATO und EU gefüllt wurde. Teilweise aber fehlte es auch schlicht an Rücksichtnahme und Verständnis im gegenseitigen Umgang. In Russland wirkte der Phantomschmerz des verlorenen Imperiums nach und speiste den Anspruch, weiterhin als unabhängige Weltmacht zu agieren und wahrgenommen zu werden. So reagierte man in Moskau bockig, wenn der Westen es an Respekt fehlen ließ, und wurde allzu oft vom eigenen Argwohn übermannt, statt geschmeidig und pragmatisch zu verhandeln. Im Westen, vor allem in Washington, sonnte man sich dagegen in dem Gefühl, den Kalten Krieg gewonnen zu haben, und behandelte Russland nicht als gleichberechtigten Partner, auch wenn man es auf dem Papier als einen solchen bezeichnete. Man erwartete, dass Moskau sich in den vom Westen vorgegebenen Rahmen der internationalen Politik einreihte, und reagierte entrüstet, wenn es dies nicht tat. So wurden in diesen Jahren die strukturellen Grundlagen gelegt für eine Entfremdung, die in dem Jahrzehnt nach der Jahrtausendwende zunehmend an Fahrt gewann.

Die Mühen des russischen Reformprozesses

Michail Gorbatschow hatte 1990 eine klare Entscheidung für eine enge Freundschaft und Zusammenarbeit mit Europa und Nordamerika getroffen. Die Pariser «Charta für ein neues Europa» zeugt davon. Boris Jelzin war entschlossen, diese Politik fortzuführen. Im Januar 1991 bezeichnete er die Vereinigten Staaten und die westlichen Länder «nicht nur als Partner, sondern als Verbündete» und erklärte «die demokratischen Menschenrechte und Freiheiten, Gesetzlichkeit und Moral» zu den obersten Richtlinien für Russland. Er wolle «Russland nach Europa zurückbringen», verkündete er im Sommer 1991. Er schwärmte von einer vollen Mitgliedschaft Russlands in der Europäischen Union und erklärte die Mitgliedschaft in der NATO zum «langfristigen Ziel». 1992 unterzeichnete er in Washington die «Charta russisch-amerikanischer Partnerschaft» und damit verbunden 55 gemeinsame Dokumente. Doch der Frühling dieser Liebesbeziehung sollte nicht lange anhalten, auch wenn Präsident Jelzin im Westen fast bis zuletzt ein Wohlwollen genoss, das seinem Nachfolger Wladimir Putin so nicht entgegengebracht wurde.

Bundeskanzler Helmut Kohl gelang es rasch, eine sehr enge, am Ende freundschaftliche Beziehung zu Jelzin herzustellen. Ihre gemeinsamen Sauna-Besuche waren legendär. Jelzin erklärte einmal bei einem privaten Abendessen in seiner Seniorenresidenz, «dass es für ihn drei große Deutsche gebe: Bismarck, Kaiser Wilhelm und Helmut». Schon im August 1991 hatte Kohl Kontakt zu Jelzin aufgenommen und ihn zu einem Arbeitsbesuch für den November nach Deutschland eingeladen. In der gemeinsamen Abschlusserklärung wurde eine enge politische und wirtschaftliche Zusammenarbeit vereinbart.

Der politische Reformprozess in Russland konnte nur gelingen, wenn die wirtschaftlichen Reformen erfolgreich waren und sich der Lebensstandard für die Bevölkerung spürbar verbesserte – diese Einsicht prägte neben sicherheitspolitischen Aspekten die Politik des Bundeskanzlers gegenüber Russland in den frühen 1990er Jahren. Der wirtschaftliche und soziale Niedergang damals war bedrückend. Die russische Industrieproduktion befand sich im freien Fall, 88 Prozent der Monopolbetriebe waren defizitär. Dazu kam eine Hyperinflation. Es gab aber weder ein Lehrbuch für Abbrucharbeiten, um eine Kommandowirtschaft abzuschaffen, noch fertige Rezepte zur Einführung der Marktwirtschaft. Die Bundesregierung unterstützte Russland mit erheblichen Lieferungen von Versorgungsgütern, mit großzügigen Zahlungen für die Rückkehr der russischen Soldaten, mit hohen Krediten und Bürgschaften, Investitionen und wirtschaftlichen Kooperationen. In dieser Phase ist durch die unbürokratische und unkomplizierte Hilfe viel Vertrauen geschaffen worden, von dem die deutsche Politik teilweise bis heute zehrt.

Schon im Januar 1990 kam der damalige sowjetische Botschafter Julij Kwizinski ins Bundeskanzleramt und erinnerte an das Versprechen des Bundeskanzlers gegenüber Gorbatschow, ihn beim Reformprozess zu unterstützen. Die Frage, worum es gehe, beantwortete er nur mit einem Wort: Fleisch. Die Sowjetunion litt im Winter 1989 und im Jahr 1990 unter einer dramatischen Versorgungskrise. Helmut Kohl veranlasste sofortige Hilfe. Für fast zwei Milliarden DM wurden 1990 Lebensmittel und andere Versorgungsgüter in die Sowjetunion geliefert. Im Bundeskanzleramt gehörte es von da an zur ständigen Übung, darüber nachzudenken, wie man helfen könne, die Reformpolitik in der Sowjetunion und später in Russland zum Erfolg zu führen.

Gleichzeitig warben der Bundeskanzler und seine Regierungsmitglieder auf allen Gipfelbegegnungen der EG, der NATO, der G 7, beim Internationalen Währungsfonds (IWF) und in der Weltbank für die finanzielle und wirtschaftliche Unterstützung Russlands. 1992 lag der Beitrag Deutschlands bei insgesamt 52 Prozent der westlichen Hilfe; im Vergleich dazu betrug der Beitrag Frankreichs 1,79 Prozent, Großbritanniens 0,14 Prozent, der USA 6,15 Prozent und Japans 4,05 Prozent. Was wäre möglich gewesen, wenn sich alle so engagiert hätten wie die Bundesrepublik? Bedenkenswert wäre die Einrichtung einer gesamteuropäischen oder westlichen Aufbauorganisation nach dem Vorbild der Organisation für Europäische Wirtschaftliche Zusammenarbeit (OEEC) wie im Jahre 1948 gewesen, wie sie vom Bundeskanzler angeregt worden war. Beide Seiten wären beteiligt gewesen. Damit hätte auch die Kontrolle auf beiden Seiten gelegen. Außerdem sorgte Helmut Kohl dafür, dass jeweils am letzten Tag der Weltwirtschaftsgipfel Jelzin als Gast eingeladen wurde. Auf dem Gipfel 1997 war er sogar von Anbeginn dabei.

Die USA als Weltmacht blieben für Russland allerdings weiterhin der wichtigste Partner für alle Gespräche und Verhandlungen, nicht zuletzt in allen Fragen der Nuklearrüstung und Rüstungskontrolle. Das war auch für Jelzins Selbstbewusstsein und Selbstachtung eine wichtige Voraussetzung. Und auch mit George Bushs Nachfolger, Bill Clinton, entwickelte sich ein herzliches und vertrauensvolles Verhältnis, wie zuletzt wieder neu freigegebene Dokumente und Audiomitschnitte aus Washington gezeigt haben. Nicht selten hegten diese persönlichen Beziehungen Konflikte ein, die heutzutage sehr viel schneller eskalieren.

Die Pariser Charta für ein neues Europa gab für Russland einen klaren Weg vor: von der Diktatur zur Demokratie und von der Kommandowirtschaft zur Marktwirtschaft, wie es Präsident Gorbatschow so trefflich formuliert hatte. Jelzin und seine jeweiligen Regierungen standen vor der schwierigen Aufgabe, diesen Systemwechsel tatsächlich durchzusetzen, also Demokratie und Marktwirtschaft gleichzeitig einführen zu müssen, ohne eine klare Strategie zu haben.

Vor dem Hintergrund seiner verschiedenen Rollen als ehe-

maliger Parteisekretär des Gebietes Swerdlowsk, Kandidat des Politbüros, Radikalreformer, Populist und Präsident war Jelzins Amtszeit von einer Politik geprägt, die aus einer Mischung von demokratischen und autokratischen Elementen bestand. Die 1993 verabschiedete und im Dezember in einer Volksabstimmung angenommene demokratische und rechtsstaatliche Präsidialverfassung orientierte sich am französischen Vorbild, sah aber eine größere Machtfülle des Präsidenten vor. Am 25. Dezember 1993 trat sie in Kraft und ist es abgesehen von kleineren Änderungen bis heute geblieben. Sie gilt in Teilen als vorbildlich. So heißt es beispielsweise im Artikel 1: «Russland ist ein demokratischer föderativer Rechtsstaat mit republikanischer Regierungsform» und in Artikel 2: «Der Mensch, seine Rechte und Freiheiten bilden die höchsten Werte. Anerkennung, Wahrung und Schutz der Rechte und Freiheiten des Menschen und Bürgers sind Verpflichtung des Staates».

Doch Theorie und Praxis sind eben nicht zwingend identisch. Trotz aller Hilfe aus dem Westen – manchmal vielleicht sogar wegen ihr – gelang es nicht, die wirtschaftliche Lage zu stabilisieren. Im Gegenteil: Es ging immer weiter abwärts. Und trotz einer fortschrittlichen Verfassung und Jelzins Bekenntnissen zu Rechtsstaat und Menschenrechten, erodierte die Autorität des Staates, es blühte die Korruption, und auf den Straßen herrschte vielfach die Macht des Stärkeren. Es waren die Jahre mächtiger Oligarchen, wechselnder Regierungen und teils bitterer Armut. Millionen von Russen kämpften in den 1990er Jahren um das schiere Überleben. Vielfach wurden Löhne nicht ausgezahlt oder erst nach Monaten. Die Industrie lag am Boden. Die staatlichen Unterstützungssysteme brachen zusammen. Ein unaufhörlicher Abwanderungsprozess von Spitzenkräften war in Gang gekommen. Der russische Dichter Michail Jassnow beschrieb wie folgt, was es im 20. Jahrhundert hieß, Russe zu sein:

Die Überlebenden der zwanziger Jahre,
die Verdammten der dreißiger,
die Zermalmten der vierziger,
die Erstickten der fünfziger,
die Hoffenden der sechziger,
die Gestauchten der siebziger,
die Entfremdeten der achtziger,
die Bettler der neunziger –
lauter Überlebende, Verdammte, Zermalmte, Erstickte,
Hoffende, Gestauchte, Entfremdete und Bettler.»

Ohne sich die verheerenden inneren Entwicklungen der 1990er Jahre zu vergegenwärtigen, lässt sich das Russland von heute nicht verstehen. Demokratisierung, Marktwirtschaft und westliche Werte führten eben nicht, wie von vielen Russen erwartet, zu besseren Lebensbedingungen. Im Gegenteil: Alles wurde schlechter. Die Demokratisierung übersetzte sich in das Recht des Stärkeren und führte zu chaotischen Zuständen. Die Einführung der Marktwirtschaft brachte keinen Wohlstand, sondern stürzte die Mehrheit der Russen in furchtbare Armut und erlaubte einigen wenigen, unfassbare Reichtümer anzuhäufen. Und was war die Geltung der Menschenrechte laut Verfassung wert, wenn auf den Straßen das Faustrecht herrschte? Was hatte dem Land seine Öffnung gegenüber dem Westen gebracht? Die Euphorie der Wendezeit wich schnell einer großen Enttäuschung. Bis heute erklärt sich die Präferenz vieler Russen für Ordnung und Stabilität und nicht zuletzt für Präsident Putin mit den Erfahrungen dieser Zeit. Neben den außenpolitischen Differenzen sind diese inneren Probleme ein wichtiger Grund für die Entfremdung großer Teile der russischen Gesellschaft vom Westen, auch wenn man die ganze Tragweite dieser Entwicklung bei uns vielfach nicht realisiert hat.

Tatjana Saslawskaja, eine Professorin für Soziologie, die

von Präsident Gorbatschow aus Nowosibirsk nach Moskau geholt worden war, charakterisierte im März 1991 das Bewusstsein des russischen Bürgers wie folgt. Es sei geprägt von:

- sozialem Pessimismus,
- Misstrauen und Antipathie gegenüber allen politischen Führern und Institutionen,
- Frustration und fehlendem Vertrauen in die Zukunft,
- Aggressivität,
- einem tiefen Vakuum hinsichtlich der Werte und moralischer Normen als Folge des Zusammenbruchs der Ideologie und der Zerstörung der traditionellen sowjetischen Werte,
- einer Rückkehr zu allen möglichen geheimnisvollen Erscheinungen und zur Mystik,
- offenem und aggressivem Neid auf alle materiell besser versorgten und privilegierten Gruppen.

Noch 2009, 17 Jahre nach der Auflösung der UdSSR, sprach der damalige russische Präsident Medwedew in einem «Spiegel»-Interview davon, dass Russland erst dabei sei, eine moderne Zivilgesellschaft aufzubauen. In einem Artikel hatte er die wirtschaftliche Rückständigkeit, die tiefverwurzelte Korruption, die Obrigkeitsgläubigkeit des Volkes und das Bestreben, alle Übel dem Ausland anzulasten, beklagt. Und er hatte hinzugefügt: «Die Überwindung der Korruption wird uns noch Jahre beschäftigen.»

Für westliche Demokratien hätte dies bedeutet, Geduld aufzubringen und nicht jede Kooperationsvereinbarung von vornherein von Fortschritten in der Entwicklung der Zivilgesellschaft und der Demokratie abhängig zu machen. Solche Fortschritte werden vielmehr die Folge von Dialog und Zusammenarbeit sein. Das Versagen des westlichen Modells in Russland sollte jedenfalls den westlich orientierten Kreisen im

Land einen starken Dämpfer versetzen und ihre Anziehungskraft für die Bevölkerung beträchtlich reduzieren. Wie wenig man das im Westen realisierte, zeigt das letzte Telefonat zwischen Bill Clinton und Boris Jelzin am 31. Dezember 1999, kurz nachdem Letzterer angekündigt hatte, zugunsten Wladimir Putins zurückzutreten. Wie dem jüngst von der «William J. Clinton Presidential Library» freigegebenen Telefonmitschnitt zu entnehmen ist, sagte Clinton: «Du hast dein Land durch eine historische Zeit geführt und du hinterlässt ein Erbe, von dessen Früchten die Russen noch in vielen Jahren zehren werden ... Boris, ich denke, die Historiker werden sagen, du warst der Vater der russischen Demokratie.»

Gemeinsame Sicherheit oder Sicherheit voreinander?

In Moskau rangen schon in den 1990er Jahren verschiedene Lager miteinander, die sich teilweise auf unterschiedliche historische Denkrichtungen zurückführen lassen und an die klassische Spaltung zwischen Westlern, Slawophilen und Eurasiern erinnerten. Die eine Seite wollte sich in den Außenbeziehungen stärker an Europa und dem Westen ausrichten und deren Strukturen aktiv mitgestalten. Ihre Vertreter wollten Russland als integralen Bestandteil Europas verstanden wissen und als solcher behandelt werden. Für sie war Europa der wichtigste Partner für die Umgestaltung und Modernisierung Russlands. Eine andere Richtung pochte auf das spezifisch Russische und lehnte jede Integration in eine Staatengemeinschaft ab, die sie nicht dominieren konnte. Nach 1991 setzte sich zunächst die westlich orientierte Richtung durch. Und auch Präsident Putin zählte zu Beginn seiner Amtszeit noch zu diesem Lager.

Angesichts der heutigen Konfrontation gerät oftmals in

Vergessenheit, dass neben der Geschichte einer Entfremdung auch die einer Annäherung erzählt werden kann. Wir waren im Verhältnis zu Russland schon einmal weiter. Daher lohnt es, auch an das damals Erreichte und Vereinbarte zu erinnern und nicht bloß an das, was schieflief. Denn in dem Bestreben, Russland in die Sicherheitsarchitektur des Westens einzubinden, wurde Vieles geschaffen, das heute Hoffnung machen kann, an das sich anknüpfen und das sich weiterentwickeln ließe.

Die Atlantische Allianz versuchte nach 1990 durchaus, den neuen politischen Gegebenheiten Rechnung zu tragen. Auf dem NATO-Gipfel im November 1991 in Rom wurde die bis dahin geltende Strategie der «Flexible Response» (flexible Antwort) abgelöst, die Ende der 1960er Jahre die bis dahin geltende Strategie der «Massive Retaliation» (massiver Gegenschlag, atomare Antwort auf konventionellen Angriff) ersetzt hatte. Von nun an sollte die sogenannte Triade als Richtschnur des Handelns gelten: Dialog, Kooperation und Sicherung der Verteidigungsfähigkeit. Die NATO ging in ihren Überlegungen also nicht mehr von einer unmittelbaren Bedrohung aus.

Im Dezember 1991 wurde der Nordatlantische Kooperationsrat (NAKR) gegründet, der im Januar 1994 in den Euro-Atlantischen Partnerschaftsrat (EAPR) überführt wurde. Russland war Gründungsmitglied des NAKR. Er umfasste alle NATO-Staaten, alle ehemaligen Mitgliedsstaaten des Warschauer Paktes sowie Mazedonien und Slowenien. Der Kooperationsrat sollte die Grundlage für «Dialog, Konsultationen und Zusammenarbeit in politischen und sicherheitspolitischen Fragen» bieten und damit die Stabilität des Bündnisses sichern.

Es war das erklärte Ziel, die sicherheitspolitischen und militärischen Beziehungen zwischen der NATO und den ehemaligen Mitgliedern des Warschauer Paktes aktiv zu gestalten. Es sollten kooperative militärische Beziehungen für gemeinsames Planen, Ausbilden und Üben entwickelt werden, um Missionen in den Bereichen Peacekeeping, Search and Rescue und humanitäre Operationen durchführen zu können. Zu diesem Zweck wurde von den USA 1994 die Initiative «Partnership for Peace» (PfP) ins Leben gerufen. 1994 gab es drei gemeinsame Manöver. Doch die Zahl stieg an. 1997 kam es bereits zu 24 Übungen. Es sollten gemeinsame Einsätze unter UN- oder OSZE-Mandat sowie vor allem die Herstellung von Interoperabilität und die Entwicklung kooperativer militärischer Beziehungen eingeübt werden. Das schloss gemeinsame Übungen genauso ein wie gemeinsame militärische Planungen und die Ausbildung von Soldaten. Einschließlich Russlands nahmen 28 Staaten und die damaligen 16 NATO-Mitglieder teil.

Die politische Dimension dieser amerikanischen Initiative kam bereits im Einladungsschreiben zum Ausdruck, in dem die Bereitschaft der NATO zugesagt wurde, mit jedem aktiven Teilnehmer der Initiative in Konsultationen einzutreten, wenn dieser sich bedroht fühle. Auf jährlichen Sitzungen der Außen- und Verteidigungsminister sowie anlässlich regelmäßiger Sitzungen auf Botschafterebene sollten die anstehenden Probleme diskutiert werden, einschließlich Themen der Verteidigungsplanung und der Friedenswahrung.

Der Höhepunkt in dem politischen Annäherungsprozess zwischen der Atlantischen Allianz und Russland war die Unterzeichnung der «Grundakte über gegenseitige Beziehungen, Zusammenarbeit und Sicherheit zwischen der NATO und der Russischen Föderation» am 27. Mai 1997 in Paris. Die zentrale Botschaft kam gleich am Anfang zum Ausdruck: «Die Nato und Russland betrachten einander nicht als Gegner. Sie verfolgen gemeinsam das Ziel, die Spuren der früheren Konfrontation und Konkurrenz zu beseitigen und das gegenseitige Vertrauen und die Zusammenarbeit zu stärken.»

Auch nach über zwanzig Jahren ist es sinnvoll, die wechselseitigen Zusagen und Verpflichtungen ins Gedächtnis zu rufen, die so vielversprechend waren. Einleitend erinnerte die

Grundakte an das großartige Ziel der Pariser Charta, den «Bau eines stabilen, friedlichen und ungeteilten, geeinten und freien Europas zum Nutzen aller seiner Völker», zu dem sich alle Seiten «auf höchster politischer Ebene» verpflichtet hatten. In der Akte selbst wurden «die Ziele, der Mechanismus für Konsultation, für Zusammenarbeit, für die gemeinsame Entscheidungsfindung und für das gemeinsame Handeln» festgelegt. Beide Seiten sagten zu, ihre Militärdoktrin zu überprüfen und sie den sicherheitspolitischen Realitäten anzupassen. Die Sicherheit aller Staaten sei unteilbar.

Die OSZE solle gestärkt werden und eines der «Hauptinstrumente für präventive Diplomatie, Konfliktverhütung, Krisenbewältigung, Normalisierungsmaßnahmen nach einem Konflikt und regionale Sicherheitszusammenarbeit» sein. Ihr komme «eine Schlüsselrolle für Frieden und Stabilität in Europa zu ... für einen gemeinsamen Sicherheits- und Stabilitätsraum ohne Trennlinien oder Einflusssphären, die die Souveränität irgendeines Staates einschränken», entsprechend einer regionalen Abmachung nach Kapitel VIII der Charta der Vereinten Nationen.

Die NATO und Russland verpflichteten sich, die Beziehungen nach gemeinsamen Grundsätzen auszurichten. Angesichts der aktuellen Beziehungen, die durch Aufrüstung, Aggressionen, Sanktionen und tiefes Misstrauen geprägt sind, sollte man sich wieder auf sie besinnen und sie erneut einfordern. Beide Seiten hatten sich auf folgende gemeinsame Grundsätze verpflichtet:

- Aufbau einer starken, stabilen, dauerhaften und gleichberechtigten Partnerschaft und Zusammenarbeit auf der Grundlage der Transparenz mit dem Ziel, die Sicherheit und Stabilität im euro-atlantischen Raum zu stärken;
- Anerkennung der Schlüsselrolle, die Demokratie, politischer Pluralismus, Rechtsstaatlichkeit und die Achtung

der Menschenrechte und bürgerlichen Freiheiten sowie die Entfaltung freier Marktwirtschaften für die Schaffung allgemeinen Wohlstands und umfassender Sicherheit spielen;

– Verzicht auf die Androhung oder Anwendung von Gewalt gegeneinander oder gegen irgendeinen anderen Staat, seine Souveränität oder territoriale Unversehrtheit;
– Achtung der Souveränität, Unabhängigkeit und territorialen Unversehrtheit aller Staaten sowie ihres naturgegebenen Rechtes, die Mittel zur Gewährleistung ihrer eigenen Sicherheit sowie der Unverletzlichkeit von Grenzen und des Selbstbestimmungsrechts der Völker, wie es in der Schlussakte von Helsinki und anderen OSZE-Dokumenten verankert ist, selbst zu wählen;
– gegenseitige Transparenz bei der Ausarbeitung und Umsetzung verteidigungspolitischer und militärischer Doktrinen;
– Verhütung von Konflikten und Beilegung von Streitigkeiten durch friedliche Mittel im Einklang mit den Prinzipien der UN und der OSZE;
– Unterstützung friedenserhaltender Operationen von Fall zu Fall, die unter der Autorität des UN-Sicherheitsrats oder der Verantwortung der OSZE durchgeführt werden.

Hehre Grundsätze, wer wollte ihnen nicht zustimmen? Es war der Versuch beider Seiten, die Beziehungen auf eine neue Ebene der Zusammenarbeit zu stellen. Entscheidend bleibt aber am Ende die Umsetzung in die politische Realität. Doch auch dafür versuchten die Verhandlungspartner Vorsorge zu treffen. Sie vereinbarten die Einrichtung eines «Ständigen Gemeinsamen NATO-Russland-Rates», der eigentlich «ein Mechanismus für Konsultation, Koordination und, im größtmöglichen Umfang, wo dies angebracht ist, für gemeinsame Entscheidungen und gemeinsames Handeln in Bezug auf Sicherheitsfragen von beiderseitigem Interesse» hätte werden sollen. Zudem sollten in «Notsituationen» auch außerordentliche Konsultationen möglich sein. Der NATO-Russland-Rat sollte «das wichtigste Forum für Konsultationen ... in Krisenzeiten» sein. Man fragt sich angesichts dessen, warum er stattdessen in «Notsituationen» als eine Art Bestrafung Russlands regelmäßig ausgesetzt wurde.

Je nach Thema und Wünschen sollte der Ständige Gemeinsame Rat zweimal jährlich auf der Ebene der Außenminister und der Verteidigungsminister sowie monatlich auf der Ebene der Botschafter/Ständigen Vertreter beim Nordatlantikrat zusammentreffen. «Wenn angebracht», wurde auch die Ebene der Staats- und Regierungschefs für möglich erklärt. Das galt auch für ständige oder Ad-hoc-Ausschüsse oder für die Einrichtung von Arbeitsgruppen. Darüber hinaus sollten zweimal im Jahr die Stabschefs zusammenkommen und monatlich die militärischen Vertreter. Und letztlich wurde vereinbart, dass Russland eine Vertretung bei der NATO in Brüssel einrichtet und die NATO in Moskau. Damit bekam Russland Sitz und Zutritt im NATO-Hauptquartier und richtete dort einen militärischen und diplomatischen Stab ein.

Die Akte endet mit ausführlichen Regelungen zur «Anpassung des Vertrags über die konventionellen Streitkräfte in Europa (KSE-Vertrag)», die die «legitimen Sicherheitsinteressen aller OSZE-Teilnehmerstaaten berücksichtigen» sollten. Zu diesem A-KSE-Vertrag, auf den Moskau großen Wert legte, da der damals in Kraft befindliche KSE-Vertrag nicht mehr mit den inzwischen eingetretenen politischen Realitäten in Einklang stand, sollte es jedoch am Ende nicht kommen. Abschließend bekräftigten NATO und Russland noch einmal das Prinzip, «dass keine Partei die andere als Bedrohung betrachtet oder deren Sicherheit zu beeinträchtigen sucht».

Auch im Verhältnis zwischen der EG sowie später der EU und Russland kam es in der Ära Jelzin zu einer Reihe von Initiativen und Vereinbarungen. Noch 1991 gründete die EG das Finanzierungsinstrument TACIS (Technical Assistance to the Commonwealth of Independent States) für die GUS-Staaten, um den schwierigen Übergangsprozess zu Marktwirtschaft und Demokratie zu fördern. In den ersten acht Jahren flossen insgesamt 4,5 Milliarden Euro in die Partnerländer Osteuropas und Zentralasiens. Die Zusammenarbeit wurde in den Jahren 2000 bis 2006 mit einem Gesamtbetrag in Höhe von 3,138 Milliarden Euro auf bestimmte Schlüsselgebiete konzentriert, wie institutionelle Gesetzes- und Verwaltungsreformen, Unterstützung des privatwirtschaftlichen Sektors, Milderung sozialer Folgen des Umbruchs, Infrastruktur, kerntechnische Sicherheit, Umweltschutz, Umgang mit Bodenschätzen, Landwirtschaft. Ständig gab es Hunderte von laufenden Projekten zu allen Gebieten und in allen Ländern. Einbezogen waren in immer stärkerem Maße auch die russischen Regionen. Die Zusammenarbeit konzentrierte sich auf den Wissenstransfer im Bereich der kommunalen Selbstverwaltung, die Entwicklung städtischer Infrastruktur, die Förderung privater Klein- und Mittelbetriebe, die Aus- und Weiterbildung oder Initiativen im Sozialbereich und anderes mehr. 2007 mündete das TACIS-Programm in das Europäische Nachbarschafts- und Partnerschaftsinstrument (ENPI) ein.

Ein entscheidender Schritt erfolgte am 9. Dezember 1993. Präsident Jelzin unterzeichnete gemeinsam mit dem damaligen Präsidenten des Europäischen Rates, Jean-Luc Dehaene, sowie dem Präsidenten der Europäischen Kommission, Jacques Delors, eine Erklärung über den Ausbau der Beziehungen zwischen Russland und der EU, insbesondere im politischen Bereich. 1994 wurde dann nach zweijährigen Verhandlungen das zentrale Partnerschafts- und Kooperationsabkommen (PKA) mit seinen Dimensionen Politik, Wirtschaft und Kultur unterzeichnet. Damit wurde Russland die Perspektive eröffnet, am EU-Binnenmarkt teilnehmen zu können, sollte es die demokratischen und rechtlichen Voraussetzungen dafür schaffen – wozu es allerdings nie kam. Das Abkommen trat am 1. Dezember 1997 in Kraft. Es begründete ein mehrstufiges System gemeinsamer Entscheidungs- und Arbeitsgremien, unter anderem halbjährliche Spitzenbegegnungen, einen jährlich tagenden Kooperationsrat auf Ministerebene, verantwortlich für die gemeinsamen Arbeitsprogramme. Ein Komitee für parlamentarische Zusammenarbeit, bestehend aus Mitgliedern des Europaparlaments und der russischen Föderationsversammlung, sollte Empfehlungen an den Kooperationsrat aussprechen können.

Russland erhielt mit diesem Abkommen eine gute Chance für eine enge Anbindung an die EU, gewissermaßen ein Verhältnis sui generis, das in der Substanz über eine Assoziation hinausgeht. Eine Mitgliedschaft in der EU war für Russland jedoch nicht vorgesehen. Angesichts der politischen Systemunterschiede und der wirtschaftlichen Probleme Russlands hätte ein Beitritt die EU überfordert. In der Praxis sollte die Kooperation allerdings weniger eng ausfallen als geplant. Eine Suspensionsklausel für den Fall von Menschenrechtsverletzungen führte mehrfach dazu, dass die Kontakte ausgesetzt wurden, oder es erfolgten Sanktionen wie im ersten Tschetschenienkrieg 1995, 1999 anlässlich des Kosovokrieges und des zweiten Tschetschenienkrieges oder zuletzt im Juli 2014 aufgrund des Konfliktes in der Ukraine.

Im Februar 1996 wurde Russland vollwertiges Mitglied im Europarat, und im Juni 1999 verabschiedete die EU zudem eine «Gemeinsame Strategie der EU gegenüber Russland», unter deutscher Federführung erarbeitet, um eine Verschlechterung der Beziehungen zu verhindern. Die EU schlug darin vor, die Partnerschaft mit Russland im Rahmen eines «permanenten Dialogs über Politik und Sicherheit» zu entwickeln und dafür einen «ständigen Mechanismus» zu schaffen. Der Strategie der EU lag damals die Einsicht zugrunde, dass «die

Zukunft Russlands ein wichtiges Element für die Zukunft des Kontinents ... und für die EU von strategischem Interesse» sei. Ein Beleg dafür war das Engagement Russlands als Vermittler und kritischer Partner des westlichen Bündnisses im Jugoslawienkrieg. Russland sollte deshalb in einen gemeinsamen europäischen Wirtschafts- und Sozialraum eingegliedert werden. In allen internationalen Institutionen sollten gemeinsame Initiativen erfolgen. Die EU und Deutschland sprachen von einer «Sicherheitspartnerschaft» mit Russland.

Die Erweiterung der NATO – eine Demütigung Russlands?

Wenn man sich diese rasche Abfolge von wechselseitigen Versprechungen und Ankündigungen, aber auch gemeinsamen Aktionen vor Augen führt, fragt man sich, wie sich die Beziehungen trotz all dieser Absichtserklärungen dennoch verschlechtern konnten. Auch hier gibt es keine einfachen und eindeutigen Antworten. Die fehlende Rücksichtnahme des Westens traf auf eine verunsicherte und misstrauische Führung in Moskau, die mit dem Erbe des untergegangenen Imperiums rang. Hinzu kamen die nur schwer aufzulösenden sicherheitspolitischen Interessengegensätze zwischen Russland und den ostmitteleuropäischen Staaten, zwischen denen sich die USA und ihre europäischen Partner entscheiden mussten.

Das Ende des Warschauer Paktes und der Sowjetunion sowie der Abzug aller russischen Verbände aus den früheren Bündnisstaaten bedeuteten für Russland mehr als nur den Verlust des Imperiums. Aus der Sicht Moskaus hatte sich im Westen des Landes ein machtpolitisches Vakuum und damit eine sicherheitspolitische Instabilität ergeben, ohne dass das Projekt gesamteuropäischer Sicherheit, wie in der Pariser

Charta vereinbart, sichtbar vorangekommen war. Gleichzeitig sah sich Moskau als politisches Zentrum mit dem Problem konfrontiert, den inneren Zusammenhalt der verbleibenden Russischen Föderation zu sichern, die immer noch ein Vielvölkerreich von beträchtlicher Größe und Vielfalt darstellte und in dem weitere Völker, wie die Tschetschenen, an Abspaltung dachten.

Dieses vage Gefühl wachsender Unsicherheit verstärkte sich in dem Augenblick, als vor allem in den baltischen Staaten fast unmittelbar nach ihrer Unabhängigkeit die ersten Bestrebungen in Gang kamen, möglichst rasch Mitglied in der Europäischen Union und in der NATO zu werden. Angesichts der noch unter Gorbatschows Präsidentschaft erfolgten wirtschaftlichen Sanktionen und der militärischen Aktionen sowjetischer Truppen im Januar 1991 in Litauen suchten die baltischen Staaten raschen Schutz vor Russland, den aus ihrer Sicht nur die EU und die NATO bieten konnten. Und es waren die gerade unabhängig gewordenen Staaten Ostmitteleuropas – Polen, Ungarn, die Tschechische Republik, die Slowakei, Rumänien und Bulgarien –, die ebenfalls in die NATO drängten.

In Deutschland war es vor allem der damalige Bundesverteidigungsminister Volker Rühe, der in der Bundesregierung, aber auch in Washington und in der NATO energisch für die Mitgliedschaft aller dieser Staaten eintrat. Im westlichen Bündnis sorgte man sich um die Stabilität Ostmitteleuropas und fragte sich, ob man den ehemaligen Staaten des Warschauer Paktes die europäisch-westliche Perspektive verwehren dürfe, von der diese sich Wohlstand, Sicherheit und ein besseres Leben versprachen. Dass diese Staaten Russland misstrauten, kann angesichts ihrer historischen Erfahrungen nicht ernsthaft verwundern. Aus der Sicht der westlichen Akteure ging es hier um das Selbstbestimmungsrecht der Völker, und Russland hatte kein Recht, sich dem freien Willen der betroffenen Staaten entgegenzustellen. Allerdings, darauf hat der damalige Generalinspekteur der Bundeswehr und spätere Vorsitzende des NATO-Militärausschusses, Klaus Naumann, in einer Rückschau auf diese Zeit zu Recht hingewiesen, hatte die NATO sich vorgenommen, dabei «alles zu vermeiden, was Russland als Verletzung oder Demütigung verstehen könnte». Dementsprechend wurde der Prozess der NATO-Osterweiterung von den oben bereits beschriebenen Kooperationsvereinbarungen begleitet. Sehr zu seinem Verdruss musste Naumann allerdings damals erleben, «wie sehr das russische Militär noch immer im konfrontativen Denken zweier Blöcke verwurzelt war».

Es ist durchaus zutreffend, dass die russische Seite nicht genügend Vertrauen aufbrachte, um in der Ausdehnung der NATO keine Bedrohung der eigenen Sicherheit zu sehen. Man muss aber gleichzeitig konstatieren, dass die westliche Seite unterschätzte, wie schwierig es für Moskau war, das Misstrauen gegenüber der NATO abzubauen und diese nicht mehr als konkurrierenden Machtblock wahrzunehmen. Wie jüngst freigegebene Geheimdokumente zeigen, beschwerte sich Jelzin bei einem Vieraugengespräch mit Präsident Clinton im Kreml am 10. Mai 1995, die Pläne für eine NATO-Osterweiterung seien «nichts anderes als eine Demütigung Russlands» und eine «neue Form der Einkreisung». «Wie glaubst du, sieht es für uns aus, wenn ein Block weiterhin existiert, während der Warschauer Pakt abgeschafft wurde? ... Wenn ich dem Heranrücken der NATO an die Grenzen Russlands zustimmen würde – das würde einen Verrat meinerseits am russischen Volk darstellen.» Stattdessen, so Jelzin, sei er bereit, jedem Staat, der der NATO beitreten wolle, eine Garantie zu geben, dass Russland seine Sicherheit nicht verletzen werde.

Auch die Klage darüber, dass die russische Seite sich nicht von dem überholten Denken in Einflusszonen lösen konnte, ist etwas wohlfeil, denn es ist nur sehr schwer zu leugnen, dass dies auf viele Akteure in Washington ebenfalls zutraf. Es sei nur an die sogenannte Wolfowitz-Doktrin erinnert, einen Entwurf für die Richtlinien zur amerikanischen Verteidigungsplanung der Jahre 1994 bis 1999, der 1992 in der Verantwortung des damaligen Staatssekretärs im Verteidigungsministerium, Paul Wolfowitz, erarbeitet wurde und in den die Meinungen und Sichtweisen zahlreicher Pentagon-Experten einflossen. Nachdem das Dokument an die «New York Times» durchgestochen worden war, musste es aufgrund der öffentlichen Kritik hastig entschärft werden. Es hieß dort, das wichtigste Ziel der USA sei, das Entstehen eines neuen Rivalen zu verhindern, der eine ähnlich große Bedrohung wie die Sowjetunion darstelle. «Dies ist die grundlegende Überlegung, die der neuen regionalen Verteidigungsstrategie zugrunde liegt, und sie verlangt, dass wir danach streben, jede feindliche Macht davon abzuhalten, eine Region zu dominieren, deren Ressourcen unter vereinter Kontrolle groß genug wären, um eine globale Supermacht hervorzubringen.» Zudem gelte es, «mögliche Konkurrenten davon abzuhalten eine größere regionale oder globale Rolle auch nur anzustreben». In Bezug auf Russland warnte das Dokument daher davor, dass die demokratische Entwicklung nicht irreversibel sei, dass Russland die einzige Macht auf der Welt bleibe, die die USA zerstören könne, und dass eine Wiedereingliederung der Ukraine und Weißrusslands in die Russische Föderation die Stabilität in Europa gefährden würde.

In Russland sind die 1990er Jahre als eine Zeit der außenpolitischen Demütigung in das Gedächtnis eingegangen, eine Zeit, in der die Welt «sich an Russland den Hintern abwischte», wie es heute formuliert wird. Dass Russland damals einen so starken Einflussverlust hinnehmen musste, hatte viel mit eigener Schwäche zu tun, für die der Westen zunächst einmal nichts konnte. Präsident Clinton bemühte sich, das auf symbolischer Ebene auszugleichen, und ebnete Russland etwa den Weg in den Kreis der G7, die sich in seiner Zeit zur G8 erweiterte. Aber letztlich bestimmte er, wo es langging, und Jelzin gab ihm am Ende nahezu immer, wonach er gefragt hatte. Es war ein Verhältnis von Ungleichen, die nach außen so taten, als wären sie gleichberechtigte Partner. Ein Stück weit war das angesichts der realen Machtverhältnisse unvermeidbar, aber es gab einige neuralgische Punkte, bei denen der Westen keine Rücksicht auf starke russische Interessen nahm. Neben der Osterweiterung bildete etwa die westliche Politik gegenüber dem zerfallenden Jugoslawien einen solchen Punkt, der russische Hoffnungen enttäuschte und Moskau den eigenen Einflussverlust besonders brutal vor Augen führte.

Krieg gegen das russische «Brudervolk» der Serben

Angesichts der Kriege auf dem Balkan Anfang der 1990er Jahre, vor allem nach Bekanntwerden der grauenhaften Ereignisse in Bosnien-Herzegowina, steigerte sich die Empörung in Europa. Bundeskanzler Kohl sprach von «Verbrechen gegen die Menschlichkeit» und forderte im August 1992, dass die Völkergemeinschaft «mit äußerster Härte und mit äußerster Schärfe reagieren» und «die Schuldigen herausstellen müsse». Viele Politiker im Westen sprachen von «Völkermord» durch die Serben. Unzählige Menschen flüchteten in die Nachbarländer.

Die USA, die seit August 1990 die Verantwortung im Golfkonflikt übernommen hatten, sahen im Jugoslawienkonflikt ein europäisches Problem, das vorrangig von den Europäern selbst geregelt werden sollte. Es gab zahllose multilaterale Konsultationen und Vermittlungsbemühungen im Rahmen der EG, der damals noch existierenden Westeuropäischen Union (WEU), der KSZE, der NATO und am Ende auch im

UN-Sicherheitsrat. 49 Waffenstillstandsabkommen wurden vereinbart, die nie mehr als 24 Stunden überdauert haben. Am Ende hat sich die Atlantische Allianz 1992 erstmals entschlossen, militärische Einsätze auch außerhalb des eigenen Bündnisgebietes («Out-of-Area-Einsätze») auf der Grundlage eines Mandats des UN-Sicherheitsrates oder der OSZE durchzuführen. Doch als sich die NATO entschied, während des Kosovokrieges im März 1999 Luftangriffe gegen Jugoslawien zu fliegen, verfügte sie weder über ein UN-Mandat, das Russland im Sicherheitsrat verhindert hatte, noch handelte es sich um den Schutz eines Mitgliedsstaates der NATO. Diese Tatsache kritisiert Russland nicht nur bis heute, sondern nutzt sie, um eigene militärische Maßnahmen damit zu begründen.

Es besteht kein Zweifel, dass Präsident Jelzin fast ohnmächtig den Prozess des Auseinanderbrechens Jugoslawiens verfolgt hat und mit Zähneknirschen die Bombardierung des «serbisch-slawischen Brudervolkes» in Belgrad durch Kampfflugzeuge verschiedener NATO-Staaten hinnehmen musste. Bereits im Ruhestand hatte Altbundeskanzler Helmut Kohl noch mit ihm telefoniert, um eine unbedachte Reaktion Jelzins zu verhindern. Im Gespräch mit Präsident Clinton hatte Jelzin geradezu gefleht, den Angriff zu unterlassen, wie die neu freigegebenen Dokumente der «William J. Clinton Presidential Library» zeigen. Und er hatte prophezeit: «Mein Volk wird von jetzt an Amerika und die Nato ablehnen. Ich erinnere dich daran, wie schwierig es für mich war, die Menschen und Politiker in meinem Land davon zu überzeugen, nach Westen, zu den USA zu schauen. Das ist mir gelungen, und nun war alles umsonst.»

Schon in der ersten Hälfte der 1990er Jahre machten sich in Russland vor dem Hintergrund westlicher Dominanz in weltpolitischen Fragen Anzeichen einer Renationalisierung der Sicherheitspolitik bemerkbar. Einerseits hatte Moskau weiterhin ein vitales Interesse an einem strategischen Bündnis mit

Europa und an einer uneingeschränkten Beteiligung an einem gemeinsamen europäischen kollektiven Sicherheitssystem. Andererseits wuchsen die Befürchtungen, in der europäischen wie globalen Politik zunehmend marginalisiert zu werden. Am 27. September 1994 beschwerte sich Präsident Jelzin in einem Telefongespräch mit Präsident Clinton, er habe den Eindruck, «dass die Einstellung der USA gegenüber Russland nicht angemessen» sei. «Es gibt einige Offizielle im Weißen Haus und im Kongress, die glauben, dass Russland seinen Supermachtstatus verloren habe. Natürlich nicht du persönlich, Bill. Du verhältst dich so, wie du es musst. Aber einige deiner Versprechen sind nicht gehalten worden aufgrund von Widerständen in der Bürokratie. Wer, zum Beispiel, wirft Sand ins Getriebe unserer Friedensbemühungen in Ossetien, Berg-Karabach, Georgien und Tadschikistan? Wir sind nicht in allen außenpolitischen Fragen einer Meinung. ... Es muss Fortschritte geben, sonst wird die Partnerschaft abkühlen. ... Russland wird bei einigen Themen nicht konsultiert, aber Russland ist eine Großmacht.»

Es kam damals in Russland zu ersten Diskussionen über die Idee, stärker in Richtung einer vertieften eurasischen Zusammenarbeit zu gehen, womit die klare Westorientierung Jelzins in Frage gestellt wurde. Könnte Russland die Brücke nach China sein? Außenminister Eduard Schewardnadse hatte in seiner Amtszeit westlichen Gesprächspartnern immer mit Nachdruck gesagt, Russland könne dies nicht sein. Man solle nicht vergessen, dass die Sowjetunion bereits beides in sich verkörpere: Europa und Asien. Jelzin selber suchte nun zunehmend, den russischen Einfluss in den ehemaligen Sowjetrepubliken wieder zu stärken, um eine weitere Erosion des russischen Einflusses zu verhindern. Das ohnehin vorhandene Misstrauen in Moskau hatte sich verstärkt, und der Glaube an die neue Weltordnung jenseits von Einflusszonen und Blockkonfrontation war erschüttert. Das hatte allerdings nicht zuletzt damit zu tun, wie der Westen und insbesondere Washington mit dem Streben der ostmitteleuropäischen Staaten nach NATO-Mitgliedschaft umging.

Russland – Mitglied der NATO?

Um die NATO-Osterweiterung ranken sich zahlreiche Legenden. Eine lautet, der Westen habe durch sie sein 1990 gegebenes Versprechen gebrochen, dass die NATO nicht nach Osten erweitert werde. Tatsächlich äußerten Hans-Dietrich Genscher und Jim Baker im Januar und Februar 1990 Sätze, die sich in diese Richtung interpretieren lassen. Aber hier handelte es sich um frühe Gespräche über die Möglichkeit der deutschen Einheit und nicht um offizielle Festlegungen. Im weiteren Verlauf kam keine der beteiligten Seiten auf das Thema zurück, und das war auch kein Zufall. Ein offizielles Versprechen des Westens hat es nicht gegeben und konnte es nicht geben. Wer hätte im Sommer 1990 voraussehen können, dass sich im folgenden Jahr der Warschauer Pakt und sogar die UdSSR auflösen würden? Es gab nur die Vereinbarung, keine NATO-Kräfte bzw. NATO-Einrichtungen auf dem ehemaligen Gebiet der DDR zu stationieren, solange noch russische Truppen in der DDR präsent waren. Ausgenommen war die Bundeswehr. Präsident Michail Gorbatschow hat inzwischen mehrfach bestätigt, dass es 1990 keine Gespräche über eine mögliche Osterweiterung der NATO gegeben habe. Seherische Begabungen fehlten offensichtlich.

Eine Legende ist auch, dass Washington von Anfang an entschlossen gewesen sei, Russlands geopolitische Schwäche zu nutzen, um so viel wie möglich des russischen Vorfelds in die NATO zu holen. Tatsächlich war man sich in Washington Anfang der 1990er Jahre in der Frage der NATO-Osterweiterung unschlüssig. Es gab neben entschiedenen Befürwortern auch starke Kräfte, die sie für unklug hielten, da sie die Möglichkeit einer gesamteuropäischen Sicherheitsarchitektur, wie in der Charta von Paris vorgesehen, untergraben würde und Russland dem Westen zu entfremden drohte. Denn der Preis für die höhere Sicherheit der neuen NATO-Mitglieder musste ein vermindertes Sicherheitsgefühl derjenigen sein, die nicht Teil des Clubs wurden. Gerade angesichts der fragilen Transformationsphase, in der sich Russland befand, schien es besser zu sein, alles zu vermeiden, was Moskaus Weg nach Westen behindern könnte. Zu Beginn seiner Amtszeit war Präsident Clinton daher nicht unbedingt begeistert über den starken Druck, den die ehemaligen Warschauer-Pakt-Staaten in Richtung NATO-Mitgliedschaft ausübten. Die Partnership-for-Peace-Initiative, die 1993/94 aufs Gleis gesetzt wurde, war auch ein Versuch, die Frage der NATO-Erweiterung aufzuschieben und zunächst mit Formaten voranzugehen, bei denen Russland und die ostmitteleuropäischen Staaten gleichberechtigt eingebunden werden konnten. Erst im Laufe des Jahres 1994 setzten sich in Washington die Kräfte durch, die in der NATO-Osterweiterung keine langfristige Perspektive sahen, sondern sie möglichst rasch in Angriff nehmen wollten. Es gab also Alternativen. Es wäre möglich gewesen, zunächst mit der Partnership-for Peace-Initiative an einer gesamteuropäischen Sicherheitsstruktur zu arbeiten und die NATO erst nach einer längeren Transformationsphase zu erweitern, wenn im Rahmen dieser Initiative auf allen Seiten Vertrauen gewachsen wäre und feste Strukturen der Kooperation sich etabliert hätten.

Eine Legende ist ebenso die Behauptung, dass es Russland bei seinem Widerstand gegen die NATO-Osterweiterung gar nicht um die eigene Sicherheit gegangen sei, sondern lediglich darum, einen Keil in das westliche Bündnis zu treiben und sich den eigenen Einfluss auf sein ehemaliges Vorfeld zu erhalten. Dies war eine Sorge, die insbesondere die ostmitteleuropäischen Staaten aus verständlichen Gründen umtrieb. Doch sie traf und trifft nicht zu, zumindest nicht in dieser Ausschließlichkeit. Sicherheit war und bleibt die zentrale Kategorie sowjetischer bzw. russischer Außenpolitik. Kürzlich wurden aufgrund des Freedom of Information Act in Washington Protokolle der Gespräche freigegeben, in denen Clintons Außenminister, Warren Christopher, Boris Jelzin im Oktober 1993 über die Entscheidung informierte, zunächst die Partnership-for-Peace-Initiative zu verfolgen und die Frage der NATO-Osterweiterung zurückzustellen. Es lohnt, sich Jelzins enthusiastische Reaktion vor Augen zu führen. Christopher versicherte Jelzin, dass nichts getan werde, das Russland von «vollständiger Teilhabe an der zukünftigen Sicherheit Europas» ausschließen würde. Die Partnership-for-Peace-Initiative sei offen für alle ehemaligen Staaten des Warschauer Paktes und der Sowjetunion, es werde «keine Versuche geben, jemanden auszuschließen, und es würden gegenwärtig keine Schritte unternommen, die einigen einen Vorsprung vor anderen» gäben. Die Frage einer NATO-Mitgliedschaft werde von den USA lediglich als eine langfristige Möglichkeit betrachtet. Jelzin hielt das für eine «brillante Idee, einen Geniestreich». Dies werde alle Sorgen beseitigen, die in Russland bezüglich des Strebens der ostmitteleuropäischen Staaten nach NATO-Mitgliedschaft bestünden. Die Idee Partnerschaft für alle statt Mitgliedschaft für einige sei großartig. «Tell Bill I am thrilled.»

Aber schon im September 1994 teilte Clinton dem russischen Präsidenten mit, dass Washington nun doch die NATO-Osterweiterung in Angriff nehmen werde. Dabei dürfte auch eine Rolle gespielt haben, dass Clinton innenpolitisch unter Druck stand, weil die Republikaner das Thema in den Wahlkampf zu den im November 1994 stattfindenden Kongresswahlen hineinzogen und ihm in wichtigen «Swing States», in denen viele Bürger mit osteuropäischen Wurzeln wohnten, eine zu weiche Haltung gegenüber Moskau vorwarfen. Clinton sollte diese Wahlen verlieren und sich anschließend einer republikanischen Mehrheit im Kongress gegenübersehen, die seine politischen Optionen massiv beschränkte.

Präsident Clinton berichtete mir einmal in einem persönlichen Gespräch, dass er damals auch seinem russischen Kollegen Jelzin mündlich wie in einem Brief angeboten habe, dass Russland Mitglied der Atlantischen Allianz werden solle. Jelzin habe ihm geantwortet, dass der Zeitpunkt für eine solche Entscheidung für Russland noch zu früh sei. Freigegebene Geheimdokumente haben dies inzwischen bestätigt. Noch vor wenigen Jahren haben Experten im Kreml in persönlichen Gesprächen erklärt, dass sie die Mitgliedschaft Russlands in der politischen Organisation der Atlantischen Allianz nicht für grundsätzlich ausgeschlossen halten. Eine Mitgliedschaft in der militärischen Organisation hielten sie allerdings selbst für unrealistisch. Welches europäische Land würde Russland in Sibirien verteidigen wollen?

Von der Partnership-for-Peace-Initiative hätte über die NATO-Russland-Grundakte und den NATO-Russland-Rat langfristig ein Weg zu einer NATO-Mitgliedschaft Russlands führen können, im Sinne eines Stufenplanes. Auch auf diese Weise wäre eine gesamteuropäische Sicherheitsordnung unter Einschluss Russlands entstanden. Aber in der Ära Jelzin, als zumindest Präsident Clinton dazu bereit war, wäre das in Russland vermutlich innenpolitisch nur schwer zu vermitteln gewesen. Insofern kam das Angebot für Jelzin, der eine NATO-Mitgliedschaft selber als mögliches langfristiges Ziel ansah, vermutlich tatsächlich zu früh. Und in den Jahren nach der Jahrtausendwende hatte sich das Verhältnis, zunächst insbesondere infolge des zweiten Tschetschenienkrieges, mit dem Wladimir Putin seine Amtszeit als Präsident begann, bereits so weit abgekühlt, dass die Aufnahme Russlands vermutlich auch im Westen nicht mehr durchsetzbar gewesen wäre – zumal nun die neuen osteuropäischen NATO-Mitglieder diesem Schritt hätten zustimmen müssen.

Ukraine: Die rote Linie für Moskau

Solange Jelzin davon ausging, dass die Frage der NATO-Osterweiterung lediglich eine langfristige Perspektive sein würde, konnte er sie relativ entspannt behandeln. Im August 1993 stimmte er einem Beitritt Polens grundsätzlich zu, als er zu einem Besuch in Warschau weilte. Sein Außenminister Andrej Kosyrew äußerte sich im September ähnlich gegenüber seinem ungarischen Kollegen. Doch zur gleichen Zeit stellte Jelzin in einem Schreiben an die Regierungen der USA, Frankreichs, Großbritanniens und Deutschlands klar, dass die Osterweiterung der NATO in der russischen Bevölkerung «das Gefühl der Isolation» hervorrufen könne. Für ihn verbanden sich in der Frage der erweiterten NATO innen- und außenpolitische Motive. Außenpolitisch fürchtete die russische Führung den Verlust des Mitspracherechts bei der Neugestaltung Gesamteuropas und eine neue Spaltung des Kontinents. Innenpolitisch fürchtete Jelzin um den Erfolg seines Reformprogramms und sah eine Stärkung der antiwestlichen Kräfte in Russland voraus. Und nicht zuletzt sorgte er sich um seine Wiederwahl bei den Präsidentschaftswahlen im Sommer 1996, da die NATO-Osterweiterung ihm als dem führenden Protagonisten eines westlichen Kurses auch ganz persönlich schaden musste. Als Jelzin den Eindruck gewann, der Prozess werde nun schnell voranschreiten, kam es zu dem eingangs bereits zitierten Ausbruch auf dem KSZE-Gipfel im Dezember 1994, bei dem er vor einem «kalten Frieden» warnte. Noch im Februar 1995 erklärte er, dass Russland zwar kein Vetorecht gegen die NATO-Erweiterung beanspruche, aber einer «übereilten» Ausdehnung der NATO nicht zustimmen werde. Kompromissloser trat allerdings Verteidigungsminister Pawel Gratschow auf. Er drohte, ein neues Militärbündnis zu schaffen und die Ratifizierung des START-II-Vertrages zu überdenken. Auch mit der Verstärkung der Streitkräfte an der Grenze zum Westen wurde gedroht. Der russische Sicherheitsexperte Sergej Karaganow sprach von einer Beeinträchtigung der geopolitischen Lage Russlands.

Bill Clinton, der im November 1996 ebenfalls zur Wiederwahl stand und deshalb in der Sache selbst hart blieb, sagte Jelzin zu, den Erweiterungsprozess offiziell erst auf dem NATO-Gipfel in Madrid im Juli 1997 zu beginnen, da er selbst ein großes Interesse an dessen Wiederwahl hatte. Dort wurden Polen, der Tschechischen Republik und Ungarn nur sechs Jahre nach Auflösung des Warschauer Paktes Beitrittsverhandlungen nach Artikel 10 des Nordatlantikvertrages angeboten. Die Absicht war, alle drei Staaten bis zum 50. Jahrestag der NATO-Gründung im April 1999 in das Bündnis aufzunehmen. Im März 1999 erfolgte der Beitritt. Präsident Clinton blockierte zu diesem Zeitpunkt noch den französischen Wunsch, bereits jetzt Rumänien und Slowenien einzubeziehen.

Vermutlich überschritt die NATO auf dem Gipfel in Madrid nicht nur dadurch eine für Moskau sehr sensible Schwelle. Zugleich wurde dort nämlich auch ein militärischer Partnerschaftsvertrag mit der Ukraine abgeschlossen. Diese NATO-Ukraine-Charta sah vor, dass ukrainische Streitkräfte im Rahmen einer NATO-geführten Combined Joint Task Force (CJTF) an Militäreinsätzen beteiligt werden können. Voraussetzung dafür war ein Mandat der UN oder der OSZE. Außerdem wurde der Ukraine die militärische Zusammenarbeit als Mitglied der Initiative «Partnership for Peace» ermöglicht.

Geschichtliche Kenntnisse oder Kenntnisse generell über Staaten, mit denen man politische oder wirtschaftliche Beziehungen entwickeln will, sind nicht nur in der Öffentlichkeit, sondern auch in der Politik häufig nicht in hinreichendem Maße vorhanden. Zumindest die Europäer hätten wissen müssen, wie eng die historischen und emotionalen Bindungen zwischen Russland und der Ukraine sind und immer waren. Selbst Michail Gorbatschow erinnerte einmal in einem persönlichen Gespräch daran, dass seine Mutter wie seine verstorbene Frau Raissa Ukrainerinnen gewesen seien. Damit machte er deutlich, wohin die Ukraine seiner Ansicht nach eigentlich gehöre.

Noch bei einem Treffen in Helsinki im März 1997, nicht einmal ein halbes Jahr vor dem Gipfel in Madrid hatte Jelzin erklärt, dass eine NATO-Perspektive der Ukraine eine rote Linie für Moskau sei. «Es bleibt ein Fehler der NATO, sich nach Osten zu erweitern», stellte er fest und ließ durchblicken, dass er nur darum die Kompensationsangebote annahm, weil er keine Alternative sah. «Ich muss versuchen, die negativen Konsequenzen für Russland abzumildern. Ich bin bereit, eine Vereinbarung mit der NATO einzugehen, nicht weil ich es will, sondern weil ich dazu gezwungen werde. Es gibt gegenwärtig keine andere Lösung.» Doch eine Sache war ihm besonders wichtig: «Die Erweiterung sollte sich nicht auf ehemalige Sowjetrepubliken erstrecken. Ich kann kein Dokument unterzeichnen, in dem das nicht klargestellt wird. Besonders die Ukraine.» Doch zu einer solchen Vereinbarung war Clinton nicht bereit. Aus seiner Sicht war Jelzins Vorschlag gleichbedeutend damit, dass «Russland sagt: ‹Wir haben immer noch ein Imperium, es reicht nur nicht mehr ganz so weit nach Westen.›»

Präsident Jelzin kündigte nach dem Madrider Gipfel seinerseits an, die militärische Zusammenarbeit mit den GUS-Staaten auszuweiten. Und die USA ihrerseits schlossen im Januar 1998 bilaterale Abkommen mit Estland, Lettland und Litauen ab. Sie enthielten keine Sicherheitsgarantien, aber waren mit dem Versprechen Clintons verbunden, dass ein Beitritt zur NATO bald möglich sein werde.

Trotz der deutlichen russischen Kritik an der Osterweiterung der NATO sahen sich die Staats- und Regierungschefs ermutigt, in ihrer Madrider Abschlusserklärung zu verkünden: «Wir kommen der Verwirklichung unserer Vision einer gerechten und dauerhaften Friedensordnung für das ganze Europa auf Grundlage von Menschenrechten, Freiheit und Demokratie näher ... Eine neue NATO ist im Entstehen begriffen; eine neue NATO für ein neues ... Europa.» Gleichzeitig kündigte der NATO-Generalsekretär Javier Solana in seiner abschließenden Presseerklärung in Anwesenheit der Staats- und Regierungschefs an, dass die Allianz weiterhin für neue Mitglieder offenbleibe und neue Mitglieder willkommen heiße. Sie werde auch weitere Einladungen zur Mitgliedschaft aussprechen. Kein europäischer demokratischer Staat werde ausgeschlossen bleiben. Namentlich nannte er als mögliche Kandidaten Rumänien und Slowenien sowie die baltischen Staaten. Und tatsächlich sollte auf dem NATO-Gipfel im November 2002 in Prag den drei ehemaligen Sowjetrepubliken Estland, Lettland und Litauen sowie Bulgarien, Rumänien, der Slowakei und Slowenien die NATO-Mitgliedschaft angeboten werden. Im März 2004 wurden sie Vollmitglieder. Schließlich erging im April 2008 auf dem NATO-Gipfel in Bukarest eine Einladung an Albanien und Kroatien. Am 1. April 2009 wurden auch sie Mitglieder der Atlantischen Allianz, und am 5. Juni 2017 kam noch Montenegro hinzu.

Für Russland bedeutete dies, dass die NATO bis an seine Grenzen vorrückte, während sich Russland nach 1990 zwischen 600 und 1000 Kilometer zurückgezogen hatte. Eine gewisse Kompensation für Russland konnte darin gesehen werden, dass die NATO damals ihre Landstreitkräfte im Vergleich zu 1990 um 35 Prozent reduzierte, die Marine um 30 Prozent und die Luftwaffe um 40 Prozent. Die US-Truppen in Europa wurden von 300000 Mann auf rund 100000 verringert. Doch auch das trug wenig zur Beruhigung Russlands bei. Das galt auch für die Zusicherung der NATO noch vor der Aufnahme Polens, Ungarns und der Tschechischen Republik, dass sie weder plane, Nuklearwaffen auf dem Territorium der neuen Mitglieder zu stationieren noch die Infrastruktur dafür zu schaffen. Sie werde in den neuen Mitgliedsländern auch keine ausländischen Kampftruppen in substantiellem Umfang dauerhaft stationieren.

Dieser fortlaufende Prozess der Osterweiterung der NATO, insbesondere die Einbeziehung der ehemaligen baltischen Sowjetrepubliken und die beginnende Diskussion über eine NATO-Mitgliedschaft Georgiens und der Ukraine, führte in Russland zu der Wiederbelebung einer alten Furcht – der Furcht vor der Einkreisung. Diese Furcht ist realpolitisch wohl letztlich unbegründet, auch wenn ein plakativer Blick auf US-Militärbasen in Russlands Umfeld etwas anderes nahezulegen scheint. Die Westgrenze ist heute die sicherste Grenze Russlands. Im Osten grenzt das Land an die beiden Nuklearmächte Nordkorea und China. Wie groß der Respekt vor China nach dem sino-sowjetischen Konflikt vor allem in den 1960er Jahren und den militärischen Auseinandersetzungen am Ussuri-Fluss noch immer ist, spiegelte sich in einer Aussage von Präsident Putin wider, dass er kein Interesse habe, Erdgas an China zu liefern. Auch hier haben die westlichen Angriffe gegen die Erdgaslieferungen nach Europa Putin zu einem Umdenken veranlasst.

In der südlichen Nachbarschaft Russlands befinden sich der Nuklearstaat Pakistan und Iran, Teil des islamischen Gürtels beginnend mit dem Unruheherd Afghanistan bis hin nach Zentralasien. Prognosen der Weltgesundheitsorganisation (WHO) besagen, dass angesichts der niedrigen Geburtenrate Russland im Jahre 2050 mit einer muslimischen Bevölkerungsmehrheit rechnen müsse. Insofern stellen sich Russland von anderer als westlicher Seite sehr viel größere sicherheitspolitische Herausforderungen. Doch die Erfahrung lehrt, dass in der Politik die Perzeption einer möglichen Gefahr oft mehr Gewicht hat als die Realität. Deshalb sollte sich der Westen über solche Einkreisungsbefürchtungen nicht leichtfertig hinwegsetzen. Er könnte sie sonst nur verstärken.

Die Osterweiterung der EU

Der NATO war es von Anfang an darum gegangen, die sicherheitspolitischen und militärischen Beziehungen mit allen ehemaligen Mitgliedsstaaten des Warschauer Paktes, einschließlich Russlands, im gemeinsamen Interesse zu entwickeln. Russland verfügte zu keinem Zeitpunkt über ein Vetorecht gegen Entscheidungen der NATO. Doch das Misstrauen der baltischen Staaten und der Staaten Ostmitteleuropas gegenüber Russland übertrug sich in den Jahren nach 1993/94 zunehmend auf die NATO. Einmal mehr wurde die Erfahrung spürbar, dass Völker ihre Geschichte nicht vergessen. Für die Beziehungen zu Russland entwickelte sich dies zu einer schweren Hypothek.

Einen ähnlichen Effekt hatte auch die Osterweiterung der EU. Der demokratische und wirtschaftliche Wiederaufbau Ost- und Mitteleuropas lag im Eigeninteresse der Europäischen Union. Ein riesiger Wachstumsmarkt mit einer Bevölkerung von rund 370 Millionen Menschen mit einem erheblichen Nachholbedarf befand sich gewissermaßen vor der Haustür und wollte erschlossen werden. Das setzte jedoch eine politisch und vor allem eine sicherheitspolitisch stabile Lage in Mittel- und Osteuropa voraus.

Die ehemaligen Mitgliedsstaaten des östlichen Rates für Gegenseitige Wirtschaftshilfe (RGW) standen angesichts des Übergangs zu Demokratie und Marktwirtschaft vor riesigen Aufgaben, wie sie sich auch den Nachfolgestaaten der Sowjetunion stellten. Schon im Juli 1989 hatten die sieben weltgrößten Industriestaaten auf ihrem Gipfel in Paris die EG-Kommission beauftragt, die führende Rolle bei der Koordinierung der westlichen Hilfsmaßnahmen für die ehemaligen 24 RGW-Staaten zu übernehmen. Bundeskanzler Helmut Kohl und US-Präsident George Bush mobilisierten in der Folge immer wieder die Unterstützung und Zusammenarbeit mit der Weltbank, dem IWF sowie mit der OECD. Darüber hinaus wurden auch auf bilateraler Ebene Kreditbürgschaften und Ausfuhrkredite gewährt.

Die EG schloss in rascher Folge Handels- und Kooperationsabkommen ab. Sie koppelte allerdings wirtschaftliche Zugeständnisse an Fortschritte bei der Pluralisierung von Politik und Wirtschaft. Die Vorreiterrolle hatte schon 1988 Ungarn übernommen. Bereits 1990/91 hatte die EG mit allen ost- und mitteleuropäischen Staaten Handels- und Kooperationsabkommen vereinbart. Da alle diese Staaten aber am Ende die Vollmitgliedschaft anstrebten, dienten die Assoziierungsverträge als Übergangslösungen, bis die Antragsstaaten ihre volle EG-Kompatibilität erreicht hatten. Sie setzte eine Reihe von tiefgreifenden Reformen voraus: ein frei gewähltes Parlament; eine demokratisch legitimierte Regierung; die Wahrung der Menschen-, Bürger- und Freiheitsrechte; eine rechtsstaatliche Verfassungsordnung; eine unabhängige Gerichtsbarkeit; offene Grenzen und freien Handel; konvertible Währungen und die Anwendung marktwirtschaftlicher Regeln.

Im Juni 1993 sicherte die Europäische Union allen assoziierten Staaten Mittel- und Osteuropas die Vollmitgliedschaft zu, wenn sie die politischen und wirtschaftlichen Voraussetzungen erfüllten. Doch mit allen diesen Entscheidungen war letztlich die Frage nicht beantwortet, welchen Platz, welchen Status Russland generell in den Beziehungen zur EU und in Gesamteuropa einnehmen würde.

1997 beschloss der Europäische Rat in Luxemburg, Beitrittsverhandlungen mit zehn Staaten aufzunehmen, u.a. mit den drei baltischen Staaten. 2002 empfahl die Kommission die Aufnahme der Kandidaten. 2004 erfolgte der Beitritt. 2007 sollten Bulgarien und Rumänien folgen. Die Osterweiterung der EU löste eine Dynamik aus, von der Russland praktisch ausgeschlossen war. Die schnelle und systematische Übernahme der europäischen Normen und Bestimmungen durch die neuen Mitgliedsstaaten hat effektiv zu einer raschen Entfernung der ost- und mitteleuropäischen Staaten von Russland geführt, nicht zuletzt durch das Gefälle zwischen den geltenden EU-Normen und den noch häufig anzutreffenden RGW-Regeln bei den GUS-Staaten. Dennoch reagierte die russische Führung auf die Erweiterung der EU im Vergleich zur NATO-Osterweiterung verhalten. Ihre Sorge richtete sich auf mögliche Rückgänge der russischen Exporte und auf die exponierte Lage Kaliningrads. Doch 2004 stimmte sie zu, dass die zehn neuen EU-Mitglieder auch dem Partnerschafts- und Kooperationsabkommen von 1994 ohne Bedingungen beitreten konnten.

Um neue Trennlinien zwischen Mitgliedern der EU und Nichtmitgliedern zu verhindern, hatte die EU-Kommission schon im Vorfeld der Erweiterung dem Europäischen Rat sowie dem EU-Parlament Vorschläge über die künftigen Beziehungen zwischen den EU-Mitgliedsstaaten und den Nichtmitgliedern übermittelt. Der Titel des Strategiepapiers lautete: «Größeres Europa – Nachbarschaft: Ein neuer Rahmen für die Beziehungen der EU zu ihren östlichen und südlichen Nachbarn». Angesprochen waren die Russische Föderation, die Ukraine, Moldawien und Weißrussland. Später folgten Georgien, Armenien und Aserbaidschan. Ihnen sollte im Rahmen der «Europäischen Nachbarschaftspolitik» (ENP) eine über die bereits bestehenden verschiedenen Kooperationsabkommen hinausgehende enge politische und wirtschaftliche Zusammenarbeit angeboten werden. Doch Russland befürchtete, dass dadurch seine eigenen Bemühungen um eine weitere wirtschaftliche Integration der GUS-Staaten und die Bildung einer Eurasischen Union erschwert, wenn nicht sogar unterlaufen werden könnten. Die gutgemeinte Initiative sollte sich daher anders als beabsichtigt zu einer Belastung des Verhältnisses zu Moskau entwickeln.

Und noch eine andere gewichtige Sorge Russlands hat sich

partiell bestätigt. Mit dem Beitritt der ost- und mitteleuropäischen Staaten haben sich anti-russische Strömungen innerhalb der EU teilweise verstärkt. Historische Erfahrungen und aktuelles Misstrauen bestimmen nach wie vor das Verhalten vor allem der osteuropäischen EU- und NATO-Mitglieder und beeinflussen die Entscheidungsprozesse und das Verhalten beider Organisationen gegenüber Russland. Doch es liegt auch an Russland selbst. Je kooperativer sich Moskau verhält, desto schneller löst sich dieses Problem auf.

Die Osterweiterung von NATO und EU ließ die Frage, wie Russland in die neue Sicherheitsarchitektur eingebunden werden sollte, letztlich offen. Man hoffte, Moskau trotzdem an Bord halten zu können, doch das hat nicht funktioniert. Die Kompensationsangebote wie der NATO-Russland-Rat waren am Ende eben bloß Kompensationen für etwas Fehlendes. Russland war nicht Teil des Clubs. Es war dabei, aber nicht wirklich. Zudem ließen sich diese Formate mehr oder weniger intensiv nutzen, sie ließen sich auch aussetzen, wenn Russland nicht gemäß den westlichen Interessen agierte. Sie enthielten das fragile Versprechen auf partnerschaftliches Miteinander, während die machtpolitischen und geostrategischen Verschiebungen durch die Osterweiterung harte Tatsachen blieben. Durch sie wurde die Trennlinie innerhalb Europas einige hundert Kilometer nach Osten verschoben, aber sie wurde nicht überwunden. Umso dringender wäre es gewesen, neben dem Versuch, Russland in die NATO einzubinden, auch das Versprechen der Charta von Paris am Leben zu halten. Denn Russlands Streben nach kollektiver Sicherheit für Gesamteuropa ist nicht nur eine andere Formel für den Willen, das ehemalige Imperium als Einflusszone zu erhalten, sondern Ausfluss historischer Erfahrungen und tiefsitzender Ängste. Es ist vielmehr der Punkt, an dem auch heute die Initiativen für eine neue Entspannungspolitik ansetzen müssen.

«Wir haben noch nicht gelernt, einander zu vertrauen»: Der frühe Putin und der Westen

Am 8. September 1999 charakterisierte Boris Jelzin in einem Gespräch mit Bill Clinton den Mann, den er kurz zuvor zum Ministerpräsidenten ernannt hatte: Wladimir Putin. «Er ist gründlich und stark zugleich und sehr gesellig. Und es fällt ihm leicht, gute Beziehungen und Kontakte zu seinen Partnern zu unterhalten. Ich bin sicher, dass du in ihm einen hochqualifizierten Partner finden wirst.» Und am Rande des OSZE-Gipfels in Istanbul zwei Monate später stellte Jelzin fest: «Er ist ein Demokrat und er kennt den Westen. ... Er wird den Jelzin-Kurs in den Bereichen Demokratisierung und Wirtschaft fortsetzen.»

Mitarbeiter und Berater von Präsident Putin erinnern inzwischen immer häufiger daran, dass dieser zu Beginn seiner ersten Amtszeit ein überzeugter «Westler» im Sinne der russischen Tradition gewesen sei, vielleicht sogar einer der überzeugtesten Europäer in Russland. Damals sprach man auch in Deutschland, der EU und selbst der NATO von einer Sicherheitspartnerschaft mit Russland. Putin schloss anfänglich selbst eine Mitgliedschaft Russlands in der NATO nicht aus und war zu einer engen Zusammenarbeit mit der EU bereit. Dies mag inzwischen angesichts der Konflikte der letzten Jahre etwas in Vergessenheit geraten sein. Es wäre natürlich viel einfacher, wenn dem nicht so wäre. Wenn es sich bei Putin um einen eingefleischten Feind des Westens handelte, der von Anfang an auf Konfrontationskurs fuhr. Dann fiele es leicht, die aktuelle Lage zu erklären: Der Westen war bereit zur Zusammenarbeit, aber ihm fehlte der Partner. Putin sah, dass Russland dem Westen wirtschaftlich und politisch nicht Paroli bieten konnte, und nahm sich daher vor, ihn zu zerstören. So etwa sieht es der amerikanische Historiker Timothy Snyder. Doch wie passt ein westlich orientierter Putin in dieses Bild, der Angebote zur Zusammenarbeit macht und für eine vertiefte Partnerschaft offen ist? Es stellt sich dann zwangsläufig die Frage, warum und wann er seine Meinung änderte und ob die westliche Politik etwas damit zu tun haben könnte.

Die USA, die NATO und der Westen insgesamt haben mehr Grund zur Selbstkritik, als es viele heute wahrhaben wollen. Der Zerfall Jugoslawiens, das Eingreifen der NATO, die Bombardierung Belgrads, die Unabhängigkeitserklärung des Kosovo, die rasche Osterweiterung der NATO, die Europäische Nachbarschaftspolitik, die «Farbenrevolutionen» in Georgien (2003), der Ukraine (2004) und Kirgistan (2005) haben die außen- und sicherheitspolitische Neuorientierung Russlands nach 1990 erheblich belastet, zunehmend erschwert und zu jähen Wendungen veranlasst. Die amerikanischen Interventionen in Afghanistan und im Irak sowie das westliche Eingreifen in Libyen mit den erzwungenen Regimewechseln, offiziell begründet als Kampf gegen den internationalen Terrorismus oder humanitäre Intervention, haben die anfänglich gewollte Westorientierung Moskaus harten Belastungen und großen Schwankungen unterworfen. Denselben Effekt hatten die amerikanische Kündigung des ABM-Vertrages und die Pläne für ein Raketenabwehrsystem in Polen, zeitweise Tschechien und später Rumänien sowie die NATO-Beitrittsperspektive für die Ukraine und Georgien. Das konstruktive Mitwirken Russlands beim Zustandekommen des Nuklearabkommens mit dem Iran oder bei der Vernichtung der syrischen Giftgasbestände wurde demgegenüber mehr oder weniger als selbstverständlich registriert.

Insbesondere die Frage der inneren Reformen in den postsowjetischen Gesellschaften wurde immer mehr zu einem strittigen Problem, das in der Ära Putin seine volle Wirkung entfalten sollte. Im Westen wollen viele bis heute nicht wahrhaben, dass in Russland die Voraussetzungen für die Einführung eines westlichen politischen Systems noch vielfach fehlen und dass sich diese nicht über Nacht herstellen lassen. Die Einhaltung von Prinzipien scheint manchem wichtiger als die Lebenssituation der Menschen. Im Glauben an den endgültigen Sieg der liberalen Ordnung, das «Ende der Geschichte», wie es Francis Fukuyama ausrief, fordern viele im Westen geteilte Werte als Voraussetzung einer engen politischen Kooperation. So sehr diese Haltung moralisch richtig sein mag, so schuf sie doch Probleme im gegenseitigen Verhältnis, die im Grunde unnötig waren.

Natürlich hat die russische Politik unter Putin einiges dazu beigetragen, das Verhältnis zum Westen zu verschlechtern und die Partner zu irritieren. So begann er seine Amtszeit mit dem zweiten Tschetschenienkrieg, der mit großer Härte und Brutalität geführt wurde. Er war für die Stabilisierung seiner Herrschaft und den Zusammenhalt Russlands von großer Bedeutung, stellte aber in der Folge ein großes Hindernis dar für alle Bemühungen, die Zusammenarbeit zwischen Russland und der EU zu vertiefen. Auch der Georgienkrieg von 2008 belastete die Beziehungen nachhaltig. Aber es wäre viel zu einfach, in Putin einen Aggressor zu sehen, der von vornherein nur danach trachtete, das verlorene russische Imperium zurückzugewinnen. Wäre das so, könnte man alle Versuche einer Entspannungspolitik heute zu Recht als aussichtsloses Appeasement bezeichnen. Tatsächlich aber ist Putin zwar ein Machtpolitiker, aber kein irrationaler Hasardeur. Er hat prinzipiell ein Interesse an internationaler Zusammenarbeit und wollte zu Beginn seiner Präsidentschaft eine Annäherung an den Westen – vorausgesetzt dieser respektierte russische Interessen. Dies macht Hoffnung, dass sich an die frühere Sicherheitspartnerschaft wieder anknüpfen lässt, wenn es gelingt, aus der Konfrontationsspirale durch konkrete Schritte der Entspannung wieder herauszukommen.

Das wechselseitige Vertrauen fehlt

Nachdem Putin im März 2000 zum Präsidenten der Russischen Föderation gewählt worden war, lud er in seiner ersten Amtsperiode gelegentlich einen kleinen Kreis von Vertrauten aus der deutschen Wirtschaft und Politik zu einem persönlichen Gespräch in seine Residenz in Moskau, in St. Petersburg oder in Sotschi. Verschiedentlich nahmen an diesen Begegnungen auch einzelne Mitglieder seiner Regierung teil wie der Verteidigungsminister Sergej Iwanow, Alexej Kudrin, der Finanzminister, Dmitri Medwedew, anfangs stellvertretender Chef der Kreml-Administration, German Gref, der Wirtschaftsminister, Elvira Nabiullina, die stellvertretende Finanzministerin, Alexej Miller, der Chef von Gasprom, der Präsidentenberater und spätere Vorsitzende des Ölkonzerns Rosneft, Igor Setschin, u.a. Diese Gespräche endeten in der Regel mit einem gemeinsamen Essen.

Gesprochen wurde intensiv über die jeweils aktuellen politischen und wirtschaftlichen Probleme in den bilateralen Beziehungen wie international im Kontext der EU, der NATO und der USA, oft im Zusammenhang mit konkret bevorstehenden Ereignissen. Einer der ersten Anlässe sollte Präsident Putins Rede am 25. September 2001 im Deutschen Bundestag sein. Ihr wurde von allen Gesprächspartnern eine besondere Bedeutung beigemessen.

Die Rede sollte eine Standortbestimmung Russlands in Europa und international sein. Versteht sich Russland in einer sich verändernden Weltordnung als Teil Europas oder als unabhängiger Akteur in einer multipolaren Welt? Bleibt eine ge-

Am 11. November 2000: Das erste Gespräch mit Präsident Putin in Moskau: Russland ist ein «freundlich gesinntes europäisches Land».

samteuropäische Friedens- und Sicherheitsordnung im Rahmen der OSZE auch zukünftig Ziel russischer Politik? Wie sollen zukünftig die deutsch-russischen Beziehungen gestaltet werden? Wie will Russland in diesem Zusammenhang die Beziehungen zu den USA und China entwickeln? Was sind die zukünftigen Schwerpunkte der russischen Reformpolitik?

Putins Rede im Deutschen Bundestag, die er zum überwiegenden Teil in deutscher Sprache hielt, wurde für ihn zu einem großen persönlichen Erfolg. Das gesamte Parlament dankte ihm mit einem langanhaltenden, stehenden Applaus. Die Rede enthielt wichtige Kernaussagen, an die jede Bundesregierung zurückdenken und anknüpfen sollte:

– Putin erinnerte daran, dass «Russland gegenüber Deutschland immer besondere Gefühle hegte ... als bedeutendes

Zentrum der europäischen und der Weltkultur ... Kultur hat nie Grenzen gekannt. Kultur war immer unser gemeinsames Gut und hat die Völker verbunden.»

- Die totalitäre stalinistische Ideologie konnte in der Informationsgesellschaft «den Ideen der Demokratie und der Freiheit nicht mehr gerecht werden».
- «Was die europäische Integration betrifft, so unterstützen wir nicht einfach diese Prozesse, sondern sehen sie mit Hoffnung.»
- Europa wird «seinen Ruf als mächtiger und selbständiger Mittelpunkt der Weltpolitik langfristig nur festigen, wenn es seine eigenen Möglichkeiten mit den russischen menschlichen, territorialen und Naturressourcen sowie mit den Wirtschafts-, Kultur- und Verteidigungspotentialen Russlands vereinigen wird».
- «Russland ist ein freundlich gesinntes europäisches Land ... der stabile Frieden auf dem Kontinent ist unser Hauptziel.»
- An der Katastrophe vom 11. September in den Vereinigten Staaten sind «wir alle ... Schuld, vor allem wir, die Politiker, denen einfache Bürger in unseren Staaten ihre Sicherheit anvertraut haben».
- «Wir sprechen von Partnerschaft. In Wirklichkeit haben wir aber immer noch nicht gelernt, einander zu vertrauen ... Mal verlangen wir Loyalität zur NATO, mal streiten wir uns über die Zweckmäßigkeit ihrer Ausbreitung. Wir können uns immer noch nicht über die Probleme im Zusammenhang mit dem Raketenabwehrsystem einigen.»
- «Was fehlt ... zu einer effektiven Zusammenarbeit ...? ... Trotz allem ... haben wir es bisher nicht geschafft, einen effektiven Mechanismus der Zusammenarbeit auszuarbeiten. Die bisher ausgebauten Koordinationsorgane geben Russland keine realen Möglichkeiten, bei der Vorbereitung der Beschlussfassung mitzuwirken. Entscheidungen

werden manchmal überhaupt ohne uns getroffen. Wir werden dann nachdrücklich gebeten, sie zu bestätigen. Dann spricht man wieder von der Loyalität gegenüber der NATO. … Wir sollten uns fragen, ob das eine echte Partnerschaft ist.»

- Noch vor kurzem sollte auf dem Kontinent «ein richtiges gemeinsames Haus entstehen. … Trennungslinien bleiben aber erhalten, … weil wir uns bis jetzt noch nicht endgültig von vielen Stereotypen und ideologischen Klischees des Kalten Krieges befreit haben. Heute müssen wir mit Bestimmtheit und endgültig erklären: ‹Der Kalte Krieg ist vorbei.›»
- «Ohne eine moderne, dauerhafte und standfeste internationale Sicherheitsarchitektur schaffen wir auf diesem Kontinent nie ein Vertrauensklima und ohne dieses Vertrauensklima ist kein einheitliches Großeuropa möglich.»
- «Das Hauptziel der Innenpolitik Russlands ist vor allem die Gewährleistung der demokratischen Rechte und der Freiheit, die Verbesserung des Lebensstandards und der Sicherheit des Volkes … Russland ist den schmerzhaften Weg der Reformen gegangen. Zu den Maßstäben und Aufgaben, die wir zu lösen hatten, gibt es in der Geschichte keine Analogien … Wir sind natürlich am Anfang des Aufbaus einer demokratischen Gesellschaft und einer Marktwirtschaft. Auf diesem Wege haben wir viele Hürden und Hindernisse zu überwinden.»

Putin schloss seine Rede mit dem Verweis auf «das starke und lebendige Herz Russlands, welches für eine vollwertige Zusammenarbeit und Partnerschaft geöffnet» sei. Er hat Russland unmissverständlich als europäisches Land definiert, das einen besonderen Bezug zu Deutschland hat. Dennoch hatte er über mangelndes Vertrauen geklagt, und er hatte sich mit einbezogen, als er davon sprach: «In Wirklichkeit haben *wir* aber immer noch nicht gelernt, einander zu vertrauen». Das spiegelt sich leider bis heute im Verhalten beider Seiten wider.

Putins russischer Weg

Im Februar 1990 war Putin, zuletzt Oberstleutnant des KGB, mit seiner Familie von seinem Auslandseinsatz in Dresden in seine Geburtsstadt Leningrad zurückgekehrt. Sein ehemaliger Jura-Professor, Anatolij Sobtschak, wurde im Mai 1991 Bürgermeister von Leningrad und Putin sein Berater. Kurz darauf wurde er zum Leiter des «Komitees für Internationale Beziehungen» ernannt. In dieser Funktion war er Koordinator der außenwirtschaftlichen Aktivitäten der Stadt Leningrad, die seit September 1991 wieder St. Petersburg hieß, und für die Ansiedlung westlicher Firmen verantwortlich.

Der deutschen Sprache fließend mächtig wurde er sehr schnell die zentrale Anlaufstelle für deutsche Unternehmer, die in der Stadt tätig werden wollten, wie auch für deutsche Politiker vor allem aus der Partnerstadt Hamburg, zumal er als kenntnisreich und effizient galt. So hatte beispielsweise die Dresdner Bank ihre erste russische Niederlassung in St. Petersburg gegründet. Der ehemalige Hamburger Bürgermeister Henning Voscherau hat Putin einmal als den «eigentlichen Bürgermeister» der Stadt bezeichnet.

Von Präsident Jelzin nach Moskau geholt, wurde Wladimir Putin im August 1999 zum Ministerpräsidenten ernannt und vom Parlament bestätigt. Zum Jahresende 1999 übertrug ihm Boris Jelzin die Geschäfte des Präsidenten der Russischen Föderation, und bei den Präsidentenwahlen im März 2000 wurde er in dem Amt bestätigt. Präsident Putin hat aus dem wirtschaftlichen und politischen Chaos der Jelzin-Jahre klare Konsequenzen gezogen:

1. Herstellung und Sicherung der politischen Stabilität mit Hilfe eines autokratischen Systems;
2. Orthodoxie als Ausdruck der spezifisch russischen Identität;
3. Nationalismus als Faktor des Zusammenhalts der Russischen Föderation.

Von Anfang an stand für Putin der Zusammenhalt der Föderation von 22 Republiken und 85 Föderationssubjekten mit 185 verschiedenen ethnischen Gruppen im Vordergrund. Seine bedingungslose Härte im Bestreben, diesen zu sichern, bewies er mit dem zweiten Tschetschenienkrieg. Aber er schuf deshalb nach eigener Aussage auch die Direktwahl der Gouverneure wieder ab, weil einzelne Oligarchen begonnen hatten, auf Wahlen finanziell Einfluss zu nehmen und sich von Moskau weitgehend unabhängig zu bewegen. Erst 2012 wurde die Direktwahl wieder eingeführt.

Die Inhaftierung Michail Chodorkowskis war ein Signal an die Oligarchen, sich nicht in die Politik einzumischen und strategische Rohstoffvorkommen nicht an Ausländer zu verkaufen. Putins Kommentar: Im Grunde könnte er alle Oligarchen festnehmen lassen. Jedenfalls gelang es Jelzins Nachfolger, die politische und wirtschaftliche Lage wieder zu stabilisieren. Sicher kamen ihm steigende Rohstoffpreise entgegen, und Russland zählt abgesehen von einigen Vorzeigebranchen bis heute nicht zu den Innovationszentren der Weltwirtschaft. Doch ist seine Bilanz deutlich besser, als mancher im Westen zu glauben scheint: Zwischen seinem Amtsantritt und 2013, also vor dem Beginn der Ukrainekrise mit den anschließenden westlichen Sanktionen, verzehnfachten sich Wirtschaftsleistung und Realeinkommen der Russen. Die Staatsschulden sanken auf unter zehn Prozent der Wirtschaftsleistung, und die Lebenserwartung stieg von 65 auf 70 Jahre. Die Zahl der als «arm» geltenden Menschen halbierte sich in dieser Zeit. Die Lebensumstände verbesserten sich spürbar.

In der Außen- und Sicherheitspolitik verfolgte Präsident Putin von Anfang an das Ziel, die aus seiner Sicht angestammte Rolle Russlands als Großmacht in der sich neuformierenden multipolaren Welt wiederherzustellen, zu behaupten und durchzusetzen. Geradezu als symbolhaft für die Politik Putins kann die Eröffnungszeremonie der Olympischen Winterspiele 2014 in Sotschi gelten, in der auf Nikolai Gogols Buch «Die toten Seelen» und auf die russische Troika Bezug genommen wurde. Dort heißt es: «Stürmst nicht auch du, Russland, so dahin wie eine kühne Troika, die niemand einholen kann? Der Boden dampft, die Funken sprühen, die Brücken dröhnen ... Wohin stürmst du, Russland? Gib Antwort! Du schweigst. Wundersam tönt das Glöckchen. Die vor deinem Ansturm zurückflutende Luft wird zum heulenden Sturm. Alles auf Erden weicht dir aus und es geben dir den Weg frei alle anderen Völker und Reiche.»

Was lässt sich nicht alles in die Auswahl dieses Textes und in den Text selbst hineininterpretieren, zumal die westlichen Staats- und Regierungschefs die Eröffnungszeremonie boykottiert hatten? Bekanntlich sitzen bei Gogol in der Troika Tschitschikow, der Schwindler, und der Teufel, Mephisto. Gogol beschreibt in seinem Buch Russland als ein äußerst mangelhaftes und korruptes Land, aber es sind dieses Elend und die Sündhaftigkeit, die eine mystische Regeneration ermöglichen; die Troika mit einem betrunkenen Kutscher und dem Betrüger Tschitschikow als Symbol eines von Gott gesegneten Landes, das glorreich alle anderen überholt.

Russland ist ohne Orthodoxie nicht vorstellbar. Präsident Putin tritt ständig an den hohen orthodoxen Feiertagen gemeinsam mit Kyrill I., dem Patriarchen von Moskau und der ganzen Rus, in den Kathedralen auf. Es ist offensichtlich, dass er die Orthodoxie nutzen will, eine eigenständige russische

Identität zu dokumentieren, die sich von der Dekadenz und gesellschaftlichen Beliebigkeit des Westens bewusst abheben soll. So ist er auch mit Bundeskanzler Gerhard Schröder nicht wie Helmut Kohl und Boris Jelzin in die Sauna gegangen. Sie haben gemeinsam orthodoxe Kirchen besucht und traditionsgemäß Kerzen angezündet. Ob es geholfen hat?

Religiöse Intoleranz folgt aus dieser besonderen Rolle der Orthodoxie aber nicht. Im September 1997 hat die Duma in einem Gesetz über «Die Freiheit des Gewissens und die religiösen Gemeinschaften» festgelegt, dass Christentum, Islam, Judentum und Buddhismus untrennbare Teile der russischen Geschichte, der Spiritualität und der Kultur des Landes darstellen. Seit mehr als tausend Jahren leben Russen und Turkvölker zusammen. Spätestens seit der Eroberung Kasans, der Hauptstadt der Republik Tatarstan, durch Iwan IV. im Jahr 1552 gehört der Islam endgültig zu Russland. Und in ihrer Einstellung zu einem Russland, das seinen eigenen Weg geht und dem damit verbundenen Gefühl nationaler Überlegenheit, unterscheiden sich die muslimischen Russen kaum von den orthodoxen.

Die Mehrheit der Muslime gehört Völkern an, die im heutigen Russland schon seit Jahrhunderten ansässig sind. Die Zahlen variieren sehr. Schätzungen gehen von bis zu zwanzig Millionen aus. Dazu kommen ständig Immigranten aus den südlichen Nachbarstaaten. Angesichts der niedrigen Geburtenrate der russisch-orthodoxen Bevölkerung und der vergleichsweise hohen Rate bei den Muslimen gibt es Prognosen, dass der muslimische Bevölkerungsteil noch in diesem Jahrhundert der größere sein könnte. Vielleicht erklären sich auch damit die wiederholten Aufrufe Putins an die russischen Frauen, mehr Kinder zu gebären.

Die wachsende Radikalisierung des politischen Islams konnte der russischen Führung vor diesem Hintergrund nicht gleichgültig bleiben. Nach dem Ende des ersten Tschetschenienkrieges 1996 hatte sich die Lage in der russischen Kaukasusrepublik nicht beruhigt. Islamistische Kräfte übten zunehmend die Kontrolle aus. Die Scharia wurde eingeführt. Tschetschenische Dschihadisten spielten eine immer wichtigere Rolle im internationalen Dschihad und unterhielten Beziehungen zu bekannten islamistischen Terrorgruppen. Bis heute sind tschetschenische Kämpfer an den Hotspots des Glaubenskrieges präsent, etwa in Syrien. Im August 1999 fielen tschetschenische Dschihadisten in der Nachbarrepublik Dagestan ein, um auch dort einen Gottesstaat zu errichten. Die russische Armee vertrieb sie wieder, doch die tschetschenische Regierung weigerte sich, gegen die Islamisten vorzugehen. Im September 1999 wurden in Russland zudem mehrere Sprengstoffanschläge auf Wohnhäuser verübt mit 200 Toten. Ob sie tatsächlich von tschetschenischen Terroristen verübt wurden, wie der offizielle Untersuchungsbericht behauptete, ist bis heute unklar. Jedenfalls dienten sie dem damaligen Ministerpräsidenten Putin als Anlass, um den zweiten Tschetschenienkrieg zu beginnen.

Am 1. Oktober 1999 marschierte die russische Armee in Tschetschenien ein. Der Krieg und die schrecklichen Gräueltaten auf beiden Seiten führten zu hohen Opferzahlen und Menschenrechtsverletzungen und sollten erst nach zehn Jahren ein Ende finden. Ob der Einsatz wie geplant zur Abschreckung des wachsenden islamistischen Terrorismus beitrug oder ihn nicht zumindest zeitweilig beförderte, muss offenbleiben. Aber dieses Problem teilt Moskau mit Washington, dessen militärische Interventionen den Dschihadisten geradezu einen Massenzulauf bescherten.

Der mühsame Weg zu einer Partnerschaft zwischen der EU und Russland

In einem BBC-Interview im März 2000 erklärte Putin einen Beitritt Russlands zur NATO für möglich, «solange Russlands Interessen Berücksichtigung finden und es ein gleichberechtigter Partner ist». Isolationismus sei kein Weg für Russland. Doch angesichts des Einsatzes in Tschetschenien fand sich damals kein führender Politiker innerhalb der NATO-Staaten, der öffentlich bereit gewesen wäre, eine solche Chance zu nutzen und weiterzuverfolgen. Sie ist vermutlich nicht einmal intern diskutiert worden. Der Krieg in Georgien 2008, die Annexion der Krim 2014, der Ukrainekonflikt haben dann dieses Kapitel vorerst gänzlich geschlossen.

Auch im Verhältnis zur EU sollte der Tschetschenienkrieg zu Irritationen führen. Bereits im Oktober 1999 hatte der frisch ernannte Ministerpräsident Wladimir Putin auf dem EU-Russland-Gipfel den Beschluss seiner Regierung über eine «Mittelfristige Strategie» Russlands gegenüber der EU präsentiert. Es war die erste umfassende Antwort Moskaus auf die «Gemeinsame Strategie» der EU für Russland, die die EU im Juni 1999 vorgelegt hatte. In dieser «Mittelfristigen Strategie für die Entwicklung der Beziehungen zwischen der Russischen Föderation und der Europäischen Union im Zeitraum von 2000 bis 2010» schloss die russische Regierung eine Assoziierung oder Mitgliedschaft in der EU für die nächsten zehn Jahre aus. Als Begründung berief sie sich auf Russlands Status als «Weltmacht, die sich auf zwei Kontinente erstreckt». Russland sollte sich «die Freiheit bewahren, seine Innen- und Außenpolitik ebenso zu bestimmen und zu implementieren wie seinen Status und seine Vorteile eines euroasiatischen Staates und des größten GUS-Landes sowie die Unabhängigkeit seiner Position und seiner Aktivitäten in internationalen

Organisationen». Mit dieser Ankündigung machte Moskau unmissverständlich klar, dass es an seinem Status als unabhängige Großmacht festhalten wolle und dass europäische Werte und Ordnungsvorstellungen für das eigene Land nur begrenzt gelten sollten.

Das war eine für das angeschlagene Selbstbewusstsein Russlands und seiner politischen Führung verständliche Antwort, doch ursprünglich soll nach Berichten des Leiters der russischen Vertretung bei der EU in Brüssel, Wassili Lichatschow, Russland den Wunsch gehabt haben, ein gemeinsames Strategiepapier mit weitreichenden operativen Aufgaben auszuarbeiten. Das wurde jedoch von der EU abgelehnt. Ebenso der russische Vorschlag, auf der Grundlage der vorgelegten Strategiepapiere beider Seiten einen neuen «Vertrag über strategische Partnerschaft und Zusammenarbeit im 21. Jahrhundert» in Angriff zu nehmen und als ersten Schritt eine «Erklärung über die grundsätzlichen Ziele und Prinzipien» der Zusammenarbeit zu unterschreiben.

Der Tschetschenienkrieg wurde zu diesem Zeitpunkt zur entscheidenden Blockade. Putin als neu gewählter Ministerpräsident hatte noch kühl darauf regiert. In einem Interview versuchte er zu beschwichtigen: «Die Geschichte kennt keinen einzigen Fall, wo Russlands innere Probleme Anlass oder Gelegenheit boten, die Beziehungen abzubrechen. Dies geschah nie, weil Russland für die Weltgemeinschaft zu wichtig ist.» Die EU selbst schwankte in ihrer Beurteilung Russlands zwischen dessen immer noch gewichtiger Rolle in Fragen des Multilateralismus als ständiges Mitglied des UN-Sicherheitsrates, beim Friedensprozess im Nahen und Mittleren Osten und im Kampf gegen den internationalen Terrorismus einerseits und der inneren Entwicklung in Russland selbst andererseits. Bereits im Juni 2000 setzte sie ihre Sanktionen gegenüber Russland wieder aus. Die ständige Kritik an dem militärischen Vorgehen in Tschetschenien führte aber tendenziell zu einer Abkühlung der Beziehungen zwischen Brüssel und Moskau.

Auf dem Gipfeltreffen der EU mit Russland im November 2003 in St. Petersburg einigten sich beide Seiten darauf, eine «strategische Partnerschaft» zu bilden. Dazu sollten vier «gemeinsame Räume» eingerichtet werden: Wirtschaft, äußere Sicherheit, innere Sicherheit, Bildung. Im Mai 2004 schlug die EU ergänzend vor, «Russland zusätzlich zu bestehenden Formen der Unterstützung für die entsprechenden Teile der strategischen Partnerschaft eine Unterstützung durch das vorgeschlagene Europäische Nachbarschaftsinstrument anzubieten». Damit erhielt Russland innerhalb der ENP eine Sonderrolle. Die Verhandlungen zogen sich über zwei Jahre hin. Das Abkommen über die Bildung der vier Räume wurde schließlich auf einem Gipfel im Mai 2005 unterzeichnet. Ein Ständiger Partnerschaftsrat wurde beauftragt, für vereinbarte Projekte eine Roadmap zu erarbeiten und die Durchführung der Projekte zu kontrollieren.

Der Gemeinsame Wirtschaftsraum sollte die Voraussetzung für den freien Verkehr von Waren, Dienstleistungen, Kapital und Personen schaffen und die Zusammenarbeit im Bereich Energie und Umwelt ermöglichen. Doch Fortschritte in Richtung einer Freihandelszone gab es seitdem nicht. Besonders erfolgreich ist nach wie vor die Energiepartnerschaft. Umstritten bleibt allerdings der Bau einer zweiten russischen Erdgasleitung Nord Stream II.

Die Ausgestaltung des Gemeinsamen Raumes der inneren Sicherheit blieb schwierig. Verhandelt wurden Kooperationsabkommen zwischen Russland und Europol, der europäischen Justizbehörde Eurojust und dem europäischen Grenzschutz Frontex. Das Thema Visafreiheit im Besucherverkehr blieb offen.

Die Zusammenarbeit im Gemeinsamen Raum für äußere Sicherheit führte zur Übereinstimmung in Fragen der Nicht-

Der russische Verteidigungsminister Sergej Iwanow: ein überzeugter Befürworter einer engen Zusammenarbeit mit der NATO und vor allem mit Deutschland

verbreitung von Massenvernichtungswaffen und der Terrorismusbekämpfung. Die eingefrorenen Konflikte in Moldawien (Transnistrien), Georgien (Abchasien und Südossetien) sowie Armenien (Berg-Karabach) sind jedoch bis heute ungelöst.

Beim Gemeinsamen Raum für Bildung und Forschung ist das 2003 geschlossene Abkommen über Kooperation in Wissenschaft und Technologie die Grundlage. 2006 kam ein weiteres Abkommen über die Zusammenarbeit in der Raumfahrt, beim Zugang zum Weltraum und der Weltraumforschung hinzu. 2018 umkreiste trotz der westlichen Sanktionen die Internationale Raumstation ISS mit dem Deutschen Alexander Gerst, dem Russen Sergej Prokopjew und der US-Amerikanerin Serena Auñón-Chancellor 195 Tage lang ganz selbstverständlich die Erde, auf der alle drei Staaten im politischen Streit liegen. Könnte diese Form der Kooperation im Weltraum nicht auch ihre Wiederholung in einer gemeinsamen Politik finden?

Die vier «gemeinsamen Räume» sind nicht leer geblieben. Aber sie sind doch recht karg möbliert. Die Rede von der «Sicherheitspartnerschaft» mit Russland blieb eine bloße Formel. Es gab in den fast dreißig Jahren seit dem Ende des Kalten Krieges eine Vielzahl von Ideen, Strategien und Vorschlägen für eine Zusammenarbeit zwischen der EU und Russland, aber kaum Aktionen und Entscheidungen. Der russische Verteidigungsminister Sergej Iwanow beklagte sich einmal auf der Sicherheitskonferenz in München, dass er gerne einen engeren Kontakt mit seinem deutschen Kollegen hätte, aber keine Resonanz finde. Es wäre ihm sicherlich nicht darum gegangen, wie in der Weimarer Republik deutsche Waffensysteme in Russland zu testen.

Der Weg zur Eurasischen Union

Der Zerfall der UdSSR hatte Volkswirtschaften hinterlassen, die bis in die 1990er Jahre hinein stark miteinander verflochten waren. Das galt für die gesamte Infrastruktur auf dem Energie- und Transportsektor, für die jeweilige Rohstoffversorgung und den Arbeitssektor. Die Arbeitsmigration war groß. Hinzu kamen die Nutzung derselben Technologie im verarbeitenden Gewerbe, die Arbeitsteilung bei Zulieferketten sowie die gemeinsame russische Sprache. Ein Problem war allerdings das enorme wirtschaftliche Ungleichgewicht zugunsten der Russischen Föderation.

Im März 1994 hat der damalige und bis heute amtierende kasachische Präsident Nursultan Nasarbajew erstmals die Gründung einer eurasischen Wirtschaftsunion vorgeschlagen. Sein Interesse war es, nach dem Zerfall der UdSSR Zölle und andere Handelshemmnisse zu verhindern. Der erste Schritt erfolgte im Oktober 2000. Die fünf Staaten Russland, Kasachstan, Weißrussland, Kirgistan und Tadschikistan unterzeichneten den Vertrag über die Eurasische Wirtschaftsgemeinschaft mit dem Ziel, eine einheitliche, zollfreie Wirtschaftsregion zu schaffen. 2007 wurde die Zollunion gegründet, an der sich jedoch nur Russland, Kasachstan und Weißrussland beteiligten. Sie trat 2010 in Kraft; 2012 folgte mit dem Einheitlichen Wirtschaftsraum der nächste gemeinsame Schritt. 2015 hob Russland zusammen mit Kasachstan, Weißrussland, Armenien und Kirgistan die Eurasische Wirtschaftsunion (EAWU) aus der Taufe. Sie sollte sich laut Putin an der EU orientieren.

Ein Vergleich der EU mit der EAWU macht die Unterschiede deutlich. Bezogen auf die Bevölkerungszahl bringen die Mitgliedsstaaten der EAWU nur ein Drittel des Gewichts der EU auf die Waage; ökonomisch nach realen Wechselkursen etwa ein Zehntel, unter Berücksichtigung der Kaufkraftparität weniger als ein Viertel; politisch gibt es nur eine Führungsmacht: Russland. Der Arbeitsschwerpunkt liegt auf der Handelsintegration:

– Abschaffung der internen Zölle und Handelsgrenzen,
– Harmonisierung der Zölle gegenüber Drittstaaten,
– Übertragung handelspolitischer Kompetenzen an die Eurasische Wirtschaftskommission,
– Freizügigkeit für Personen und Kapital.

Inzwischen sollen etwa 60 Prozent der Zollsätze harmonisiert sein. Große Defizite existieren nach wie vor bei der Beseitigung nichttarifärer Handelshemmnisse, z.B. bei den Gesundheitsstandards oder bei der Zertifizierung von Gütern. Zwischenzeitlich ist es gelungen, einen gemeinsamen Markt für Arzneimittel zu schaffen sowie ein Zollgesetzbuch zu erarbeiten.

Hinzu gekommen sind zwei weitere Institutionen, um die wirtschaftliche Integration zu fördern. Eine gemeinsame Eurasische Entwicklungsbank wurde gegründet. Sie stellt Kredite für regionale Integrationsprojekte zur Verfügung. Ein Eurasischer Stabilisierungs- und Entwicklungsfonds wurde eingerichtet. Er soll helfen, langfristige Strukturprojekte zu finanzieren und wirtschaftlich schwächere Regionen zu unterstützen.

Inzwischen gibt es Berichte, die darauf hinweisen, dass das Interesse Russlands an der EAWU zunehmend nachlässt. Sicher scheint zu sein, dass eine vertiefte Integration nicht zu erwarten ist. Zwar erfolgen die Entscheidungen auf Konsensbasis oder durch eine einfache Mehrheit der Mitglieder, aber alle scheuen eine zu große gegenseitige Abhängigkeit, vor allem von Russland.

Nasarbajew wird auch nicht müde zu betonen, dass es sich um eine Wirtschaftsunion und nicht um eine Politische Union handele. So war er auch nicht bereit, die russische Annexion der Krim zu billigen. Er weiß sehr wohl, dass ein Viertel seiner Bevölkerung russisch ist. Auch der Präsident Weißrusslands erklärte den Anschluss der Krim an Russland für «nicht rechtens». Es sei nicht akzeptabel, dass ein Staat einem anderen einen Teil seines Territoriums abnehme. «Dann müsste man praktisch das ganze russische Hoheitsgebiet Russlands an die Mongolei zurückgeben.» Deutliche Worte! Beide Präsidenten haben auch keine diplomatischen Beziehungen zu den ehemals georgischen Landesteilen Südossetien und Abchasien aufgenommen, die mit Unterstützung Russlands ihre Selbständigkeit erklärt haben. Bisher waren nur die Staaten Nicaragua, Venezuela, Syrien und Nauru dazu bereit.

Beim Aufbau der EAWU hat sich Moskau erklärtermaßen am EU-Binnenmarkt und an den WTO-Regelungen orientiert. Es wäre deshalb von Anfang an eine Alternative und jeder Mühe wert gewesen, wenn die EU mit Russland Verhandlungen über eine Gesamteuropäische Freihandelszone von Lissabon bis Wladiwostok aufgenommen hätte, wie sie Putin bereits 2001 bei seinem Deutschlandbesuch ins Spiel gebracht hatte. 2010 erneuerte er diesen Vorschlag in einem Gastbeitrag für die «Süddeutsche Zeitung». Die Idee wurde mit dem Hinweis auf die lange Bank geschoben, Russland müsse erst Mitglied der Welthandelsorganisation (WTO) werden. Seit August 2012 ist Russland Mitglied der WTO, doch nichts hat sich seitdem getan.

Präsident Putin berichtete einmal in einem Gespräch, dass ihn im Februar 2003 der EU-Kommissionspräsident Romano Prodi in Moskau besucht habe. Bei dieser Gelegenheit habe ihm Prodi Verhandlungen über eine Gesamteuropäische Freihandelszone von Lissabon bis Wladiwostok vorgeschlagen. Er, Putin, habe diesen Vorschlag begrüßt. Auf die Frage, warum die Verhandlungen denn nicht in Gang gekommen seien, er hätte doch zu dieser Zeit einen guten Freund im Bundeskanzleramt in Berlin gehabt: Gerhard Schröder, reagierte Putin mit einem vielsagenden Schulterzucken. Es gab von keiner Seite Unterstützung. Prodi verfolgte diese Idee nicht weiter, und kein Mitgliedsland der EU griff sie auf.

Für Präsident Putin wurde deshalb die EAWU nicht nur ein wirtschaftliches, sondern vor allem auch ein politisches Projekt, um den Einfluss der EU zurückzudrängen. Denn in Moskau hatte man von Anfang an den Verdacht, dass die EU mit ihrer 2008 gestarteten Östlichen Partnerschaft mit sechs Nachbarländern Russlands und den damit verbundenen Assoziierungs- und Freihandelsabkommen in Wahrheit ein geopolitisches Projekt verfolgt mit dem Ziel, Russland politisch sowie wirtschaftlich zu schwächen und am Ende auch militärisch weiter einzukreisen. Die Alternative wäre damals ein wirtschaftspolitischer Dialog zwischen der EU und der Eurasischen Wirtschaftsgemeinschaft gewesen und ist es auch noch heute. Er wäre für alle von Vorteil, weil er Konflikte abbauen und neues Vertrauen schaffen könnte. Und selbst die Ukraine könnte dadurch eine neue, eine bessere Beziehung zu Russland aufbauen.

EU-Kommissionspräsident Jean-Claude Juncker hat im Herbst 2015 einen neuen Anlauf genommen und Präsident

Putin in einem Brief Gespräche über einen gemeinsamen Europäischen Wirtschaftsraum angeboten. Im März 2016 schrieb er einen zweiten Brief an den Vorsitzenden der EAWU, Tigran Sargsyan, und bekräftigte sein Angebot. Doch der Widerstand einiger EU-Mitgliedsstaaten scheint noch zu groß zu sein. Das im Februar 2015 unterzeichnete Minsker Abkommen zwischen der Ukraine, Russland, den «Volksrepubliken» Donetsk und Lugansk sowie der OSZE wäre ein wichtiger Türöffner, denn es verbindet politische Fortschritte in der Ostukraine mit dem Beginn von Verhandlungen über eine gesamteuropäische Freihandelszone. Das sollte auch ein Anreiz für Präsident Putin sein.

Die weltweite Allianz gegen den Terrorismus scheitert

Doch die EU oder die europäischen Regierungen waren für Putin ebenso wie für seinen Vorgänger, Boris Jelzin, nicht die entscheidende Messlatte, sondern die Vereinigten Staaten von Amerika. In einem Gespräch mit der amerikanischen Außenministerin Madeleine Albright im Februar 2000 in Moskau erklärte Putin, dass Amerika für Russland der «wichtigste Partner» in der Weltpolitik sei. Und auch Präsident George W. Bush, der Nachfolger Clintons, fand wohlwollende Worte für seinen russischen Amtskollegen. Als er im Juni 2001 in Ljubljana mit Putin zusammentraf, charakterisierte er diesen in einer gemeinsamen Pressekonferenz folgendermaßen: «Ich sah dem Mann in die Augen. Ich fand ihn sehr unkompliziert und vertrauenswürdig ... Ich konnte seine Seele spüren, ein Mann, der sich seinem Land und den besten Interessen seines Landes verpflichtet fühlt.» Und Putin erklärte seinerseits, dass Russland und die Vereinigten Staaten «keine Feinde [seien].

Sie bedrohen sich nicht gegenseitig und sie können vollwertige Verbündete sein ... Unterschiede in unseren Ansätzen in den fundamentalen Bereichen [sind] viel geringer als das, was uns verbindet.»

Wie sich die Beziehungen zwischen den USA und Russland entwickelt hätten, wenn sich die weltpolitischen Rahmenbedingungen nicht durch die furchtbaren Terroranschläge vom 11. September 2001 grundlegend verändert hätten, muss offenbleiben. Die Anschläge verschoben die Prioritäten der amerikanischen Außenpolitik nachhaltig und leiteten den unilateralen Moment der USA im frühen 21. Jahrhundert ein. Der Schaden, den die Beziehungen zwischen Washington und Moskau in der Amtszeit George W. Bushs genommen haben, wirkt bis heute fort.

George W. Bush hatte noch am Tag der Anschläge am 11. September 2001 Amerikas «Freunde und Alliierten» und «all jene die Frieden und Sicherheit in der Welt wollen» dazu aufgerufen, «zusammenzustehen, um den Krieg gegen den Terrorismus zu gewinnen» (war against terrorism). Am Tag danach trat in Brüssel der NATO-Rat zusammen und erklärte die Terrorakte zum Angriff auf einen ihrer Mitgliedsstaaten. Damit war erstmals in der Geschichte der Allianz der Bündnisfall nach Art. 5 des NATO-Vertrages eingetreten.

Am gleichen Tag tagte in New York der UN-Sicherheitsrat. In der Resolution 1368 bezeichnete er mit Zustimmung Russlands und Chinas die Anschläge als «Bedrohung des Weltfriedens und der internationalen Sicherheit» und stufte sie im Sinne der Artikel 39 und 51 der UN-Charta als bewaffneten Angriff ein. Damit sprach die Resolution den Vereinigten Staaten von Amerika implizit das Recht auf Selbstverteidigung zu. Russland und China stimmten auch noch dem Votum des Sicherheitsrates zu, mit dem er die drei Wochen danach beginnenden amerikanischen Kampfhandlungen in Afghanistan («Operation Enduring Freedom») als «Akt der Selbstverteidigung der Vereinigten Staaten» gewertet und damit völkerrechtlich legitimiert hat.

Präsident Putin erlaubte den USA zudem, für den Krieg in Afghanistan einen ehemaligen sowjetischen Luftwaffenstützpunkt im Süden Usbekistans zu nutzen. Und als die Amerikaner ihn um Hilfe baten, weil sie die Zustimmung der kirgisischen Regierung brauchten, um für ein Jahr einen Luftwaffenstützpunkt in dem Land einzurichten, ließ Putin den russischen Einfluss aus Sowjetzeiten spielen. Die USA blieben dann aber nicht ein Jahr, sondern bis 2014 in Kirgistan.

Dass Präsident Bush jun. die militärischen Operationen in Afghanistan ohne Konsultationen plante und begann, löste bei den NATO-Verbündeten, aber vor allem in Moskau und Peking Enttäuschung aus. Russland und China hatten sich kooperativ gezeigt und damit die Erwartung verknüpft, dass die amerikanische Administration ihre legitimen Interessen im Kampf gegen den Terrorismus respektiert, Solidarität übt und sich dadurch auch ihr Stand im Westen verbessert. Ein amerikanischer Drei-Sterne-General versuchte in jener Zeit in einem Gespräch, um Verständnis für das amerikanische Vorgehen zu werben. Konsultationen innerhalb der NATO allein hätten bedeutet, dass sich die militärische Intervention in Afghanistan um mehrere Monate hinausgezögert hätte. So habe man innerhalb weniger Wochen handeln können. Das war sicher ein gewichtiger Vorteil, doch hatte er Folgekosten. Da Washington alle Schritte im Kampf gegen den Terror ohne Absprachen allein entschied, wurde eine große Chance zur Zusammenarbeit vertan, die auch Perspektiven für nachhaltig gefestigte Beziehungen zu Moskau eröffnet hätte.

Denn es darf nicht vergessen werden, dass der Krieg in Afghanistan gewissermaßen vor Russlands Hintertür geführt wurde und wird. Moskau duldete es zunächst, dass die USA und ihre Partner Basen in ehemaligen Sowjetrepubliken unterhielten, und drängte erst auf Abzug, als kein Ende des Einsatzes abzusehen war. Denn natürlich hatte schon die bloße Präsenz der Basen Einfluss auf das geopolitische Machtgefüge in dieser strategisch bedeutsamen Region.

Das unilaterale militärische Vorgehen der USA und einiger ihrer Bündnispartner (die «Koalition der Willigen») sollte sich im Krieg gegen den Irak und Saddam Hussein wiederholen. Und hier konnte kein Zeitdruck als Entschuldigung herhalten. Zudem hatte das Regime in Bagdad erkennbar nichts mit den Terroranschlägen vom 11. September zu tun, und die Begründungen für den Krieg erwiesen sich am Ende als bewusste Irreführung. Außenminister Colin Powell legte dem UN-Sicherheitsrat gefälschte Beweise vor, um die Existenz von Massenvernichtungswaffen im Irak zu belegen. Und als der Sicherheitsrat dem Einsatz von Gewalt seine Zustimmung verweigerte, überfiel Washington das Land ohne völkerrechtliche Legitimation. Es handelte sich um einen völkerrechtswidrigen Angriffskrieg. In Moskau führte das zu dem Eindruck, dass sich die USA nur dann an die internationalen Regeln hielten, wenn sie ihnen zupasskamen. Aber auf den Gedanken, Sanktionen gegen Washington zu verhängen, verfiel damals niemand.

Das Ergebnis der amerikanischen Interventionen war desaströs. In Afghanistan ist die Lage bis heute nicht unter Kontrolle. Die Taliban stehen davor, das Land wieder zu übernehmen. Der Irak versank für viele Jahre im Chaos und bot nun den Nährboden für das Erstarken neuer dschihadistischer Gruppen wie dem Islamischen Staat. Und nicht zuletzt führte der Einsatz unbeabsichtigt, aber vorhersehbar zu einer Stärkung des iranischen Einflusses in der Region, den Washington heute mühsam wieder einzudämmen versucht.

Die Farbenrevolutionen

Im September 2002 stellte George W. Bush die neue Nationale Sicherheitsstrategie der USA vor. Sie ist seitdem viel diskutiert worden, weil sie den amerikanischen Willen zu völkerrechtswidrigen «preemptive strikes» betonte, für den Fall, dass sich die USA durch Massenvernichtungswaffen bedroht fühlten. Sie enthielt allerdings auch aufschlussreiche Passagen über Russland. Die Bush-Administration betonte ihren Willen zur Kooperation und zur Partnerschaft mit Moskau. Die Chancen dafür stünden angesichts der Allianz gegen den Terror so gut wie lange nicht. Gleichzeitig wurde aber herausgestellt, dass der Weg zu einer dauerhaften strategischen Partnerschaft noch lang und beschwerlich sein werde. In den russischen Eliten sei das Misstrauen gegenüber den Motiven und Zielen der US-Regierung noch weit verbreitet. Das russische Bekenntnis zu Marktwirtschaft und Demokratie sei noch halbherzig, und im Kampf gegen die Verbreitung von Massenvernichtungswaffen sei Moskau ein unsicherer Partner. Und wie wird Präsident Putin den folgenden Satz verstanden haben: «Russlands Schwäche begrenzt die Möglichkeiten der Zusammenarbeit.» Wie eine versteckte Drohung lassen sich auch die folgenden Ausführungen lesen: «Wir werden weiterhin die Unabhängigkeit und Stabilität der früheren Sowjetrepubliken stärken im Glauben, dass eine prosperierende und stabile Nachbarschaft Russlands wachsende Bereitschaft zur Integration in die transatlantische Gemeinschaft befördern wird.»

Die Sicherheitsstrategie von 2002 bildete den Höhepunkt des neuen amerikanischen Unilateralismus, knüpfte aber auch an die missionarische Grundhaltung an, die seit den Zeiten Woodrow Wilsons und des Ersten Weltkriegs («make the world safe for democracy») ein fester Bestandteil amerikanischer Außenpolitik ist. Das Ziel der neuen US-Strategie sei es, «die Welt nicht nur sicherer, sondern besser» zu machen, verkündete die Bush-Administration. Die USA würden den historischen Moment ihrer einzigartigen Stärke nutzen, um die Segnungen der Freiheit global zu verbreiten. «Wir werden aktiv daran arbeiten, die Hoffnung von Demokratie, Entwicklung, freien Märkten und freiem Handel in jeder Ecke der Welt zu verbreiten.»

In Moskau löste nicht nur die Ankündigung Besorgnisse aus, die USA würden künftig auch «preemptiv» militärisch tätig werden, wenn sie das für nötig erachteten. Auch der offensiv formulierte globale Führungsanspruch entsprach nicht dem Weltbild der russischen Führung, die von einer multipolaren Ordnung ausging. Zudem gewann man zunehmend den Eindruck, die globale Verbreitung von Demokratie und Freiheit sei nur eine positive Umschreibung von amerikanischem Imperialismus und liefere letztlich bloß einen Vorwand, um die geostrategischen Interessen der USA durchzusetzen und Konkurrenten in die Schranken zu weisen.

Zu einem der Auslöser der russischen Befürchtungen zählt die «Rosenrevolution» im November 2003 in Georgien, entfacht durch Unregelmäßigkeiten bei der Parlamentswahl. Zehntausende Demonstranten forderten in Tiflis die Korrektur des Wahlergebnisses und am Ende den Rücktritt von Präsident Eduard Schewardnadse. Einige der Demonstranten hatten in Erinnerung an den ersten georgischen Präsidenten, Swiad Gamsachurdia, rote Rosen mit sich getragen, der angesichts seiner Gegner einmal gesagt haben soll: «Wir werden Rosen statt Kugeln auf unsere Feinde werfen.»

Nach der Erstürmung des Parlaments trat Schewardnadse im Anschluss an ein Treffen mit dem russischen Außenminister Igor Iwanow, der aus Moskau eingeflogen war, zurück, um nach eigenen Worten ein Blutvergießen zu verhindern. Als ehemaliger sowjetischer Außenminister unter Michail Gorbatschow hatte er seit 1992 Georgien regiert. Ihm war es jedoch nicht gelungen, die traditionelle Clanherrschaft zu beenden und die autonomen Republiken Abchasien und Südossetien friedlich zu integrieren. Micheil Saakaschwili übernahm im Januar 2004 das Amt des Präsidenten. Er kündigte an, Georgien in eine Demokratie nach westlichem Muster umzuformen und das Land in die EU und in die NATO zu führen.

In den USA und auch in Westeuropa gab es verschiedene Presseberichte, dass die «Rosenrevolution» durch die amerikanische Administration und mit Hilfe amerikanischer NGOs unterstützt, wenn nicht sogar durch sie organisiert worden sei. Schewardnadse selbst hat für seinen Sturz sowohl den amerikanischen Botschafter Richard Miles als auch den amerikanischen Multimilliardär George Soros verantwortlich gemacht. Soros war mit dem von ihm gegründeten Open Society Institute in der Tat ein wichtiger Geldgeber für die Opposition sowie für georgische Medien und eine Studentenorganisation. Zwischen 1992 und 2000 erhielt Georgien darüber hinaus von den offiziellen Behörden der USA Unterstützung in Höhe von 778 Millionen US-Dollar und war gemessen an der Einwohnerzahl nach Israel der zweitgrößte Empfänger amerikanischer Hilfe.

Damit verbunden war zudem militärische Unterstützung. Deshalb lag für Moskau der Verdacht nahe, dass die USA auch strategische Interessen verfolgten und sich einen Zugang nach Zentralasien und zum Kaspischen Meer sichern wollten. Wenn das Öl aus dem mit den USA verbündeten Aserbaidschan in die Türkei gepumpt werden soll, ohne das Territorium Russlands oder seines Verbündeten Armenien zu berühren, dann geht das nur über Georgien. Und genau so eine Pipeline war damals in Planung. Sie wurde 2005 eingeweiht.

Für Moskau und vor allem für Präsident Putin sollte nach der «Orangenen Revolution» 2004 in Kiew der Begriff «Farbenrevolutionen» zum Synonym für einen von außen erzwungenen Regimewechsel werden, initiiert, finanziert und angefeuert weitgehend aus dem Ausland, vor allem von den USA und der CIA. Damals gingen Hunderttausende gegen Wahlfälschungen bei der Präsidentenwahl auf die Straße. Dadurch fiel das Amt nicht an Viktor Janukowitsch, sondern an den westlich orientierten Viktor Juschtschenko, dessen Wahlkampf durch das US-Außenministerium mit mehreren Millionen US-Dollar unterstützt worden war und der prompt den Beitritt seines Landes zu EU und NATO zu beschleunigen suchte.

Zu diesen «Farbenrevolutionen» zählen für die russische Führung auch die «Tulpenrevolution» in Kirgistan sowie die «Zedernrevolution» im Libanon, beide 2005, und die Ereignisse des «Arabischen Frühlings» 2011. Auch den Massendemonstrationen in Ägypten, Tunesien und Libyen folgten Regimewechsel. Den amerikanischen Geheimdiensten werden in diesem Zusammenhang von Russland fast uneingeschränkte Einfluss- und Handlungsmöglichkeiten und finanzielle Mittel zugeschrieben. Die CIA ist sich vermutlich nicht einmal bewusst, welche überwältigende Machtfülle bei ihr vermutet wird. Jedenfalls gelangte Präsident Putin zu der Auffassung, dass die aktive Demokratisierungspolitik nicht bloß dazu diente, die Welt «besser» zu machen, sondern dass ihr eigentliches Ziel darin lag, die geostrategischen Interessen der USA zu befördern. Dementsprechend agierte Putin in seiner zweiten Amtszeit ab 2004 schon sehr viel misstrauischer gegenüber dem Westen und schränkte den Bewegungsspielraum westlicher NGOs in Russland ein.

Dem Ziel einer Demokratisierung Russlands hat die Bush-Administration damit einen Bärendienst erwiesen, da sich auch die innerrussische Opposition nun dem Verdacht ausgesetzt sah, vom Westen gesteuert zu werden. Als Putin nach vier Jahren als Ministerpräsident unter Präsident Medwedew im März 2012 erneut zum Präsidenten gewählt wurde, kam es landesweit zu Protesten wegen Wahlfälschungen. Dasselbe war bereits nach den Parlamentswahlen im Dezember 2011 passiert. Die damalige US-Außenministerin Hillary Clinton bezweifelte damals die Korrektheit der Ergebnisse, was Putin nicht nur als Einmischung in die inneren Angelegenheiten Russlands wahrnahm, sondern ihn auch zu der Einschätzung brachte, der Westen versuche nun in Russland eine «Farbenrevolution» zu initiieren.

Russlands gesellschaftspolitischer Entwicklungsprozess

Bundeskanzler Gerhard Schröder nannte Präsident Putin einmal einen «lupenreinen Demokraten». Das hat ihm viel Spott eingebracht. Putin etablierte in Russland nach den Erfahrungen der Jelzin-Zeit eine «gelenkte Demokratie», um die staatliche Ordnung zu sichern, eine Auflösung der Föderation zu verhindern und nicht zuletzt sich selbst an der Macht zu halten. Allerdings hatten die chaotischen Zustände der Jelzin-Zeit gezeigt, dass in Russland noch die inneren Voraussetzungen fehlten, damit eine Demokratie westlichen Zuschnitts funktionieren konnte. Es musste Putin zunächst darum gehen, überhaupt die Autorität des Staates wiederherzustellen, um eine stabile Entwicklung des Landes zu ermöglichen. Doch hat er darüber hinaus versucht, die Voraussetzungen für eine Demokratisierung des Landes zu schaffen?

Kurz nachdem der heutige Ministerpräsident Dmitri Medwedew von Präsident Putin 1999 von St. Petersburg nach Moskau geholt worden war, wurde er im Januar 2000 zum stellvertretenden Leiter der Präsidialverwaltung und zum Leiter des Wahlkampfstabes ernannt. Über seine Zuständigkeiten befragt, berichtete er, dass er den Auftrag habe, die Einsetzung der rechtsstaatlichen Organe und Verfahren in Russland zu begleiten. Er verwies auf ein entsprechendes Themenpapier und versprach, es übersetzen zu lassen und mir zuzusenden. Das geschah dann auch. Medwedew hatte an der Staatlichen Universität in St. Petersburg Zivilrecht studiert und gelehrt.

Seine Ausarbeitung befasste sich mit den Gesetzesentwürfen über Schiedsgerichte, Rechtsanwaltschaft, über die Rechtsstellung von Richtern, über die Strafprozessordnung, über das Verfassungsgericht u.a. mit dem Ziel einer rechtsstaatlichen Ordnung in Russland. Als zweites Thema interessierten ihn angesichts bevorstehender Wahlen Methoden und Erfahrungen für die Öffentlichkeitsarbeit einer Regierung. Am Ende wurde eine amerikanische Agentur beratend tätig. Damit wurde wieder einmal deutlich, wer für Russland das Maß aller Dinge ist und wer am Ende zum Zuge kommt.

Die Verfassungswirklichkeit in Russland heute ist eine andere als in der Verfassung vorgegeben, insbesondere in Bezug auf die Durchsetzung der Gewaltenteilung und der Menschenrechte. Das werden vermutlich erst die Generationen leisten, die nach 1990 geboren wurden. Von den 144 Millionen Einwohnern Russlands werden das heute vermutlich etwa vierzig Millionen sein. Sie kennen die Sowjetunion und das kommunistische System nur noch vom Hörensagen.

Im Westen fehlt leider nur allzu oft das Verständnis dafür, wie schwierig der Weg der Demokratisierung für Russland ist. Margareta Mommsen weist in ihrem Buch: «Wer herrscht in Russland?» von 2003 zu Recht darauf hin, dass sich das kollektive Gedächtnis und die in der politischen Kultur eines Landes tradierten Wertvorstellungen nur sehr langsam wandeln. «Die Bestimmung des Standorts eines Landes in der Welt unterliegt in der Regel nicht einem sprunghaften Wandel.» Die innere, gesellschaftspolitische Standortbestimmung wurde dazu noch durch die schwierige außenpolitische Standortbestimmung zusätzlich erschwert.

Und Sergej Karaganow, außenpolitischer Berater des Kremls, wird nicht müde, darauf hinzuweisen, dass die Kommunisten alles getan hätten, «um das historische Gedächtnis und die nationale Identität» Russlands auszulöschen. Das sei ihnen in vielerlei Hinsicht gelungen. Nach wie vor würde Russland «für den Wiederaufbau eines gemeinsamen Narrativs seiner tausendjährigen Geschichte kämpfen». Als «Optimist» gehe er aber davon aus, dass sich Russland «immer mehr zu einer aufgeklärten und reifen Gesellschaft» entwickeln werde.

Es war Grigorij Jawlinski, ehemals Vorsitzender der Reformpartei Jabloko und 1996 als Präsidentschaftskandidat gegen Jelzin unterlegen, der 2001 anlässlich einer Feier in Moskau zum 70. Geburtstag von Michail Gorbatschow in seinem Trinkspruch präzise den Ausgangspunkt des notwendigen Reformprozesses in Russland ansprach: «Michail, Du hast uns die Freiheit gebracht. Jetzt liegt es an uns, was wir aus der Freiheit machen»!

Diesen anhaltenden Prozess begleiten viele Beobachter im Westen leider nicht mit Verständnis, mit Dialog und enger Zusammenarbeit, sondern mit ständiger öffentlicher Kritik und Besserwisserei. Es tut ja so gut, sich moralisch mit erhobenem Zeigefinger entrüsten zu können und Russland ständig öffentlich der Verletzung von Menschenrechten und demokratischer Verhaltensregeln anklagen und ihre Einhaltung einfordern zu können.

Die Einseitigkeit ist dabei nicht zu übersehen. Ist die Volksrepublik China demokratischer als Russland? Ist ihre Besetzung vorgelagerter Inseln, die auch von Japan oder anderen asiatischen Staaten als Teil ihres Territoriums beansprucht werden, keine völkerrechtswidrige Okkupation? Die jährlichen Zahlen über Hinrichtungen im Iran oder in Saudi-Arabien gehören zu den höchsten weltweit. Ihre militärischen Interventionen in Syrien, im Irak oder im Jemen sind in ihrer Brutalität unbeschreiblich. Stört das die Beziehungen der Europäer zum Iran und zu Saudi-Arabien?

Bundeskanzlerin Angela Merkel kam Ende August 2018

von ihrer Kurzreise nach Westafrika zurück. Sie will die Zusammenarbeit mit Nigeria verstärken, einem der ölreichsten Staaten der Erde. Das Land gehört dennoch zu den ärmsten und korruptesten weltweit. Trotzdem sind die Gespräche wichtig, wenn die Zahl der Immigranten aus Nigeria verringert werden soll.

Vor den Wahlen in Mexiko im März 2018 sind nach Aussage des mexikanischen Innenministers Alfonso Navarrete rund dreißig Kandidaten erschossen worden. Insgesamt sind 2017 in Mexiko 25339 Menschen ermordet worden. Seit Amtsantritt des philippinischen Präsidenten Rodrigo Duterte im Juni 2016 sind in seinem Auftrag mehrere Tausend Drogenhändler und -konsumenten von Todeskommandos ermordet worden. In Chicago sind im Jahr 2017 650 Menschen erschossen worden, 2016 waren es 762 Todesopfer. In Deutschland oder gar im Bundestag gab es dazu keinen Aufschrei, keinen Kommentar, keine Anfrage. Was wäre geschehen, wenn das alles in Russland oder in Moskau passiert wäre? Aber nach jedem Gespräch der Bundeskanzlerin mit Präsident Putin wird sofort gefragt, ob sie auch die Menschenrechte in Russland angesprochen habe. Ein Kommentar dazu erübrigt sich.

Öffentliche Kritik vor allem aus westlichen Ländern ist zumeist kontraproduktiv. Der russische Dichter Alexander Puschkin schrieb schon am 29. Mai 1826 an seinen Freund, Fürst Wjasemski: «Ich verachte natürlich mein Vaterland von Kopf bis Fuß, aber ich ärgere mich, wenn ein Ausländer dieses Gefühl mit mir teilt.»

Russlands Weg in die Zukunft

Im Jahr 2010 überreichte der Vorsitzende des Moskauer Instituts für moderne Entwicklung (INSOR), Igor Jurgens, im Verlaufe eines Gesprächs über die Entwicklung Russlands eine eindrucksvolle Studie über «Russland im 21. Jahrhundert: Modell einer wünschenswerten Zukunft». In diesem Strategiepapier wird beklagt, dass sich Russland «fortbewegt hat, ohne bestimmt zu haben, wo es hinwill und wie das Leitbild lautet». Russland stehe jetzt am Scheideweg. Es müsse «mit Beteiligung der gesamten Gesellschaft klar seine Ziele definieren». Fast revolutionär klingen die folgenden Feststellungen: «Eine vollwertige Modernisierung in der postindustriellen Epoche unter den Bedingungen der Unfreiheit [lässt] sich im Grundsatz nicht durchführen. In der modernen Welt liegt das wichtigste Entwicklungspotential in den kreativen Fähigkeiten des Menschen, in seiner Energie und Initiative. In der modernen Welt kann eine Überbetonung der Rolle des Staates, der Zentralgewalt und der kommunitaristischen Werte a priori nicht produktiv sein. Die Entwicklung vollzieht sich auf der Basis von Recht und Freiheit. Nur auf dieser Grundlage können auch geopolitische und andere Ambitionen befriedigt werden. Die Unfreiheit und Rechtlosigkeit der Bürger verdammen das Land im Gegenteil zum ewigen Zurückbleiben und zu geostrategischen Niederlagen.»

Die Studie geht in der Folge auf die notwendigen Reformen in den verschiedenen politischen Bereichen ein, angefangen von der Wirtschaft, dem Sozialstaat über das Gesundheitssystem, die Rechtsordnung, das Bildungssystem, innere und äußere Sicherheit u.a.m. und endet mit dem Kapitel: «Großmacht des 21. Jahrhunderts». Russland wird dort als «einer der führenden Architekten der Weltordnung des 21. Jahrhunderts und ein vollberechtigter Teilnehmer an allen wichtigen globalen Organisationen» bezeichnet.

Fast apodiktisch wird festgestellt, dass «Russlands Status als strategischer Verbündeter der Europäischen Union ... sich in absehbarer Zeit in eine Mitgliedschaft umwandeln» könne. «Und mit der NATO, die sich wesentlich verändert hat, verhandelt Russland erfolgreich über einen Beitritt, der die weitere positive Transformation der Allianz stimulieren würde.» Für die zeitliche Perspektive dieses «Zukunftspanoramas» («2020?, 2030? oder 2100?») wollen die Autoren verständlicherweise keine konkreten Termine nennen. Sie warnen jedoch davor, «beispielsweise mit der wirtschaftlichen Modernisierung [zu] beginnen, wobei man die politischen Reformen aufschiebt». Es müsse «gleichzeitig losgehen».

Natürlich stellt sich die Frage, welches Gewicht dieser Studie zugemessen werden kann. Interessant ist, dass der Vorsitzende des Kuratoriums des INSOR-Instituts der ehemalige Präsident und jetzige Ministerpräsident Dmitri Medwedew ist. Auf die Frage, wie viele denn in Russland die beschriebenen Positionen unterstützen würden, erfolgte die Antwort: Viel mehr, als man unsererseits glauben würde. Und die jüngste Überraschung liegt in der Tatsache, dass diese jetzt acht Jahre alte Studie in diesen Tagen erneut kommentarlos übermittelt wurde. Was soll das aussagen?

Interessanterweise hat Präsident Putin in seiner Rede zur Lage der Nation vom 1. März 2018 eine Vielzahl von Reformen angekündigt, die in Richtung der INSOR-Studie weisen, wenn er sagt: «Um voranzukommen, müssen wir den Raum der Freiheit in allen Bereichen ausweiten.» Die demokratischen Institutionen, die Zivilgesellschaft und die Gerichte etwa müssten gestärkt werden. «Wir müssen ein Land sein, das offen ist für die Welt, für neue Ideen und Initiativen.» In den vergangenen Jahren habe sich laut Putin Russland als «demokratische Gesellschaft auf einem freien, eigenständigen Weg» präsentiert. Gleichzeitig kündigte er eine Reihe von Sozialmaßnahmen an im Bereich der Familien- und Kinderbetreuung, des Gesundheitssystems und des Wohnungsbaus sowie Investitionen in Stadt- und Regionalentwicklung und Infrastruktur. Meint Putin ernst, was er in dieser Rede gesagt hat? Oder handelt es sich nur um Augenwischerei, um den oppressiven Charakter seines Regimes zu verschleiern? Diese

Frage lässt sich letztlich nicht beantworten, ohne in Putins Kopf hineinzusehen. Sicher ist aber, dass sich das Erbe seiner Regierungszeit genau an dieser Frage entscheiden wird. Denn ohne dass sein System der «gelenkten Demokratie» die Voraussetzungen für eine echte Demokratie schafft, hätte es keine Legitimation. Und ohne Modernisierung von Wirtschaft, Staat und Gesellschaft wird Russland im 21. Jahrhundert auch machtpolitisch zurückfallen.

Die Veränderungen in Russland aber können nur von innen kommen. Das Land ist nach wie vor mit einer besorgniserregenden Zahl von Problemen konfrontiert. Wer über die Jahre die Reden von Präsident Putin und Ministerpräsident Medwedew verfolgt hat, weiß, dass beide diese oft selbst sehr deutlich angesprochen haben. Die richtigen Maßnahmen sind jedoch häufig ausgeblieben oder nur halbherzig verfolgt worden. Die jüngsten fast flächendeckenden Demonstrationen gegen die Erhöhung des Rentenalters zeigen jedoch, dass die Sensibilität der Bevölkerung für politische Entscheidungen zunimmt. Sie haben Präsident Putin gezwungen, die Rentenreform in einer Fernsehansprache ausführlich zu begründen und Verbesserungen anzukündigen.

Russland ist noch keine lebendige Demokratie, aber die Menschen erfreuen sich schon jetzt eines Ausmaßes an persönlicher Freiheit, das es in der Geschichte Russlands und der Sowjetunion noch nie gegeben hat. Es gibt keine Demokratie, aber Wahlen. Es gibt keine freie Presse, aber Redefreiheit, und immer mehr nutzen elektronische Kommunikationsmöglichkeiten. Auslandsreisen und Auslandsstudien sind unbeschränkt möglich, wenn die finanziellen Voraussetzungen gegeben sind. Es liegt vor allem auch an uns Europäern, wie wir mit unserem großen Nachbarn Russland zukünftig umgehen, damit die Reformbemühungen dort erfolgreich sein können.

Die Spirale des Misstrauens: Auf dem Weg in die Konfrontation

Es begann in Sotschi. Präsident Wladimir Putin hatte erneut eine kleine Gruppe Deutscher zu einem Abendessen in seine Residenz eingeladen. Er war bester Stimmung. Ein Mitarbeiter bestätigte am nächsten Morgen, dass er seinen Chef schon lange nicht mehr so locker und gut gelaunt erlebt habe. Gesprochen wurde unter anderem über einen weiteren Vortrag in Deutschland. Putin berichtete, dass er zwei Einladungen erhalten habe, eine nach Davos, eine andere zur Münchner Sicherheitskonferenz. Wenn er eine davon annehmen werde, so sagte er, dann werde es die nach München sein. Und er hielt Wort. Am Vormittag des 10. Februar 2007 nahm er an der 43. Münchner Konferenz für Sicherheitspolitik im Hotel Bayerischer Hof teil. Sie stand unter dem Motto: «Globale Krisen – globale Verantwortung – Frieden durch Dialog».

Eine engere Partnerschaft der NATO mit Russland

Putin saß in der ersten Reihe, rechts von ihm Bundeskanzlerin Angela Merkel, links von ihm der amerikanische Verteidigungsminister Robert Gates. Ihm schloss sich die ganze Phalanx der amerikanischen Senatoren an, angefangen mit John McCain von den Republikanern und Joe Lieberman von den Demokraten, die traditionell die Kongressdelegation anführten.

In der Residenz von Präsident Putin in Sotschi: Vorgespräch über seine Rede im Februar 2007 auf der Münchner Sicherheitskonferenz, eine Bilanz der Ost-West-Beziehungen aus russischer Sicht

Die Bundeskanzlerin sprach zuerst. Doch erst in der Mitte ihrer Rede wandte sie sich persönlich an Putin. Begonnen hatte sie mit dem Thema globale Bedrohungen: Erwärmung der Erde, Flüchtlingsströme, ein neues Verständnis von Sicherheit. Sie erläuterte ausführlich ihre Position zum Nahostkonflikt und zur Lage im Mittleren Osten, beginnend mit Syrien, dem Libanon und Iran. Dann folgte die Bekräftigung der «atlantischen Partnerschaft und europäischen Einigung» – die «Eckpfeiler deutscher Sicherheitspolitik» und die «zwei Seiten einer Medaille». Davon ausgehend begründete sie ausführlich die Afghanistan-Mission und die vielfältigen Verpflichtungen der EU auf dem Balkan. Sie kündigte an, «unter der deutschen EU-Präsidentschaft die Europäische Sicherheits- und Verteidigungspolitik weiterzuentwickeln» und «die Beziehungen zu unseren Nachbarn im Osten und Südosten auszubauen». Und dann folgte der wichtige Satz, auf den viele schon gewartet hatten: «Ganz ohne Zweifel ist hierbei die Partnerschaft zu Russland von besonderer Bedeutung.»

Erst jetzt wandte sie sich persönlich an Putin: Sie freue sich sehr, «dass Präsident Putin heute bei uns ist … und zu uns sprechen wird». Und sie fügte hinzu, dass die Frage, «wie das zukünftige Verhältnis von Europäischer Union, NATO und Russland gestaltet wird, … eine entscheidende Auswirkung auf die Stabilität des gemeinsamen Raumes der Sicherheit in Europa und eine ganz wesentliche Auswirkung auf das Verhältnis zu unseren Nachbarstaaten» hat. Mit Recht wies sie darauf hin, dass Russland «heute schon in vielen Fällen gemeinsam mit uns Verantwortung trägt». Als Beispiele nannte sie den Nahostkonflikt, den Iran und den Balkan. Es folgte der bedeutsame Satz: «Deshalb ist unsere Erfahrung: Gemeinsam mit Russland können wir viel bewegen und können wir viel erreichen.» Und sie fügte hinzu, dass «gemeinsame Verantwortung zwischen Russland, der Europäischen Union und der NATO in unserem Interesse» liege. Und fast zögerlich folgte die überraschende Ankündigung: «Ich glaube, wir brauchen auch eine engere Partnerschaft zwischen der NATO und Russland.» Sie sage das auch «im Hinblick auf neue militärische Installationen». Sie kann zu diesem Zeitpunkt nur das geplante amerikanische Raketenabwehrsystem in Ostmitteleuropa gemeint haben.

Die Bundeskanzlerin fuhr mit weiteren Ausführungen zu China, Afrika, den Vereinten Nationen und Terrorismus fort. Doch als sie geendet hatte, fragte keiner der über 500 teilnehmenden Politiker aus dem In- und Ausland, keiner der deutschen Bundestagsabgeordneten oder im Saal anwesenden Fachjournalisten in der anschließenden Diskussion nach, wie denn eine «engere Partnerschaft zwischen NATO und Russland» aussehen könnte, und das, obwohl Präsident Putin einer der Zuhörer war. Kann es sein, dass dieses Thema schlicht niemanden interessierte?

Putins außen- und sicherheitspolitische Strategie

Präsident Putin hatte während der Rede der Bundeskanzlerin sichtbar weiter an seinem Manuskript gearbeitet, Passagen gestrichen, Anmerkungen hinzugefügt. Und er entschuldigte sich einleitend, dass er nicht mit «übertriebener Höflichkeit» und «diplomatischen Worthülsen» sprechen werde. Er werde vielmehr sagen, was er wirklich über die Probleme der internationalen Sicherheit denke, und sollte er Kollegen gegenüber allzu polemisch oder ungenau sein, dann sollten sie sich nicht über ihn ärgern.

Putin begann seine Rede, indem er einen umfassenden Sicherheitsbegriff entwickelte, der nicht nur «militärische und politische Stabilität», sondern «die Stabilität der globalen Wirtschaft, die Armutsbekämpfung, wirtschaftliche Sicherheit und die Entwicklung eines Dialoges zwischen Zivilisationen» umfassen müsse. Der universelle, unteilbare Charakter der Sicherheit spiegele sich in dem Grundprinzip wider: «Die Sicherheit des Einzelnen – das ist die Sicherheit aller.» In diesem Zusammenhang zitierte Putin den amerikanischen Präsidenten Franklin D. Roosevelt, der wenige Tage nach dem Beginn des Zweiten Weltkrieges sagte: «Wo auch immer der Friede gebrochen wird, ist er gleichzeitig überall bedroht und in Gefahr.»

Nachdrücklich verwarf er an die Adresse der USA gerichtet die Vorstellung einer «unipolaren Welt», in der es nur ein «Zentrum der Macht, ein Zentrum der Stärke, ein Zentrum für Entscheidungen» gebe. Die Ergebnisse zeigten, dass «unilaterale und häufig illegitime Aktionen nicht ein einziges Problem gelöst» hätten. Sie hätten vielmehr zu «neuen menschlichen Tragödien geführt und neue Spannungsherde geschaffen». Wenn man sich die Situation im Nahen und Mittleren Osten nach dem ohne Konsultationen mit den Verbündeten und Partnern in Washington beschlossenen, völkerrechtswidrigen Angriffskrieg gegen den Irak anschaut, so ist diese Aussage tatsächlich schwer zu bestreiten.

Putin beklagte, dass «militärische Gewalt heute in den internationalen Beziehungen fast unbegrenzt eingesetzt» werde, was «eine politische Lösung unmöglich mache». Vor allem die USA hätten ihre Grenzen in jeder Weise überschritten, in der Wirtschaft, in der Politik, in der Kultur- und Bildungspolitik, die sie anderen Nationen überstülpten. Niemand fühle sich mehr sicher. Die «Dominanz des Faktors Gewalt» löse in einer Reihe von Ländern den Drang nach dem Besitz von Massenvernichtungswaffen aus. Neue Bedrohungen wie Terrorismus nähmen heute globalen Charakter an. Er sei überzeugt, dass jetzt der Punkt gekommen sei, ernsthaft über die gesamte Architektur der globalen Sicherheit nachzudenken.

Putin verwies auf das wirtschaftliche Wachstum Brasiliens, Russlands, Indiens, Chinas und Südafrikas, der BRICS-Staaten, das seiner Meinung nach «unausweichlich auch in politischen Einfluss umschlagen und die Multipolarität stärken» werde. Daher werde die «multilaterale Diplomatie» an Bedeutung gewinnen. Gleichzeitig stellte er die Frage, ob das heiße, dass man sich «untätig und willenlos dem Treiben autoritärer Regimes, von Tyrannen und der Verbreitung von Massenvernichtungsmitteln» aussetzen solle? Auf diese selbstgestellte Frage gab Putin eine klare Antwort. Ein UN-Beschluss auf der Grundlage der UN-Charta bleibe «der einzige Mechanismus zur Entscheidung über die Anwendung von Gewalt als letzte Maßnahme ... Man darf die UNO nicht durch die NATO oder die EU ersetzen.»

Putin beklagte zudem einen «Abrüstungsstau», der eine «potentielle Gefahr der Destabilisierung der internationalen Beziehungen» darstelle. Er forderte deshalb, den Dialog wiederaufzunehmen und den Prozess der Reduzierung der Kernwaffen fortzuführen. Russland werde sich weiterhin «streng an die Verträge und an die Kontrollregimes für Raketentechnologie halten», die jedoch keinen universellen Charakter hätten. Staaten wie beide Koreas, Indien, Iran, Pakistan, Israel hätten schon solche Raketen, wie sie der INF-Vertrag verbietet, andere würden sie planen. Gleichzeitig warnte Putin vor einer «Militarisierung des Weltalls». Das würde für die Weltgemeinschaft wie zu Beginn der Kernwaffenära zu unvorhersehbaren Folgen führen.

Beunruhigend für Russland seien auch die amerikanischen Pläne für ein Raketenabwehrsystem in Europa. Sie würden eine neue Runde eines unausweichlichen Wettrüstens einleiten. Keines der «Problemländer», die genannt würden, um die Notwendigkeit eines solchen Systems zu begründen, wie etwa der Iran, verfüge gegenwärtig über Raketenwaffen, die Europa gefährden könnten. Zusätzlich mahnte Putin die Ratifizierung des angepassten Vertrages über die konventionellen Streitkräfte in Europa (A-KSE) an.

Sehr deutliche Kritik äußerte Putin an der Erweiterung der NATO, die er als «provozierenden Faktor» kritisierte, «der das Niveau des gegenseitigen Vertrauens senkt». Insbesondere beklagte er, dass in Bulgarien und Rumänien «amerikanische Vorposten-Basen mit jeweils 5000 Mann» entstehen würden und erinnerte an eine Aussage des früheren NATO-Generalsekretärs Manfred Wörner vom 17. Mai 1990, «NATO-Streitkräfte nicht hinter den Grenzen der BRD zu stationieren». Man dürfe nicht vergessen, dass der Fall der Mauer möglich wurde «dank der historischen Wahl, auch unseres Volkes, des Volkes Russlands, eine Wahl zugunsten der Demokratie und Freiheit, der Offenheit und echten Partnerschaft mit allen Mitgliedern der großen europäischen Familie». Tatsächlich bauten die USA damals im Rahmen der geplanten Task Force East Basen in Rumänien und Bulgarien aus und stationierten dort rotierend, also nicht dauerhaft, seit Sommer 2007 immer wieder Kampftruppen, die allerdings nie die von Präsident Putin genannte Größenordnung erreichten.

In Bezug auf das iranische Atomprogramm und die Gefahr der Weiterverbreitung von Massenvernichtungsmitteln erläuterte er die russische «Initiative zur Schaffung multinationaler Zentren zur Urananreicherung». Die jüngsten Initiativen von Präsident George W. Bush stünden damit im «Einklang». «Konsultationen mit unseren amerikanischen Freunden» würden stattfinden. Putin bekräftigte zudem, dass Russland für die Zusammenarbeit im Energiebereich offen sei und darauf hinarbeite, «für alle einheitliche Marktprinzipien und transparente Bedingungen» zu garantieren.

Kurz, aber kritisch äußerte sich der Präsident zur OSZE und beklagte, dass versucht werde, «die OSZE in ein vulgäres Instrument der Absicherung außenpolitischer Interessen der einen oder anderen Staatengruppe gegenüber anderen Staaten zu verwandeln». Er kritisierte zudem die Rolle der NGOs. Die «Überwachung der Einhaltung internationaler Normen auf dem Gebiet der Menschenrechte» sei eine «wichtige Aufgabe, die wir unterstützen. Aber das bedeutet keine Einmischung in die inneren Angelegenheiten anderer Staaten und erst recht nicht, diesen Staaten aufzudrängen, wie sie zu leben und sich zu entwickeln haben.»

Abschließend bekräftigte Präsident Putin noch einmal mit Nachdruck, dass man Russland und ihn «kaum dazu ermuntern oder drängen» müsse, eine aktivere Rolle in der Weltpolitik zu spielen. Russland sei «ein Land mit einer mehr als tausendjährigen Geschichte und fast immer hatte es das Privileg, eine unabhängige Außenpolitik führen zu können. Wir werden an dieser Tradition auch heute nichts ändern ... Und natürlich möchten wir gerne mit verantwortungsvollen und ebenfalls selbständigen Partnern zusammenarbeiten am Aufbau einer gerechten und demokratischen Welt, in der Sicherheit und Aufblühen ... für alle gewährleistet ist.»

Putins neuer Kalter Krieg?

Noch heute gilt Putins Münchner Rede als ein Schlüsselmoment seiner Politik. An sie wird immer wieder im In- und Ausland erinnert. Die Reaktion der Konferenzteilnehmer war erstaunlich. Ein Mitglied des Auswärtigen Ausschusses des Deutschen Bundestages las beispielsweise während der Rede sichtbar eine Tageszeitung. War es Desinteresse oder Missachtung?

Kein Teilnehmer kam auf die Idee, Präsident Putin auf den Vorschlag der Bundeskanzlerin anzusprechen, eine «engere Partnerschaft zwischen der NATO und Russland» zu schaffen. Es gab ja bereits die NATO-Russland-Grundakte über die gegenseitigen Beziehungen vom Mai 1997 und den im Mai 2002 ins Leben gerufenen NATO-Russland-Rat. Was darüber hinaus stellte sich die Bundeskanzlerin unter «engerer Part-

Februar 2007, Putins Rede auf der Münchner Sicherheitskonferenz: Versuch einer Verständigung oder Beginn eines neuen Kalten Krieges?

nerschaft» vor? Und was würde Putin darauf antworten? Die Bundeskanzlerin kam in der Folge nie mehr auf ihren Vorschlag zurück, den sie so unbestimmt in die Welt gesetzt hatte.

Das öffentliche Echo auf die Rede Putins war außerordentlich negativ und hält sich zum großen Teil bis heute. Bereits die erste spontane Wortmeldung aus dem Publikum, die – wie so oft – von Josef Joffe kam, Herausgeber der Wochenzeitung «Die Zeit», gab den Tenor vor. Er wollte provozieren und fragte den russischen Präsidenten, ob dessen Rede bedeute, dass wir vor einem «neuen Kalten Krieg» stünden. Diese pauschale und zugespitzte Bewertung bestimmte in der Folge die Diskussion im Saal und am nächsten Morgen teilweise bis in den Wortlaut hinein die Schlagzeilen fast der gesamten Presse. Es war kein Wille spürbar, positive Aussagen des russischen Präsidenten hervorzuheben und zu unterstreichen. Genug Gelegenheit dazu hatte die Rede durchaus gegeben. Und kein

Politiker kündigte in der Diskussion die Bereitschaft an, sich über die strittigen Themen zusammensetzen zu wollen und gemeinsame Lösungen zu erarbeiten. Putin hatte sie ja alle angesprochen.

Wie der Kreml-Sprecher Dmitri Peskow darlegte, ging es Putin mit der Rede nicht um Konfrontation, sondern um einen «Alarmruf», um eine weitere Verschlechterung der Beziehungen zu vermeiden. Gehört wurde jedoch etwas anderes, nämlich eine empörende Konfrontationsrhetorik. Vielleicht lohnt es daran zu erinnern, dass der US-Senator John McCain auf der Münchner Sicherheitskonferenz des Vorjahres davon gesprochen hatte, dass Russland zu den «Gefährdern des Weltfriedens» zähle. Aber das hatte keine entrüsteten Kommentare ausgelöst, eine solche Sprache passe nicht zur «Partnerschaft zwischen Russland und der NATO», wie es der NATO-Generalsekretär Jaap de Hoop Scheffer im Falle Putins formulierte.

Am nächsten Morgen eröffnete der amerikanische Verteidigungsminister Robert Gates den Schlusstag der Konferenz. Einleitend bezog er sich kurz auf die Rede Putins, ohne ihn beim Namen zu nennen. Seine Rede habe ihn als «alten Kalten Krieger ... fast mit Sehnsucht nach einer weniger komplexen Zeit erfüllt». «Fast», fügte er hinzu und erinnerte daran, dass er wie Putin im «Spionagegeschäft» tätig gewesen sei. Er war einige Jahre Chef der CIA und Putin Chef des FSB, des russischen Inlandsgeheimdienstes. Und so fügte Bob Gates hinzu: «Und ich denke, ehemalige Spione haben die Angewohnheit, offen zu sprechen.» Es gebe «viele gemeinsame Probleme und Herausforderungen, die wir partnerschaftlich mit anderen Ländern angehen, einschließlich Russlands». Aus diesem Grunde habe er diese Woche die Einladung von Präsident Putin und Verteidigungsminister Iwanow angenommen, nach Russland zu kommen. «Ein Kalter Krieg ist wirklich genug.» Das waren kurze, aber konstruktive Aussagen zu Russland, die aber eine Ausnahme blieben.

US-Senator John McCain, ein großer Freund Deutschlands, ein überzeugter Kämpfer für die Atlantische Allianz, ein Veteran der Münchner Sicherheitskonferenz und Träger der Friedensmedaille

Am gleichen Vormittag sprach Außenminister Frank-Walter Steinmeier und erwähnte mit keinem Wort die Rede von Präsident Putin. Er kannte das Presseecho. Mitarbeiter seines Ministeriums waren am Tag vorher Ohrenzeugen. Sie hatten entweder versäumt, einige Stichworte für ihn vorzubereiten, oder er wollte sie nicht aufgreifen. Seine Rede über die globalen Entwicklungen blieb im Allgemeinen, ohne einmal Russland anzusprechen. So verfestigte sich das vordergründige Urteil von einem «neuen Kalten Krieg». Das war für keine Seite hilfreich. Putins Rede auf der Sicherheitskonferenz 2007 zeigt jedenfalls wie in einem Brennglas, was in den Beziehungen zwischen Russland und dem Westen alles schieflief und wie sehr man bereits aneinander vorbeiredete.

Bei Putin und seiner Umgebung habe sich der Eindruck verfestigt, dass «die USA Russland für ihre Zwecke ‹benutzten›, aber anschließend keinerlei Gegenleistung erfolge», so steht es in einem Bericht der Moskauer US-Botschaft aus dem Jahr 2007, der bei Wikileaks veröffentlicht wurde. Zudem hatte das alte Misstrauen gegenüber den Absichten des Westens durch die jüngsten politischen Entwicklungen neue Nahrung erhalten. Seit der zweiten Runde der NATO-Osterweiterung 2004, mit der die NATO an die russischen Grenzen heranrückte, und seit den «Farbenrevolutionen» in Georgien (2003) und der Ukraine (2004), die in diesen Ländern zu einem verstärkten Streben nach einem NATO-Beitritt führten, argwöhnte Moskau, die USA betrieben Russland gegenüber eine geopolitische Eindämmungsstrategie, wie sie 1992 die «Wolfowitz-Doktrin» dargelegt hatte. Paul Wolfowitz war von 2001 bis 2005 stellvertretender Verteidigungsminister im Kabinett von George W. Bush, danach war er bis 2007 Chef der Weltbank. In Moskau erwartete man also eine höhere Kompromissbereitschaft des Westens und eine Berücksichtigung des Prinzips «do ut des».

Im Westen dagegen redete man in völlig anderen Kategorien. Wie könne man sich sorgen, «wenn Demokratie und Rechtsstaat näher an die Grenzen rücken», fragte NATO-Generalsekretär de Hoop Scheffer mit Blick auf Putins Kritik an der NATO-Osterweiterung, so als handele es sich bei der NATO nicht um ein Militärbündnis. Russlands Denken in Einflusszonen und geostrategischen Kategorien bezeichnete man als vollkommen überholt. In Wahrheit gehe es Moskau darum, seine Einflusszone zu erhalten und das freie Selbstbestimmungsrecht seiner Nachbarn zu beschneiden. Zudem argwöhnte man, dass hinter der russischen Kritik letztlich die Absicht stecke, die eigenen Demokratiedefizite zu bemänteln. Russland fiel in dieser Sicht bei den demokratischen Reformen zunehmend zurück. Man hatte es Putin übelgenommen, dass er 2005 ein Gesetz verabschieden ließ, das die Spielräume westlicher NGOs in Russland massiv beschränkte. Und die Bereitschaft zur Zusammenarbeit sank in dem Maße, in dem man ihn als einen zunehmend autokratisch regierenden Herrscher wahrnahm. Auf das in Putins Worten zum Ausdruck kommende Misstrauen gegenüber den Absichten des Westens reagierte man verständnislos. Erklären konnte man es sich nur mit einem innenpolitischen Kalkül Putins: Er brauche die Konfrontation mit dem Westen, um seine Beliebtheitswerte bei der russischen Bevölkerung zu steigern.

Im Westen erwartete man, dass Russland sich in das transatlantische Sicherheitssystem integrierte. Das bedeutete aber im Kern, dass es seine Eigenständigkeit als unabhängiges weltpolitisches Machtzentrum aufgeben und sich die Ziele des westlichen Bündnisses zu eigen machen sollte. Funktionieren hätte dies nur können, wenn es keine grundlegenden weltpolitischen Interessengegensätze zwischen der NATO und Russland gegeben hätte oder wenn sich diese im Sinne eines Kompromisses hätten überwinden lassen. Doch beides war nicht der Fall, und so drehte sich die Spirale aus Misstrauen und gegenseitigem Nichtverstehen immer weiter.

Die sicherheitspolitischen Differenzen nehmen zu

Um zu begreifen, warum Präsident Putin Anfang 2007 auf der Münchner Sicherheitskonferenz so deutliche Kritik an der Politik der USA und des Westens insgesamt übte, muss man sich die Konflikte vergegenwärtigen, die damals das Verhältnis belasteten. Vor allem vier Themen waren es, bei denen Moskau seine Interessen nicht genügend berücksichtigt fand: das Raketenabwehrsystem, der A-KSE-Vertrag, die Frage einer NATO-Mitgliedschaft Georgiens und der Ukraine sowie die Zukunft des Kosovo.

Bereits Ende 2001 hatte George W. Bush den Ausstieg der

USA aus dem ABM-Vertrag angekündigt. Auch die Nationale Sicherheitsstrategie von September 2002 enthielt Pläne für ein Raketenabwehrsystem gegen die Bedrohung durch sogenannte Schurkenstaaten. Gemeint waren damit konkret vor allem Nordkorea und der Iran. Um der Bedrohung aus Nordkorea zu begegnen, wurde ein Abwehrsystem in Alaska geplant. Zum Abfangen iranischer Raketen war Ostmitteleuropa als Stationierungsort vorgesehen. Doch erst im Frühjahr 2006 begannen Sondierungen mit möglichen Stationierungsländern. Im November 2006 wurde Moskau darüber informiert, dass die Abfangraketen in Polen, eine Radaranlage in Tschechien installiert werden sollten. Geplant waren zehn sogenannte Ground Based Interceptors, die zum Abfangen von Interkontinentalraketen entwickelt worden waren. Trotz aller russischen Proteste begannen Ende Januar 2007, also unmittelbar vor der Münchner Sicherheitskonferenz, die offiziellen Verhandlungen mit Polen und Tschechien.

Washington und die NATO-Staaten betonten, das amerikanische Raketenabwehrsystem in Osteuropa richte sich nicht gegen Russland. Doch Moskau stellte sich die nicht unberechtigte Frage, vor wem sonst ein solches System schützen solle. Der Iran verfügte damals nicht über die Technologie, um Interkontinentalraketen herzustellen. Washington behauptete, bis zum Jahr 2015 werde der Iran sie besitzen, eine Einschätzung, die nicht nur Russland, sondern auch einige europäische Länder, darunter Deutschland, nicht teilten. Auch noch im Jahr 2018 gab es keine Anzeichen, dass der Iran die Fähigkeit besitzt, Interkontinentalraketen herzustellen. Wenn das zur Begründung herangezogene Bedrohungsszenario nicht stimmt, verlieren zwangsläufig auch die angegebenen Ziele an Glaubwürdigkeit.

Moskau sorgte sich, dass durch das Raketenabwehrsystem seine Zweitschlagskapazität vermindert werde und damit das «Gleichgewicht des Schreckens» aus der Balance geriet, also die gegenseitige Fähigkeit zur vollständigen Vernichtung. Das könne einen neuen Rüstungswettlauf im nuklearen Bereich auslösen, der inzwischen auch tatsächlich eingetreten ist. Ganz generell reagierte die russische Führung zudem empfindlich auf die Pläne, strategische Infrastruktur in ehemalige Warschauer-Pakt-Staaten zu verlegen. Und schließlich fürchtete sie, die Basen ließen sich auch zum Abschuss von nuklearen Angriffswaffen verwenden, was sie als Verletzung des INF-Vertrages interpretierte. Schon damals drohte Putin daher unter anderem, den INF-Vertrag auszusetzen, sollte es zur Installierung des Raketenabwehrsystems kommen. Auch der heutige Streit um diesen Vertrag hat seine Wurzeln im Konflikt um das Raketenabwehrsystem.

In der Folge unternahm Washington erhebliche Anstrengungen, um Moskau «an Bord» zu holen. Es wurde sogar eine weitgehende Kooperation angeboten, auch bei der Entwicklung der Abfangtechnologie. Nur an der Sache selbst, an der geplanten Installierung der Systeme in Polen und Tschechien, sollte sich nichts ändern. Und das, obwohl Putin die gemeinsame Nutzung von russischen Radaranlagen anbot, wenn Washington die Gespräche mit Warschau und Prag vorerst ruhen ließ. Damit wiederholte sich im Grunde ein Muster, das Putin schon in seiner Rede vor dem Deutschen Bundestag 2001 kritisiert hatte. Es werden Beschlüsse gefasst, ohne die Interessen Russlands zu berücksichtigen, und anschließend wird versucht, Russland dazu zu bewegen, diese Beschlüsse zu akzeptieren.

Dennoch wäre Moskau gut beraten gewesen, die amerikanischen Kooperationsangebote anzunehmen und die aggressive Rhetorik sowie die wilden Drohungen zu unterlassen, mit denen es ein Einlenken erzwingen wollte. Die amerikanischen Angebote hätten die Basis für eine weitgehende Kooperation geboten und die strategische Partnerschaft langfristig vertieft. Doch dafür war das Misstrauen gegenüber den Absichten des Westens in der russischen Führung bereits zu stark, und Vertrauen kann man nicht herbeizaubern, es muss mühsam geschaffen werden. Warum also war es unbedingt nötig, das Raketenabwehrsystem in Polen und Tschechien um jeden Preis unter Hochdruck weiterzuverfolgen, obgleich keine unmittelbare Bedrohung vorlag und die Bevölkerungen in den beiden Ländern mehrheitlich dagegen waren?

Doch um auf Moskau zuzugehen, war umgekehrt das Misstrauen in Washington und insbesondere in den neuen osteuropäischen NATO-Mitgliedsstaaten zu groß. Dort erklärte man sich das russische Verhalten mit innenpolitischen Motiven und mit dem Versuch, die NATO zu spalten, da um den richtigen Kurs gegenüber Russland in der Allianz heftig gestritten wurde. In dieser Sichtweise erschien es notwendig, Einigkeit zu zeigen und im Kern nicht nachzugeben. Im Sommer 2008 wurden daher die Stationierungsverträge mit Polen und Tschechien unterschrieben. Anschließend begann der angesichts der ablehnenden Haltung der Bevölkerungen schwierige Ratifizierungsprozess, der allerdings nicht mehr abgeschlossen wurde. Denn unter Barack Obama, der Anfang 2009 die Nachfolge George W. Bushs antrat, änderten sich die amerikanischen Pläne für die Raketenabwehr in Osteuropa.

Keine Einigung über die konventionelle Abrüstung

Im April 2007 drohte Präsident Putin vor dem Hintergrund des heftigen Streits um das Raketenabwehrsystem, den KSE-Vertrag auszusetzen, wenn der Westen nicht endlich die Ratifizierung des A-KSE-Vertrages in Aussicht stellen würde. Der KSE-Vertrag zur Begrenzung der konventionellen Waffen in Europa wurde wie erwähnt am 19. November 1990 auf einem KSZE-Gipfel in Paris unterzeichnet. Er führte zu umfangreichen Abrüstungsanstrengungen. Allerdings gab es ein Problem: Er war zu einem Zeitpunkt geschlossen worden, als es den Warschauer Pakt und die Sowjetunion noch gab. Der Vertrag legte Höchstgrenzen bei konventionellen Waffensystemen in Europa und auch innerhalb einzelner europäischer Regionen fest. Dabei sollte jedes Bündnissystem, die NATO und der Warschauer Pakt, in dem betreffenden Gebiet jeweils gleich viele Waffensysteme besitzen dürfen. Dieses sogenannte Gruppenprinzip war schon wenig später überholt, da sich der Warschauer Pakt und die Sowjetunion auflösten. Welche Höchstgrenzen galten jetzt? Welcher Gruppe waren die Panzer Polens zuzurechnen? Und welcher Gruppe diejenigen der Ukraine? Wie hoch lagen jetzt die Obergrenzen Russlands? Zudem waren die baltischen Staaten dem KSE-Vertrag nach ihrer Unabhängigkeit nicht beigetreten, wodurch sie auch außerhalb der Kontroll- und Verifikationsmaßnahmen standen, mit denen beide Seiten Sicherheit über das Militärpotential ihres Gegenübers gewinnen konnten.

Dass der KSE-Vertrag einer Reform bedurfte, lag daher auf der Hand. Dementsprechend enthielt die NATO-Russland-Grundakte wie erwähnt das Versprechen seiner Anpassung. Dieser angepasste KSE-Vertrag (A-KSE) wurde im November 1999 auf dem OSZE-Gipfel in Istanbul verhandelt. Er sollte neben Verbesserungen in den Bereichen Information und Verifikation insbesondere das Gruppenprinzip sowie die regionalen Obergrenzen abschaffen und stattdessen ein System nationaler Obergrenzen etablieren.

Der A-KSE-Vertrag wurde 2004 von Russland, Weißrussland, Kasachstan und der Ukraine ratifiziert. Die NATO-Staaten jedoch weigerten sich, ihn in Kraft zu setzen. Dies lag daran, dass sie ihn als Hebel nutzen wollten, um den Abzug russischer Truppen aus Moldawien und Georgien zu erreichen. In Moldawien betraf dies die separatistische Region Transnistrien, in der Moskau zum einen eine Friedenstruppe unterhält, die sich dort aufgrund des Waffenstillstandsabkommens von 1992 zwischen Moldawien, Transnistrien und Russland befindet, mit dem der damalige Bürgerkrieg beendet wurde. Zum anderen gibt es eine Gruppe regulärer russischer Streitkräfte, die ein noch aus dem Ersten Weltkrieg und aus Sowjetzeiten stammendes Waffenlager schützt und für deren Präsenz es keine rechtliche Basis gibt. In Georgien besaß Russland damals noch vier Stützpunkte aus Sowjetzeiten, in deren Fortexistenz Georgien Anfang der 1990er Jahre eingewilligt hatte, als es wegen des Bürgerkrieges in Abchasien unter Druck stand. Zudem befanden sich in den separatistischen Regionen Abchasien und Südossetien ebenfalls russische Friedenstruppen, deren Präsenz auf die Waffenstillstände der frühen 1990er Jahre zurückgeht.

Auf dem OSZE-Gipfel von Istanbul hatte sich Moskau auf die sogenannten Istanbul Commitments verpflichtet. In ihnen erklärte sich Russland bereit, seine Truppen aus Transnistrien abzuziehen, wobei umstritten ist, ob das auch die Friedenstruppen meint, und seine Militärpräsenz in Georgien zu «reduzieren». Konkret sollten die Militärbasen in Wasiani und Gudauta bis Mitte 2001 geschlossen und Verhandlungen über die Basen in Batumi und Achalkalaki begonnen werden. Von einem Abzug der Friedenstruppen aus Südossetien und Abchasien war nicht die Rede.

Allerdings waren diese Istanbul Commitments rechtlich nicht an den A-KSE-Vertrag gekoppelt. Aus Protest gegen den zweiten Tschetschenienkrieg hatte die NATO auf ihrem Außenministertreffen in Florenz im Jahr 2000 ihre Erfüllung vielmehr einseitig zur Vorbedingung für seine Ratifizierung erklärt. Und daran hielt sie fest, obwohl Russland seine Verpflichtungen zumindest teilweise erfüllte.

In Moldawien begann Russland mit dem Abzug, wurde aber von den Separatisten in Transnistrien am Abtransport des Materials gehindert, das Moskau nicht in deren Hände fallen lassen wollte. Das Problem hätte sich durch Einbettung in eine OSZE-Mission lösen lassen, zumal Moldawien 2007 bereit war, den Verbleib der russischen Truppen zu akzeptieren. In Georgien schloss Russland bereits 2001 die Basis in Wasiani. 2007 folgten im Juni Achalkalaki und im November Batumi, womit keine russischen Truppen mehr im georgischen Kernland standen. Lediglich die in den Istanbul Commitments erwähnte Basis Gudauta in Abchasien behielt Moskau bei, da es sie nach eigenen Angaben für die Friedenstruppen nutzen wollte. Georgien wiederum vermutete eine umfassendere Nutzung und wollte die Gelegenheit ohnehin nutzen, um auch die Friedenstruppen loszuwerden.

Obwohl Moskau einen Teil der Istanbul Commitments erfüllt hatte und es für die Nichterfüllung des Restes zumindest nachvollziehbare Gründe gab, waren die NATO-Staaten nicht zu einem Kompromiss bereit. Und es sei noch einmal erwähnt: Rechtlich gab es keine Basis dafür, die Ratifizierung des A-KSE-Vertrages von der vollständigen Erfüllung der Istanbul Commitments abhängig zu machen. Angesichts dessen, was auf dem Spiel stand, war das eine ebenso unverhältnismäßige wie unkluge Haltung, zumal die Anpassung des KSE-Vertrages eine Zusage aus der NATO-Russland-Grundakte war und es auf der Hand liegt, dass diese Anpassung für Russlands Sicherheitsinteressen von großer Bedeutung ist. Im Ergebnis setzte Russland den KSE-Vertrag aus, wodurch ein zentraler Stein aus dem europäischen Rüstungskontrollregime herausgebrochen ist.

Georgien und die Ukraine in die NATO?

Dass die NATO-Staaten aufgrund der Differenzen über eine einzelne Militärbasis in Georgien die Ratifizierung des A-KSE-Vertrages verweigerten und es zur Aussetzung des KSE-Vertrages kommen ließen, hatte auch damit zu tun, dass Washington damals mit Unterstützung der osteuropäischen Neumitglieder unter Hochdruck daran arbeitete, Georgien und die Ukraine in die NATO zu holen. Seit den «Farbenrevolutionen» in beiden Ländern strebten die Präsidenten Saakaschwili und Juschtschenko verstärkt nach der Mitgliedschaft. Für das Verhältnis zwischen Russland und der NATO wurde dies zu einer schweren Belastung.

Aus der von Misstrauen gegenüber den westlichen Absichten geprägten Perspektive Moskaus stellten sich diese Pläne wie ein weiterer Stein einer geopolitischen Eindämmungsstrategie dar. Betrachtet man die NATO als ein potentiell feindliches Militärbündnis, dann hätte die Erweiterung um Georgien und die Ukraine für Russland tatsächlich eine gravierende Verschlechterung der eigenen strategischen Lage zur Folge. Die gemeinsame Grenze zwischen der NATO und Russland würde sich um ein Vielfaches verlängern, die NATO-Truppen rückten über 1000 Kilometer näher an Russland heran, und die Verteidigung Weißrusslands würde erschwert, was dort ebenfalls den Wunsch nach Beitritt zur NATO befördern könnte. Zudem war die russische Rüstungsindustrie eng mit der ukrainischen verflochten.

Noch gravierendere Auswirkungen hätte die Erweiterung für das Schwarze Meer gehabt. Die Türkei, Bulgarien und Rumänien waren bereits in der NATO. Kämen die Ukraine und Georgien vollständig hinzu, also mitsamt der Krim und der Region Abchasien, dann würde Russland nur noch über einen verhältnismäßig kleinen Küstenstreifen des Schwarzen Meeres verfügen und dieses würde praktisch zu einem NATO-Binnenmeer. Damit aber könnte Russland im Zweifelsfall nicht einmal mehr die Meerengen des Bosporus erreichen. Und schließlich befand sich die russische Schwarzmeerflotte als Erbe aus Zaren- und Sowjetzeiten in Sewastopol auf der Krim, und die Regierung Juschtschenkos verweigerte damals die Verlängerung der Pachtverträge, die 2017 ausgelaufen wären.

Dass ein NATO-Beitritt Georgiens und der Ukraine Russland nicht gleichgültig war, kann daher nicht ernsthaft verwundern.

Beide Länder stellten für den NATO-Gipfel in Bukarest im April 2008 offizielle Beitrittsgesuche. An diesem Gipfel nahm erstmals auch Präsident Putin als Gast teil. Ohne die Ukraine und Georgien beim Namen zu nennen, warnte er die Staats- und Regierungschefs der NATO vor der geplanten Osterweiterung: «Das Entstehen eines mächtigen Militärblocks an unseren Grenzen würde in Russland als direkte Bedrohung der Sicherheit unseres Landes betrachtet werden ... Erklärungen, dass dies keine Bedrohung für uns ist, sind nicht ausreichend ... vor allem, weil wir ähnliche Versprechen schon mehrfach vor früheren Ausdehnungswellen der NATO gehört haben.»

Zwar durchkreuzten Deutschland und Frankreich auf diesem Gipfel die amerikanischen Pläne, konkrete Membership Action Plans (MAP) für Georgien und die Ukraine zu verabschieden. Doch das ist nicht die ganze Geschichte. In dem NATO-Bericht über den Bukarester Gipfel steht wörtlich: «Während die Alliierten eine Entscheidung darüber vertagten, die Ukraine und Georgien in den Prozess der Membership Action Plans (MAP) aufzunehmen, kamen die Alliierten, was wichtiger ist, überein, dass die Ukraine und Georgien NATO-Mitglieder werden. Die Frage ist jetzt ‹wann› und nicht mehr ‹ob›, und MAPs könnten bereits bei dem NATO-Außenministertreffen im Dezember beschlossen werden.» Und in dem veröffentlichten Gipfelkommuniqué hieß es: «Die NATO begrüßt die euro-atlantischen Bestrebungen der Ukraine und Georgiens, die dem Bündnis beitreten wollen. Wir sind heute übereingekommen, dass diese Länder Mitglieder der NATO werden. Der MAP-Status ist für die Ukraine und Georgien der nächste Schritt auf ihrem direkten Weg zur Mitgliedschaft. Heute machen wir deutlich, dass wir die MAP-Anträge dieser Länder unterstützen. Daher werden wir jetzt mit beiden in eine Phase intensiven Engagements auf hoher politischer Ebene eintreten, um die noch offenen Fragen in Bezug auf ihre MAP-Anträge zu klären.»

Dementsprechend waren auch Juschtschenko und Saakaschwili keineswegs enttäuscht vom Verlauf des Gipfels. «Dies kann nur als ein Sieg gesehen werden», sagte Juschtschenko damals. «Denn ... zum ersten Mal haben die 26 NATO-Mitglieder heute das generelle Prinzip formuliert, dass die Ukraine und Georgien Teil der NATO werden. Ich würde sagen, das übersteigt sogar unsere Erwartungen.» Und Saakaschwili frohlockte: «Ich denke, wir sollten sehr glücklich sein. ... Wir haben hier die hundertprozentige Garantie, dass wir Mitglied werden. Das ist sehr ungewöhnlich.»

Seitdem stand die NATO-Perspektive für beide Länder im Raum, auch wenn es Washington trotz erheblichen Drucks nicht gelang, bis zum Dezember 2008 die Widerstände in Frankreich und vor allem in Deutschland zu überwinden. Im Februar 2010 wurde dann Präsident Juschtschenko abgewählt. Sein Nachfolger wurde der unterlegene Kandidat von 2004, Viktor Janukowitsch. Er ließ den Blockfreienstatus in der Verfassung verankern, wodurch die Frage des NATO-Beitritts der Ukraine dann bis zum erneuten Machtwechsel 2014 nicht mehr akut war. Allerdings betonte die NATO selbst auf jedem weiteren Gipfel, dass die Tür offenbleibe.

Deutliche Kritik übte Präsident Putin auf dem Bukarester NATO-Gipfel zudem an der einseitigen völkerrechtlichen Anerkennung des Kosovo seitens der USA und vieler ihrer Verbündeten. Die Republik Kosovo, seit dem Ende des Bürgerkrieges 1999 unter UN-Verwaltung, obgleich weiterhin offiziell Teil Serbiens, hatte sich am 17. Februar 2008 gegen den expliziten Willen Serbiens für unabhängig erklärt und war unmittelbar danach von den meisten NATO-Staaten anerkannt worden. Russland halte diese Entscheidung für «illegal», sagte Putin. Sie könne zu «ernsten Konsequenzen» führen. Russland habe nicht «hysterisch» reagiert, aber diese Politik bringe Russland im «nach-sowjetischen Raum in eine komplizierte Lage», da es eine Reihe mit dem Kosovo vergleichbare Situationen gebe, so «in Transnistrien, Südossetien, Abchasien, Karabach». Russland verhalte sich aber sehr vorsichtig, ohne die Situation zu gefährden und ohne militärische Konflikte zu provozieren, und bleibe bereit, zusammenzuarbeiten.

Putin erinnerte daran, dass der ethnische Konflikt zwischen den Georgiern und den Abchasen, einer ethnischen Gruppe von rund 100 000 Menschen, seit über hundert Jahren andauere und der mit den Osseten ebenfalls seit hundert Jahren. Um die Probleme zu lösen, müssten die Georgier nicht der NATO beitreten. Sie müssten vielmehr Geduld haben und einen Dialog zwischen den ethnischen Gruppen beginnen. Und Putin kündigte an, dass Russland diese «quasi-offiziellen Formationen» nicht, wie im Fall Kosovo geschehen, anerkennen werde, obwohl sie dies schon seit Jahrzehnten fordern würden. Russland verhalte sich «sehr verantwortungsvoll und erwarte das auch von den Partnern». Abmildernd fügte er hinzu: «Lasst uns doch Freunde sein, lasst uns offen zueinander sein.» Bundeskanzlerin Angela Merkel schien von diesen Vorhaltungen Putins nicht besonders beeindruckt gewesen zu sein. Nach ihrer Auffassung sei «keine wie immer geartete Aggressivität in der Debatte sichtbar [gewesen] … Die NATO ist gegen niemand gerichtet, schon gar nicht gegen Russland. Russland ist ein Partner.» Vielleicht hätte sie Saakaschwili und Juschtschenko fragen sollen, warum sie eigentlich so eifrig nach der Mitgliedschaft strebten.

Präsident Medwedew schlägt einen Vertrag über gesamteuropäische Sicherheit vor

Am 7. Mai 2008 übergab Wladimir Putin das Amt des Präsidenten der Russischen Föderation an Dmitri Medwedew und wurde selbst Ministerpräsident. Bereits kurz darauf besuchte Medwedew Berlin und erläuterte am 5. Juni vor geladenen Gästen im Hotel Adlon sehr ausführlich seine Politik. Russland und Deutschland hätten «Schritt für Schritt gegenseitiges Vertrauen aufgebaut» und damit «ein wahrhaft einzigartiges Beispiel für Europa gegeben». Was die Erwartungen an die russische Politik betreffe, werde Russland «in internationalen Angelegenheiten, aber auch innerhalb unseres Landes, in erster Linie auf der Hoheit des Rechts bestehen, darauf, dass alle Staaten – insbesondere die führenden – sich an das internationale Recht halten».

Medwedew sprach wiederholt von einer «multipolaren Welt». Die Probleme Europas würden erst gelöst sein, wenn «die Identität Europas, die organische Einheit aller seiner integralen Bestandteile einschließlich der Russischen Föderation» erreicht sein wird. Russland sei «mit dem Besten, was das gemeinsame Erbe der europäischen Zivilisation ausmacht, voll und ganz kompatibel». Ausführlich erläuterte der Präsident die russische Wirtschaftspolitik eines freien Marktes, der Öffnung gegenüber dem Ausland und die «gleichberechtigte Zusammenarbeit von Russland, der EU und Nordamerika». In diesem Zusammenhang sprach er sich für einen «einheitlichen euro-atlantischen Raum von Vancouver bis Wladiwostok» aus.

Medwedew beklagte, dass es der OSZE, die die «Einheit der europäischen Zivilisation» verkörpern sollte, nicht zugestanden werde, «dass sie sich zu einer vollwertigen gesamtregionalen Struktur entwickelt», sondern eine «Blockpolitik programmiert» sei. Die NATO schaffe es nicht, «ihrer Existenz einen neuen Sinn zu verleihen». Ihre Politik «gen Osten» könnte unseren Beziehungen «ernstzunehmenden Schaden» zufügen. Als positives Beispiel verwies er auf die «Übereinstimmung der grundlegenden Sicherheitsinteressen zwischen der NATO und Russland» im Fall Afghanistan.

Dann kam er zum eigentlichen Kern seiner Rede, der zentralen Botschaft an EU und NATO: Er schlug als nächsten Schritt «die Ausarbeitung und [den] Abschluss eines juristisch verbindlichen Vertrages über die europäische Sicherheit» vor. «Vertragsseiten könnten auch die gegenwärtig im euroatlantischen Raum agierenden Organisationen sein», sprich EU und NATO. Auch ein «regionaler Pakt» nach den Prinzipien der UN-Charta sei möglich. Ein «gesamteuropäischer Gipfel» könnte den «Start für die Ausarbeitung eines solchen Vertrages bilden». Daran müssten «absolut alle Staaten Europas» teilnehmen und ihre «Block- oder sonstigen Gruppeninteressen vor der Tür lassen».

Ein offizielles Echo aus Washington, Brüssel und aus europäischen Hauptstädten auf diesen ganz offenkundig als Gegenmodell zur weiteren Osterweiterung der NATO gedachten Vorschlag blieb aus. Vielleicht wurde die Rede nur als persönliche Überlegung Medwedews oder als russischer Versuchsballon gewertet, wofür das gewählte Forum sprach. Medwedew galt nicht als außenpolitischer Fachmann. Viele sahen in ihm «nur» den «Statthalter» Putins. Vermutlich sah auch niemand in der EU und in der NATO eine Dringlichkeit, den Vorschlag Medwedews aufzugreifen. Und sicher werden ihn einige nur als unerwünschtes Störfeuer gesehen haben, als Versuch, den Westen zu spalten, während sich Washington intensiv bemühte, Deutschland und Frankreich bei der NATO-Aufnahme Georgiens und der Ukraine auf Kurs zu bringen.

Der Georgienkrieg

In dieser angespannten Situation kam es zu einem Ereignis, das die Beziehungen zwischen Washington und Moskau bis zum Ende der Amtszeit George W. Bushs endgültig auf Eis legen sollte: dem Georgienkrieg von 2008. Er brachte eine weitere Eskalation des gegenseitigen Misstrauens und verschlechterte das Verhältnis zwischen den USA und Russland nachhaltig.

Während des Zusammenbruchs der UdSSR waren die seit langem schwelenden ethnischen Konflikte in den georgischen Regionen Südossetien und Abchasien zu bürgerkriegsähnlichen Auseinandersetzungen eskaliert, da Georgien sich den Unabhängigkeitsbestrebungen der beiden Provinzen verweigerte. Nach heftigen Kämpfen war Südossetien seit 1992 faktisch unabhängig, wenngleich Teile des Landes weiterhin von georgischen Truppen kontrolliert wurden. Abchasien erreichte diesen Zustand 1993, nachdem es sich auch mit russischer Hilfe gegen einen georgischen Angriff behauptet hatte. Damals mussten etwa 200 000 Georgier aus Abchasien flüchten, und es kam auf beiden Seiten zu schweren Menschenrechtsverletzungen. Anschließend wurden die Konflikte «eingefroren», sie blieben ungelöst und schwelten auf niedriger Flamme weiter, ohne erneut zu eskalieren. Gleichzeitig erlaubten sie Russland, weiterhin Einfluss auf Georgien auszuüben, und stellten ein Hindernis dar für die Pläne, Georgien in die NATO aufzunehmen, weswegen Moskau sogar ein Interesse am Erhalt des Status quo hatte. Erst die Amtsübernahme durch Micheil Saakaschwili änderte diese Konstellation. Denn er strebte aktiv danach, die beiden Provinzen wieder in den georgischen Staatsverband zu integrieren. Seitdem nahmen die beiderseitigen Provokationen zu, doch es war am Ende Saakaschwili, der zuerst zu militärischer Gewalt griff, um den Konflikt zu lösen.

In der Nacht vom 7. auf den 8. August 2008 begann die georgische Armee, die direkt an der Grenzlinie gelegene südossetische Hauptstadt Zchinwali und die dort stationierten, etwa 500 Mann starken russischen Friedenstruppen zu beschießen, wobei 14 russische Soldaten starben, und auf das Gebiet von Südossetien vorzudringen. Der georgische Präsident wollte Südossetien in einem kurzen Krieg zurückholen. Es gibt unbestätigte Gerüchte, dass er sich von amerikanischen Militärberatern und auch von nicht genannten Mitgliedern der amerikanischen Administration zu diesem militärischen Vorstoß ermutigt gefühlt habe.

Der georgische Angriff löste eine umfangreiche russische Militärintervention aus, die aufgrund der Vermittlung des französischen Präsidenten Nicolas Sarkozy nach fünf Tagen beendet wurde. Moskau anerkannte noch im gleichen Monat die Unabhängigkeit Abchasiens und Südossetiens, doch nur vier andere Staaten, Nicaragua, Venezuela, Nauru und Syrien, folgten wie erwähnt diesem Schritt. Zudem schloss Russland mit den beiden illegitimen Republiken Beistandspakte, die eine Verstärkung der russischen Militärpräsenz erlaubten. Damit sicherte Russland seine Kontrolle im Schwarzen Meer und den Zugang nach Zentralasien und zum Kaspischen Meer ab. In Armenien, das an Georgien angrenzt, sind heute russische Truppen vertraglich bis 2044 stationiert.

Außenminister Frank-Walter Steinmeier bezeichnete damals das Vorgehen der georgischen Führung als «unverantwortlich», stellte aber gleichzeitig zu Recht fest, dass Russland «überreagiert» habe. Dennoch dürfe Moskau gerade in dieser Konfliktsituation nicht isoliert werden. Diese Mahnung schloss er mit der Aufforderung, mit der «Scharfmacherei Schluss zu machen». Tatsächlich hat die EU Russland nur wenige Monate nach diesem Fünf-Tage-Krieg angeboten, die wegen des Krieges ausgesetzten Verhandlungen über ein Partnerschafts- und Kooperationsabkommen wieder aufzunehmen.

Auch die Bundesregierung hielt an ihrer Vereinbarung einer Modernisierungspartnerschaft fest, die sie erst wenige Monate vor dem Krieg in Georgien mit Moskau ausgehandelt hatte.

Dagegen hatten die osteuropäischen und baltischen Staaten entschiedene Gegenmaßnahmen gefordert und die Frage aufgeworfen, wer das nächste Opfer sein werde. Als Russland 2014 die Krim annektierte und in der Ostukraine intervenierte, fühlten sie sich bestätigt: Die schwache Reaktion der Atlantischen Allianz auf den russischen Krieg in Georgien habe Moskau ermutigt, in der Ukraine militärisch einzugreifen. Allerdings beruht diese Einschätzung auf der von der georgischen Seite verbreiteten Legende, Georgien sei das unschuldige Opfer einer russischen Aggression geworden. Tatsächlich reagierte Russland auf Saakaschwilis Versuch, Südossetien gewaltsam in den georgischen Staatsverband zurück zu zwingen. Hätte die NATO in den Konflikt eingegriffen, hätte sie sich zum Komplizen eines Überfalls gemacht. Hinzu kam, dass Russlands Offensive zwar unverhältnismäßig war, Moskau aber aufgrund der beim Beschuss Zchinwalis getöteten russischen Soldaten auch einen nicht ganz von der Hand zu weisenden Grund zum Eingreifen hatte. Haften blieben in der Öffentlichkeit allerdings die Bilder russischer Panzer, die in ein fremdes Land einfallen, was den Eindruck verstärkte, Russland sei dabei, seine Einflusszone aggressiv auszudehnen, und insbesondere in Washington die Wahrnehmung Russlands nachhaltig verdüsterte.

Obamas strategische Neuausrichtung

Dort kam im Januar 2009 mit Barack Obama ein neuer Präsident ins Amt. Er machte von Anfang an deutlich, dass er außenpolitisch andere Prioritäten setzen werde als sein Vorgänger. Auf der 45. Münchner Sicherheitskonferenz im Februar 2009 erläuterte der amerikanische Vizepräsident Joseph Biden die neuen Leitlinien der amerikanischen Außen- und Sicherheitspolitik. Er kündigte an, dass in den Beziehungen zu Russland ein «Neustart» (reset) erfolgen und die amerikanische Außenpolitik unter Präsident Barack Obama neu ausgerichtet werde.

Zunächst sah es tatsächlich so aus, als könne eine Wiederbelebung der Beziehungen zu Russland gelingen. Dies lag insbesondere daran, dass Obama die Pläne für das Raketenabwehrsystem in Osteuropa erst einmal auf Eis legte, um sie grundlegend zu prüfen. In Moskau hoffte man, Obama werde auf die Stationierung in Polen und Tschechien verzichten und zusammen mit Russland die Bedrohungslage analysieren, um anschließend gemeinsam ein neues Raketenabwehrsystem zu entwickeln. Doch das erwies sich als Illusion. Obama setzte die Pläne der Bush-Ära nicht aus, um auf Russland Rücksicht zu nehmen, sondern weil es technische Probleme mit dem System gab und die Bedrohungsanalyse in Washington realistischer wurde. Nicht mehr iranische Interkontinentalraketen, die gar nicht existierten, wollte man abfangen, sondern iranische Mittelstreckenraketen, die Europa erreichen könnten. Und wieder erarbeitete die US-Regierung zunächst alleine ihre Pläne, um anschließend Russland dazu zu bewegen, diese zu akzeptieren.

Im September 2009 kündigte Präsident Obama öffentlich an, auf das von Präsident Bush geplante Abwehrsystem in Polen und Tschechien zu verzichten. Dies wurde damals als großes Entgegenkommen gegenüber Russland verstanden und entsprechend kommentiert. Doch, wie Außenministerin Hillary Clinton praktisch zeitgleich erläuterte, stellten die USA die Raketenabwehr keineswegs zurück, wie vielfach kolportiert wurde: «Wir stellen sie schneller auf, als es die Bush-Regierung plante. Und wir installieren ein umfassenderes System.» Tatsächlich zeigte sich schnell, dass nur die Radarstation in Tschechien wegfiel, die technisch nicht mehr benötigt wurde. Dagegen plante Obama nach wie vor, Abfangraketen in Polen zu stationieren. Nur sollte es ein anderer Typ sein, nicht mehr die Ground Based Interceptors gegen Interkontinentalraketen, sondern die zum Aegis-System gehörenden SM-3-Abfangraketen gegen Kurz- und Mittelstreckenraketen. Eine anfangs vorgesehene weitere Ausbaustufe, die Obama 2013 stoppte, sah sogar ein Upgrade vor, das auch gegen Interkontinentalraketen hätte eingesetzt werden können. Schon im Oktober 2009 stimmte Polen der Stationierung zu, im Juli 2010 wurde ein entsprechender Vertrag unterzeichnet und im Mai 2016 mit den Arbeiten an der Basis begonnen.

Zudem war das nun in Aussicht genommene System umfassender angelegt als noch unter George W. Bush. Mit Rumänien wurde im Februar 2010 ebenfalls ein Stationierungsvertrag geschlossen. Die Basis dort ist seit Ende 2015 in Betrieb. Hinzu kommen Aegis-Schiffe mit Abfangraketen im Mittelmeer, im Schwarzen Meer, in der Ostsee und in der Arktis sowie eine Radarstation in der Türkei. Inwiefern dieses System eine Bedrohung Russlands darstellt, ist umstritten. Problematisch sind vermutlich weniger die gegenwärtig geplanten Fähigkeiten als vielmehr die zukünftigen Ausbaumöglichkeiten. In diese Richtung deutet ein auf Wikileaks veröffentlichter Bericht der Warschauer US-Botschaft über die Verhandlungen mit Polen vom 20. Oktober 2009. Die polnische Seite fragte damals, ob das System auch gegen eine Bedrohung schützen könne, die nicht vom Iran ausgehe. Die amerikanische Delegation verwies daraufhin auf Erweiterungsmöglichkeiten gegen eine «Bedrohung aus einer unvorhergesehenen Richtung», etwa durch ein Upgrade der Raketen, eine Neuausrichtung der Radaranlagen oder durch die Ergänzung mit seegestützten Systemen.

Als man in Moskau erkannte, was genau geplant war, verflüchtigten sich die Hoffnungen, unter Obama werde sich der Stil der US-Politik ändern. «Wir haben den USA und der

NATO gesagt, es sei nötig, alles von Grund auf neu aufzubauen ... Aber sie haben uns nur gesagt: Dies sind die Systeme, die wir entwickeln werden ... Das ist kein Ansatz, den wir unterstützen können», klagte Außenminister Lawrow im Januar 2010. Und umgekehrt reagierte die Obama-Administration frustriert darauf, dass es ihr ebenso wenig wie ihrer Vorgängerin gelang, Russland bei der Raketenabwehr «an Bord» zu holen. In der Folge schwelte der Konflikt um die Raketenabwehr beständig weiter und vergiftete die Beziehungen, zumal Moskau öffentlich wilde Drohungen ausstieß und unter anderem einen Präventivschlag auf die Raketenabwehrbasen in Polen und Rumänien in Aussicht stellte.

In seiner Prager Grundsatzrede im April 2009 hatte Obama die weltweite Abschaffung aller Nuklearwaffen zum langfristigen Ziel seiner Politik erklärt. Ein Jahr später, am 8. April 2010, unterzeichneten er und Medwedew in Prag ein neues START-Abkommen, das die weitere Reduzierung der strategischen Nuklearwaffen auf jeweils 1550 Sprengköpfe vorsah. In der zuständigen Abteilung im State Department in Washington hieß es dazu, das START-Abkommen sei eine tiefhängende Frucht («low hanging fruit»), die man pflücken werde, und damit sei es erst einmal mit Russland getan. Von diesem Zeitpunkt an hatte die amerikanische Regierung ihr Interesse an dem Land weitgehend verloren. Obamas neue Priorität in der Außenpolitik war die Entwicklung im asiatisch-pazifischen Raum. Die Beziehungen zu Russland und Osteuropa sollten mehr oder weniger den Europäern überlassen bleiben.

Diese strategische Neuausrichtung wurde bedauerlicherweise von amerikanischer Seite mit einigen überflüssigen Bemerkungen an die Adresse Russlands begleitet. Obamas Feststellung, Russland sei eine «Regionalmacht», und Bidens Aussage, ausgerechnet in Litauen, Russland sei ein «schwaches Land», waren Tiefschläge in die Magengrube selbstbewusster Russen. Überflüssig und ungewöhnlich persönlich war die kolportierte Anmerkung Obamas, Putin komme ihm wie ein Schüler vor, «der sich in der letzten Schulbank herumlümmelt». Wer die russische Mentalität kennt, konnte ahnen, wie die Reaktion in Moskau ausfallen würde. Wie Michael McFaul, der Architekt von Obamas «Reset»-Politik und US-Botschafter in Moskau von 2012 bis 2014, in seinen Erinnerungen schrieb, habe Russland in Washington als «schwach und unwichtig» gegolten. «Wen interessiert das denn», sei, so fasste Klaus Wiegrefe in seiner Rezension des Buches im «Spiegel» zusammen, die gängige Reaktion gewesen, wenn Moskau Wünsche vorbrachte. Im Westen hatte man sich daran gewöhnt, dass Russland schwach war, und übersah, dass es seit der Jahrtausendwende kontinuierlich an Stärke gewonnen hatte. Und was signalisierte man mit Verlautbarungen wie, Russland sei zu schwach, um ein gleichberechtigter Partner zu sein? Wir nehmen dich und deine Interessen erst dann wieder ernst, wenn du stark bist? Hat man da vielleicht Geister gerufen, die man nun nicht mehr los wird?

Regionale Konflikte weiten sich aus

Zu all den Konflikten um das Raketenabwehrsystem, den A-KSE-Vertrag, den Georgienkrieg, die fortdauernde NATO-Osterweiterung und die Anerkennung des Kosovo bzw. von Südossetien und Abchasien gesellte sich im Sommer 2011 noch ein weiterer hinzu: der Umgang mit dem arabischen Frühling und seinen Folgen. In Tunesien, in Ägypten, im Jemen und auch in Libyen kam es im Frühjahr 2011 zu Massendemonstrationen, in Libyen auch zum Bürgerkrieg, und schließlich zum Sturz der jeweiligen Regierungen. Angesichts einer sich anbahnenden humanitären Katastrophe in der libyschen Stadt Benghasi, der Hochburg der Rebellen, auf die Gaddafis Truppen vorrückten, beschloss der UN-Sicherheitsrat mit Zustimmung Russlands und Chinas eine Flugverbotszone einzurichten. Doch Frankreich, Großbritannien und die USA nutzten diese Resolution, um als Luftwaffe der Rebellen zu agieren und das Regime zu stürzen. Gaddafis grausiges Ende und das Auseinanderfallen Libyens nach dem Sturz des Diktators sollten Putins Haltung im syrischen Bürgerkrieg nachhaltig beeinflussen.

In Syrien war es im März 2011 ebenfalls zu Unruhen gekommen. Durch seine brutale Reaktion auf die Demonstrationen löste Präsident Baschar al-Assad den syrischen Bürgerkrieg aus, der das Land verheeren sollte. Während der Westen sich sehr früh, bereits im August 2011, auf den Sturz Assads festlegte, hielt Moskau an seinem Verbündeten fest und unterstützte ihn im UN-Sicherheitsrat sowie durch Waffenlieferungen. Der Westen wollte Assad wegen seines brutalen Vorgehens gegen die eigene Bevölkerung gestürzt wissen und setzte auf die syrische Opposition. Moskau dagegen interpretierte diese Haltung als Fortsetzung der westlichen, geopolitisch motivierten Regimechange-Politik und befürchtete, dass aus Syrien nach dem Sturz des Regimes nicht wie vom Westen erhofft eine Demokratie, sondern ein weiterer «failed state» werden würde, in dem sich Terrorgruppen wie Al Qaida und der IS ungestört ausbreiten könnten.

Russland und Syrien verbinden langjährige Beziehungen. Am 15. April 1946 hatten die letzten französischen Soldaten Damaskus verlassen. Trotz der Besetzung durch britische und französische Truppen während des Zweiten Weltkrieges hatte Stalin im Jahr 1944 diplomatische Beziehungen mit Damaskus aufgenommen. Nur wenige Wochen nach Ablauf des französischen Mandats unterzeichnete die Sowjetunion im Februar 1946 mit Syrien einen Geheimvertrag. Darin sagte sie Unterstützung im Bereich der Außenpolitik und beim Aufbau der syrischen Streitkräfte zu. Infolge der Gründung des gegen die Sowjetunion und Ägypten gerichteten Bagdad-Paktes 1955

(Großbritannien, Türkei, Irak, Iran, Pakistan), dem sich Syrien nicht anschließen mochte, vertieften sich die Beziehungen zu Moskau. Damaskus vereinbarte einen umfangreichen Waffenkauf und ein Handelsabkommen mit der UdSSR. Mit der Herrschaft der linken Baath-Partei in Syrien verfestigte sich die Zusammenarbeit. In den 1970er Jahren ging ein Viertel der sowjetischen Militärhilfen an Syrien. Damaskus wurde über die Jahre der wichtigste Partner der Sowjetunion im Mittleren Osten und einer der wichtigsten Käufer russischer Waffen. 1980 wurde ein Freundschaftsvertrag geschlossen. Und nicht zuletzt unterhielt Russland im syrischen Tartus seit 1971 einen Marinestützpunkt, seinen einzigen im Mittelmeer.

Da sich Präsident Obama angesichts der Erfahrungen in Libyen nicht zu einer entschlossenen Syrien-Politik durchringen konnte, zog sich der Konflikt hin, ohne dass eine der beiden Parteien die Oberhand gewann, weder die vom Westen sowie Saudi-Arabien, Katar und der Türkei auch mit Waffen unterstützten Rebellen noch das Regime, an dessen Seite Russland, der Iran und die libanesische Hisbollah sowie schiitische Milizen aus dem Irak standen.

Erst als Russland sich ab dem 30. September 2015 vor allem mit Luftangriffen selbst in Syrien engagierte, um Assads Position zu festigen, wendete sich das Blatt. Dem Regime gelang es seitdem, die Oberhand zu gewinnen und große Teile des Landes wieder unter seine Kontrolle zu bringen. Moskau berief sich dabei auf die ausdrückliche Einladung und damit Genehmigung der syrischen Regierung. Damit gilt die militärische Intervention als völkerrechtskonform. Dabei ging es Präsident Putin neben geostrategischen Erwägungen nicht zuletzt auch darum, die Terrormiliz Islamischer Staat (IS) auszuschalten, der sich Islamisten aus Tschetschenien und Dagestan und aus zentralasiatischen Staaten angeschlossen haben. Denn diese stellen eine Gefahr für Russland dar, wenn sie zurückkehren sollten.

Im Westen führten die Ereignisse in Syrien zu einer weiteren Verschlechterung des Russland-Bildes, da man Moskau mit wachsender Entrüstung vorwarf, ein menschenverachtendes Regime zu stützen. Besonders deutlich trat dies etwa beim Giftgasangriff auf Ghouta, einen Vorort von Damaskus, im August 2013 zutage und später bei der Rückeroberung Ost-Aleppos Ende 2016. In Moskau wiederum verstärkte die westliche Syrien-Politik einmal mehr den Verdacht, man sei Opfer einer Eindämmungsstrategie, und befeuerte die Kritik an einer leichtfertigen westlichen Politik des gewaltsamen Regime-change, die zu Chaos und Staatszerfall führe und den Terrorismus befördere.

In dieser, von Misstrauen und zunehmender Sprachlosigkeit gekennzeichneten Situation kehrte Wladimir Putin im März 2012 in das Amt des Präsidenten der Russischen Föderation zurück, begleitet von Massendemonstrationen, die aus dem Protest gegen Wahlfälschungen entstanden und die sich Putin als Werk des Westens erklärte. Auch wenn Putin den Einfluss Washingtons auf die Protestbewegung überschätzte, so irrte er sich doch nicht in den Zielen der US-Politik. Wie Klaus Wiegrefe im Januar 2019 anhand der Erinnerungen von Michael McFaul darlegte, ging es diesem damals tatsächlich darum, Putin zu entmachten und seine Rückkehr ins Präsidentenamt zu verhindern. Obamas Ziel sei es laut McFaul gewesen, die russische Zivilgesellschaft zu stärken, um «demokratische Reformen und Menschenrechte» durchzusetzen, und zu diesem Zweck habe die US-Administration Funktionäre der liberalen Opposition geschult und «Millionenbeträge» an zivilgesellschaftliche Organisationen gezahlt, die sich politisch gegen Putin engagierten. Während eines Treffens mit russischen Oppositionellen in Moskau habe Vizepräsident Joe Biden gar erklärt, es wäre besser, Putin würde bei den kommenden Präsidentschaftswahlen nicht antreten. Schon der Beginn von Putins dritter Amtszeit stand daher im Zeichen der Konfrontation, und es sollte noch schlimmer kommen. Denn im Jahr 2013 kehrte die Ukraine auf die Tagesordnung der Weltpolitik zurück, weil die Verhandlungen um ein Assoziierungsabkommen mit der EU in die entscheidende Phase traten, während Russland gleichzeitig versuchte, das Land zum Beitritt zur Eurasischen Zollunion zu bewegen.

Die Ukraine als Kristallisationspunkt des Ost-West-Konflikts

Wer die Geschichte Russlands kennt, weiß um die Bedeutung der Ukraine. Russland versteht sich als direkte Fortsetzung des Großreiches der Kiewer Rus. Sowohl das Zarenreich wie die Sowjetunion sahen sich als Repräsentanten eines «gemeinsamen Staates der Ostslawen». Deshalb war es für den Historiker Helmut Kohl anlässlich seiner ersten politischen Reise 1975 in die Sowjetunion noch als Ministerpräsident von Rheinland-Pfalz und Parteivorsitzender der CDU fast selbstverständlich, nach seinen Gesprächen in Moskau einen Abstecher nach Kiew zu machen. Es sollte auch eine Geste an die große Geschichte Russlands sein.

In Kiew traf er mit Wladimir Schtscherbizkij zusammen, dem damaligen Ersten Sekretär der Kommunistischen Partei der Ukraine und Mitglied des Politbüros der KPdSU. Dieser war gerade von einer Sitzung des Politbüros aus Moskau zurückgekehrt. Dazu eine kleine Anekdote: Auf die Frage von Helmut Kohl, was sie denn im Politbüro besprochen hätten, berichtete Schtscherbizkij, dass sie die Entwicklung eines neuen Automobilmodells beschlossen hätten. Das war wahrhaftig eine wichtige Entscheidung für die Sowjetunion wie zugleich ein Ausdruck ihrer Probleme!

Vor dem Hintergrund der gemeinsamen Geschichte war es

schon überraschend gewesen, dass der russische Präsident Jelzin bereit war, im Dezember 1991 gemeinsam mit dem Präsidenten der Ukraine, Leonid Krawtschuk, und dem weißrussischen Präsidenten die Auflösungsurkunde der UdSSR zu unterschreiben und die Ukraine wie Weißrussland in die volle Souveränität zu entlassen. Im gleichen Monat fand auf der Krim, die erst 1954 per Verwaltungsakt von der russischen auf die ukrainische Sowjetrepublik übergegangen war, ein Referendum statt, in dem nur 54 Prozent der Bewohner der Unabhängigkeit der Ukraine in den «bestehenden Grenzen» zustimmten. Als Entgegenkommen wurde die Krim im Jahr darauf zur Autonomen Republik Krim innerhalb der Ukraine erklärt und bekam eigene Hoheitsrechte im Bereich der Finanzen, Verwaltung und Recht zugesprochen. Eine ukrainische Volkszählung im Jahre 2001 ergab für die Republik Krim – ohne Sewastopol: 58,5 Prozent Russen gegenüber 24,4 Prozent Ukrainern und 12,1 Prozent Krimtataren. In Sewastopol betrug das Verhältnis 71,6 Prozent Russen, 22,4 Prozent Ukrainer und 0,7 Prozent Krimtataren.

Nach der Unabhängigkeitserklärung war die Ukraine weltweit die drittgrößte Nuklearmacht. Auf dem KSZE-Gipfel im Dezember 1994 in Budapest unterzeichneten die USA, Russland und Großbritannien das «Budapester Memorandum». Darin verpflichteten sich alle drei Staaten in getrennten Erklärungen gegenüber der Ukraine, Weißrussland und Kasachstan, als Gegenleistung für den völligen Verzicht auf Nuklearwaffen die Souveränität und die bestehenden Grenzen dieser drei Staaten zu achten. Unter Verweis auf die UN-Charta erklärten sie einen gegenseitigen Gewaltverzicht. Das Memorandum wurde von allen teilnehmenden KSZE-Mitgliedsstaaten unterzeichnet. China und Frankreich gaben noch eigene Erklärungen ab. Aus Anlass der von Russland verursachten Krimkrise 2014 sollten sich beide Seiten des Bruchs des Budapester Memorandums bezichtigen.

Die Bundesregierung unter Helmut Kohl hat die Ukraine noch im Monat ihrer Unabhängigkeitserklärung völkerrechtlich anerkannt und im Monat darauf, im Januar 1992, als erste westliche Regierung diplomatische Beziehungen aufgenommen Im Februar 1992 stattete Präsident Krawtschuk seinen ersten offiziellen Auslandsbesuch in Bonn ab. Der Bundeskanzler reiste im Juni 1993 zu seinem ersten offiziellen Besuch nach Kiew und unterzeichnete mit dem ukrainischen Präsidenten eine «Gemeinsame Erklärung über die Grundlagen der Beziehungen zwischen der Ukraine und der Bundesrepublik Deutschland». Wie eng diese Beziehungen in den Jahren 1992 bis 2013 waren, zeigt sich darin, dass in diesem Zeitraum insgesamt 89 Dokumente mit völkerrechtlichem Charakter unterzeichnet wurden, darunter viele Abkommen über wirtschaftliche und finanzielle Unterstützung und Zusammenarbeit, über Kultur, Bildung und Wissenschaft. Die Bundesregierungen verfolgten in diesen Jahren eine klare Linie: Gute Beziehungen zu einer unabhängigen und stabilen Ukraine und gute Beziehungen zu Moskau schließen sich nicht aus und gehören zu den Prioritäten der deutschen Ostpolitik. Die Ukraine sollte nicht zu einer Pufferzone zwischen der NATO und Russland werden.

Die Auswirkungen all dieser Bemühungen auf die ukrainische Innen- wie Außenpolitik sind allerdings mehr als ernüchternd. Dasselbe gilt für die Anstrengungen der USA, aus deren Fördertöpfen von 1991 bis 2013 nach Schätzung der US-Diplomatin Victoria Nuland etwa fünf Milliarden US-Dollar in die Ukraine flossen. Auch nach der «Orangenen Revolution» von 2004 änderte sich nicht viel. Als Nachfolger von Leonid Kutschma übernahm im Januar 2005 Viktor Juschtschenko das Amt des Präsidenten. Seine Partei «Unsere Ukraine» formte mit Julia Timoschenko und ihren «Blok Juliji Tymoschenko» ein gemeinsames Regierungsbündnis. Doch die folgenden fünf Jahre waren nicht von einer Fülle überfälliger politischer und wirtschaftlicher Reformen geprägt, sondern von einem ständigen Machtkampf zwischen dem Präsidenten Juschtschenko und der Ministerpräsidentin Timoschenko. Es waren am Ende fünf verlorene Jahre. Unbeschreibliche Korruption bis zur Spitze, hohe Kriminalität, extremer Reichtum von Oligarchen und bittere Armut mit einer Vielzahl von Straßenkindern, rechtsextremer Nationalismus, vagabundierende Milizen und gesetzliche Willkür waren an der Tagesordnung. Mitglieder der russischen Regierung und Gasprom beklagten die unzuverlässige Zahlungsbereitschaft der ukrainischen Partner für die vereinbarten Erdgaslieferungen, die mangelhafte Wartung der Durchleitungssysteme und den ständigen Diebstahl von Gas.

Juschtschenko selbst betrieb eine umfassende Ukrainisierung des Bildungswesens. Trotz der russischsprachigen Regionen in der Ukraine bekämpfte er kompromisslos die russische Sprache und löste gerade in den mehrheitlich russischsprechenden Regionen wie der Ostukraine großen Widerstand aus. Vermutlich legte er mit seiner Politik die Saat für den späteren Aufstand. Gleichzeitig trat er für eine Mitgliedschaft der Ukraine in der NATO und in der EU ein, obwohl er den scharfen Protest Putins kannte und Umfragen eine klare Mehrheit in der ukrainischen Bevölkerung gegen einen NATO-Beitritt ergaben.

Dennoch fanden schon seit 1997 vor der Küste der Ukraine von den USA geführte jährliche Marinemanöver «Sea Breeze» im Schwarzen Meer statt unter Beteiligung weiterer NATO-Staaten wie Rumänien und der Türkei. Marineinfanteristen übten in den Regionen Odessa und Mykolajiw Landungsoperationen. Eingesetzt wurden Schiffe, Flugzeuge und Panzer. Im Juli 2008 begannen gemeinsame Manöver mit amerikanischen Soldaten und mit Truppen aus Georgien, Armenien und Aserbaidschan.

Seit 2007 führte die ukrainische Regierung Gespräche mit

der EU über ein umfassendes Assoziierungs- und Freihandelsabkommen. Im September 2008 fand bereits der zwölfte EU-Ukraine-Gipfel statt. Der damalige Vorsitzende des Europäischen Rates, der französische Präsident Nicolas Sarkozy, nahm ihn vor dem Hintergrund des Georgienkrieges zum Anlass, offiziell die Bereitschaft der EU zu erklären, jetzt die Assoziierung der Ukraine anzustreben. Eine Mitgliedschaft in der EU, die die Ukraine bereits zur strategischen Priorität erklärt hatte, wurde nicht in Aussicht gestellt. Dafür gab es angesichts der wirtschaftlichen Schwäche, der finanziellen Probleme, der demokratischen Defizite und der politischen Instabilität der Ukraine gute Gründe.

Dennoch muss man die Frage stellen, ob eine klare und definitive Entscheidung der EU, der Ukraine innerhalb einer absehbaren Zeitspanne eine Vollmitgliedschaft zuzusagen, möglicherweise die spätere Intervention Russlands in der Ostukraine und auf der Krim hätte verhindern können. Dies hätte allerdings nur dann Aussicht auf Erfolg haben können, wenn die EU gleichzeitig den Vorschlag ihres früheren Kommissionspräsidenten Romano Prodi aufgegriffen und Präsident Putin konkrete Verhandlungen über eine gesamteuropäische Freihandelszone zwischen Lissabon und Wladiwostok angeboten hätte, zumal die Beitrittsverhandlungen Moskaus zur Welthandelsorganisation (WTO) erkennbare Fortschritte machten. Die EU wusste ja von der offenen Grenze von 2295 Kilometern Länge zwischen der Ukraine und Russland und dem regen Handelsaustausch insbesondere zwischen den Industrie- und Rüstungsbetrieben in der Ostukraine und Russland. Eine einseitige Assoziierung der Ukraine mit der EU musste unmittelbare negative Auswirkungen für Russland nach sich ziehen. Eine gesamteuropäische Freihandelszone, begleitet von der Einführung der Visafreiheit, wäre dagegen ein unmissverständliches Signal an Russland gewesen, dass es zu Europa gehört, und hätte eine EU-Mitgliedschaft oder

-Assoziierung der Ukraine handelspolitisch abgefedert. Doch die EU versäumte es oder sah sich nicht in der Lage, ihre parallel laufenden Gespräche und Verhandlungen mit Russland und der Ukraine zusammenzuführen.

Bei der Präsidentschaftswahl im Jahr 2010 erlitt Juschtschenko mit nur 5,45 Prozent der Stimmen eine dramatische Niederlage. Sein Nachfolger wurde der Oppositionsführer und Widersacher Viktor Janukowitsch. An der Misere in der Ukraine sollte sich dadurch freilich nichts Wesentliches ändern. Die persönliche Bereicherung der Präsidentenfamilie setzte sich fort und spiegelte sich in Janukowitschs Luxuslandsitz Meschigorja wider. Die Korruption erfasste alle Bereiche des öffentlichen Lebens, vom Justizsystem angefangen bis zu Polizisten, Professoren, Lehrern, Ärzten, Managern und Beamten. Die lokalen Verteilgesellschaften zweigten subventioniertes Erdgas ab und verkauften es zu einem weit höheren Marktpreis mit stattlichem Gewinn an Industriebetriebe weiter. Drei Viertel dieser regionalen Verteilgesellschaften gehören dem Oligarchen Dmytro Firtasch. Im Ranking von Transparency International nahm die Ukraine den Platz 144 von 177 Staaten ein. Der seit der Selbständigkeit des Landes bestehende Reformstillstand setzte sich unter Janukowitsch weiter fort. Der Durchschnittsukrainer war um ca. 20 Prozent ärmer als zur Zeit des Zusammenbruchs der UdSSR. Aufgrund der katastrophalen Politik der Privatisierung hatten Oligarchen den größten Teil des Staatsvermögens aufgesogen. Gleichzeitig mussten monatlich 700 Millionen US-Dollar für Gasimporte an Russland bezahlt werden. 2014 sollte der ukrainische staatliche Gaskonzern Naftogaz ein unglaubliches Loch von sechs Prozent der Wirtschaftsleistung in den Staatshaushalt reißen.

Nach seiner Wahl pendelte Präsident Janukowitsch zwischen den Verhandlungen mit der EU über ein Assoziierungsabkommen und der Wiederannäherung an Russland mit dem

Angebot Moskaus eines Beitritts zur Eurasischen Zollunion sowie eines Pakets in Höhe von umgerechnet 15 Milliarden US-Dollar. Nach Aussage von Präsident Putin wiederholte sich mit jedem der ukrainischen Präsidenten das gleiche Ritual. Es ging ständig um die Preise, die die Ukraine für die russischen Erdgaslieferungen zahlen sollte. Da die Rechnungen in der Regel nicht fristgemäß beglichen wurden, folgten Verhandlungen über die Rückzahlungsmodalitäten der angefallenen Schulden. Hinzu kamen regelmäßige Verhandlungen über die Nutzungsdauer des von der russischen Kriegsmarine benötigten Schwarzmeerhafens Sewastopol auf der Halbinsel Krim und über die Pachtgebühren. Im Grunde seien alle Präsidenten der Ukraine «Gauner» gewesen, klagte Putin einmal.

Als Janukowitsch sich schließlich, um den Bankrott der Ukraine abzuwenden, für das russischen Geld entschied und die für November 2013 geplante Unterzeichnung des Assoziierungsabkommens mit der EU absagte, kam es erneut zu Massendemonstrationen auf dem Maidan in Kiew und zudem zur Unabhängigkeitserklärung der zehn westlich von Kiew gelegenen Oblaste als «Westukraine». Anfang Dezember demonstrierten Hunderttausende auf dem Maidan und forderten Neuwahlen.

Im Januar und Februar 2014 schlugen die friedlichen Proteste mehr und mehr in Gewalt um. Schüsse fielen. Es gab die ersten Toten. Am 21. Februar fand sich Präsident Janukowitsch unter Vermittlung des deutschen Außenministers Frank-Walter Steinmeier, des französischen Außenministers Laurent Fabius und des polnischen Außenministers Radosław Sikorski zu einem Kompromiss bereit. Als Vertreter der Russischen Föderation hatte Wladimir Lukin an den Verhandlungen teilgenommen. Vereinbart wurden u.a. die Rückkehr zu einer parlamentarischen Verfassung und vorgezogene Parlamentswahlen in zehn Monaten. Doch die Demonstranten auf dem

Maidan forderten den sofortigen Rücktritt des Präsidenten. Dieser floh in der Nacht in die Ostukraine und mit russischer Hilfe nach Russland. Am 22. Februar erklärte ihn die ukrainische Rada für abgesetzt, ohne die formalen Vorgaben der Verfassung für einen solchen Schritt vollständig einzuhalten. Und obwohl das Abkommen vom Vortag unter ihrer Vermittlung zustande gekommen war, ließen die Vertreter des Westens Janukowitsch sofort fallen. Am 26. Februar nahm die neue, westlich orientierte Regierung ihre Arbeit auf, die von Weggefährten Juschtschenkos und Timoschenkos gebildet wurde. An ihrer Spitze stand Arsenij Jazenjuk, der über gute Beziehungen zu Washington verfügte und unter Juschtschenko ein vehementer Verfechter des NATO-Beitritts der Ukraine gewesen war.

Im Westen blickte man voller Hoffnung auf den Maidan und erwartete, dass sich die Ukraine nun endlich in Richtung Demokratie und Rechtsstaat entwickelte. In Moskau dagegen nahm man einen weiteren, westlich inszenierten Regimechange wahr und fürchtete, die Ukraine würde nun rasch in die NATO streben – eine Sorge, die sich unter dem neuen Präsidenten Petro Poroschenko schnell bestätigen sollte.

Unmittelbar nach dem Umsturz in Kiew lebten auf der Krim wieder separatistische Bestrebungen auf. Russische Streitkräfte ohne Hoheitsabzeichen besetzten das Regionalparlament. In nichtöffentlicher Sitzung wurde ein Ministerpräsident gewählt sowie ein Referendum über die Abspaltung der Krim von der Ukraine und den Anschluss an Russland beschlossen. 83 Prozent der Bevölkerung beteiligten sich an diesem. 97 Prozent stimmten für den Anschluss an Russland. Aufgrund der Anwesenheit russischer Kräfte beim Beschluss des Referendums wäre es aber selbst dann illegal, wenn bei seiner Abhaltung alles mit rechten Dingen zugegangen sein sollte. Am 21. März 2014 wurde die Krim per Gesetz in die Russische Föderation aufgenommen – ein Schritt, den die internationale Gemeinschaft nicht anerkannte. Völkerrechtlich handelt es sich daher klar um eine Annexion.

Schnell dehnte sich der Konflikt auch auf die Ostukraine aus und führte zu Abspaltungstendenzen in weiteren süd- und ostukrainischen Gebieten. Hierbei waren bereits früh russische Agenten tätig und heizten die Protestbewegung bewusst an. Diese hatte aber durchaus auch Wurzeln in der ostukrainischen Bevölkerung und war kein reines Produkt russischer Provokateure. Um die Separatisten in den neugebildeten «Volksrepubliken» Donezk und Lugansk militärisch zu unterstützen, intervenierte Russland zudem verdeckt in der Ostukraine mit eigenen Soldaten, die ebenfalls ohne Hoheitszeichen operierten. Bis heute sind in dem Konflikt über zehntausend Menschen ums Leben gekommen, Hunderttausende sind geflohen.

Russlands verdeckte militärische Intervention in der Ostukraine und die Annexion der Krim sind ein schwerwiegender Bruch der europäischen Friedensordnung von 1990. Das darf man nicht verharmlosen. Es ist auch nicht zu entschuldigen. So sehr Moskau sich durch die Ereignisse in der Ukraine herausgefordert gefühlt haben mag: Der Einsatz militärischer Mittel hätte tabu sein müssen. Durch ihn ist der Konflikt zwischen Russland und dem Westen auf eine ganz neue Ebene gehoben worden.

Doch stellt sich nichtsdestotrotz die Frage, welche Schlussfolgerungen aus dem russischen Verhalten zu ziehen sind und wie der Westen auf Moskaus Provokation reagieren soll. Helfen nur Härte und Aufrüstung? Muss Russland sich durch Nachgeben das Vertrauen des Westens erst wieder erarbeiten? Oder sollte der Westen ebenfalls Angebote machen? Nicht unwichtig ist für die Beantwortung dieser Fragen natürlich, mit welchem Ziel man an die Sache herangeht. Doch wenn es darum geht, den Frieden zu bewahren, aus der Konfrontation wieder herauszufinden und sich die Perspektive einer partnerschaftlichen Kooperation zu erhalten, dann ist es wichtig zu wissen, wie es zu der aktuellen Situation kommen konnte.

In Washington und den osteuropäischen NATO-Staaten sowie in einem wachsenden Teil der deutschen Öffentlichkeit geht man davon aus, dass die westliche Politik mit der russischen Aggression nichts zu tun hat. Sie wird vielmehr erklärt mit einer Mischung aus innen- und außenpolitischen Motiven Russlands. Zum einen gehe es darum, das Versagen des Putinismus im Inneren zu bemänteln und den repressiven Charakter des Regimes durch Schaffung eines äußeren Feindes zu kompensieren. Zum anderen habe Putin von Anfang an danach gestrebt, den russischen Einfluss im postsowjetischen Raum wiederherzustellen. Dieses expansive Streben nach Machterweiterung habe sich in der Ukraine jetzt bloß offen und in seiner ganzen Brutalität gezeigt. Wäre dies so, müsste man Putin in der Tat entschlossen entgegentreten, bevor er sich weitere Länder vornimmt. Alles andere wäre eine Neuauflage der Appeasement-Politik, wie sie schon in den 1930er Jahren scheiterte.

Die hier erzählte Geschichte des Weges in die Konfrontation weist jedoch in eine andere Richtung. Sie zeigt eine Spirale des gegenseitigen Misstrauens, wobei Moskau immer wieder auch Signale seiner grundsätzlichen Kooperationsbereitschaft aussandte und der Westen es insbesondere in der Schlüsselzeit 2007/08 an Kompromissbereitschaft fehlen ließ. In dieser Interpretation geht es Russland in erster Linie um Sicherheit und darum, weiterhin ein eigenständiges Machtzentrum zu bleiben. Es agiert aggressiv, nicht weil es seinen Einfluss ausdehnen will, sondern weil es einen weiteren Einflussverlust vermeiden möchte und weil es den Sicherheitsversprechen des Westens zunehmend nicht mehr traut. Stimmt diese Sichtweise, dann führt die gegenwärtig von Washington und den osteuropäischen NATO-Staaten favorisierte Konfrontationspolitik nur zu einer immer weiteren Verschlechterung der Beziehungen und gefährdet letztlich den Frieden. Dagegen würde Moskau auf eine Neuauflage der Entspannungspolitik des Kalten Krieges, auf die Kombination von Stärke und ausgestreckter Hand, positiv reagieren. Es gibt nur wenige Fragen, die für die Zukunft Europas wichtiger sind als diese.

Was tun?

Von der großartigen Idee einer gesamteuropäischen Friedensordnung von Vancouver bis Wladiwostok, basierend auf Demokratie, Menschenrechten und liberaler Marktwirtschaft, wie sie so eindrucksvoll in der Pariser Charta für ein neues Europa verankert ist, sind wir heute meilenweit entfernt. Aufrüstung, konventionell wie atomar, regionale wie lokale militärische Konflikte auf fast allen Kontinenten, Autokratie und Rechtspopulismus statt Demokratie, Nationalismus statt Multilateralismus, wirtschaftliche Abschottung statt Freihandel sind mehr und mehr die bestimmenden Elemente im Zusammenleben der Völker. Und das vollzieht sich vor dem Hintergrund gemeinsamer Bedrohungen, denen sich kein Kontinent, kein Land entziehen kann: Klimawandel, Verschmutzung der Weltmeere, Terrorismus, Pandemien, Cyberwar, Flüchtlingsströme, die Militarisierung des Weltraums. Diese weltweiten Gefährdungen erfordern globale und regionale Verständigung und Zusammenarbeit.

Doch in den USA amtiert ein unberechenbarer Präsident, der fast alle multilateralen Organisationen, sei es die EU, die WTO oder die UN, internationale Verträge wie NAFTA und das Weltklimaabkommen sowie Bündnisse wie die NATO nicht nur kritisch beurteilt, sondern häufig genug ablehnt; ein Präsident, der Bündnispartner wie die britische Premierministerin öffentlich beleidigt, um sie nach einer Begegnung zu lobpreisen; der auf der Pressekonferenz zum Gipfeltreffen von Helsinki am 16. Juli 2018 Putin nicht widerspricht, als dieser eine Einmischung in den amerikanischen Präsidentschaftswahlkampf 2016 bestreitet, und damit öffentlich seine eigenen Geheimdienste desavouiert; der nur wenige Tage zuvor Deutschland im Vorfeld eines NATO-Gipfels als «Gefangenen Russlands» bezeichnet und ihm vorgehalten hatte, von Russland «total kontrolliert» zu werden, nach seinem Gespräch mit Angela Merkel aber sogleich die «sehr, sehr guten Beziehungen zur Kanzlerin» lobpries, zu der er ein «großartiges Verhältnis» habe.

Ein amerikanischer Weg in den Isolationismus nach dem Motto «America first» oder «Make America great again» wäre für Europa und die Welt keine neue Erfahrung – allerdings eine, die sehr bitter sein kann, wie der amerikanische Rückzug aus Europa nach dem Ersten Weltkrieg zeigte. Der Zweite Weltkrieg zwang die USA, als Kriegspartei zurückzukehren. Der Preis waren über 400 000 tote amerikanische Soldaten.

Aber auch die Europäer selbst schließen sich nicht enger zusammen. Das Gegenteil geschieht. Die Europäische Union erodiert. Die britische Premierministerin träumt ernsthaft davon, dass ein «Global Britain» weltweit wieder eine eigenständige und führende Rolle spielen könne. Rechtspopulistische Parteien und Kritiker der EU gewinnen europaweit an Einfluss.

Die Chancen für eine Vertiefung der europäischen Zusammenarbeit und Integration werden dagegen nur sehr zögerlich wahrgenommen. Das gilt gerade auch für Deutschland. Gegenwärtig wird über den Vorschlag einer «Interventionsinitiative» zur Koordinierung der europäischen Verteidigungsanstrengungen verhandelt. Zu hoffen ist, dass man sich dabei an eine Mahnung erinnert, die Konrad Adenauer schon im Juli 1953 in einem Brief an den damaligen amerikanischen Außenminister John Forster Dulles ausgesprochen hat: «Eine europäische Verteidigungsgemeinschaft soll die Sicherheitsbedürfnisse aller europäischen Völker *einschließlich des russischen Volkes* berücksichtigen.» Doch das Prinzip der Einstimmigkeit in der EU blockiert vor allem Initiativen gegenüber Russland. Der Partnerschaftsvertrag dümpelt vor sich hin. Dasselbe gilt für den Vorschlag einer gesamteuropäischen Freihandelszone von Wladiwostok bis Lissabon. Die Strategien für deren Implementierung liegen verhandlungsbereit auf dem Tisch. Russland wäre dafür.

Eskalation statt Entspannung

Stattdessen dreht sich die Eskalationsspirale. Es finden kleine und große Manöver auf beiden Seiten statt. Kampfflugzeuge kontrollieren wieder die Grenzen. NATO-Schiffe und russische Zerstörer kreuzen in der Ostsee und im Schwarzen Meer. Russland stellt Raketensysteme in Kaliningrad auf. Selbst russische Politiker warnen vor unbeabsichtigten Zusammenstößen, die schnell außer Kontrolle geraten könnten. Das Thema Abrüstung und Rüstungskontrolle findet sich gleichwohl in keiner der Erklärungen und Reden des NATO-Generalsekretärs. Aufrüstung bestimmt auf allen Seiten, in Ost wie West, die internationale Sicherheitsagenda. Und der NATO-Russland-Rat, der ein «Mechanismus für Konsultation, Koordination und, im größtmöglichen Umfang … für gemeinsame Entscheidungen und gemeinsames Handeln in Bezug auf Sicherheitsfragen von beiderseitigem Interesse» sein sollte, steht auf einem Abstellgleis.

Vereinbart war, dass der Ständige Gemeinsame Rat zweimal jährlich auf der Ebene der Außenminister und der Verteidigungsminister sowie monatlich auf der Ebene der Botschafter bzw. Ständigen Vertreter beim Nordatlantikrat tagen soll und, wenn «angebracht, auch auf der Ebene der Staats- und Regierungschefs». Umso überraschender und unverständlicher ist es, dass der Ständige Gemeinsame Rat nicht nur wegen des Georgienkrieges von August 2008 bis März 2009 suspendiert war, sondern auch anlässlich der Ukrainekrise zwischen Juni

2014 und April 2016 komplett auf Eis gelegt wurde. Seit 2016 gab es insgesamt sieben Treffen, ausschließlich auf der Ebene der Botschafter, die weisungsabhängig sind und weder eigene Entscheidungen treffen noch eigene Vorschläge einbringen können. Die Frage, wieso dieses Gremium gerade in einer Krisensituation nicht genutzt wird, stellt sich umso mehr, als NATO-Generalsekretär Jens Stoltenberg ständig seine Wichtigkeit betont. Warum gab und gibt es in dieser schwierigen Situation keine Sitzungen auf Ministerebene oder auf der Ebene der Staats- und Regierungschefs? Gleichzeitig erklärt die NATO, sie bleibe «offen für einen regelmäßigen, fokussierten und sinnvollen Dialog». Schön gesagt, aber getan?

Mit Recht beklagte zudem der frühere Generalsekretär der NATO, Javier Solana, auf der Münchner Sicherheitskonferenz im Februar 2018, «wie leichtfertig heute alle Seiten wieder über neue Nuklearsysteme sprechen» würden. Als Präsident Donald Trump vollmundig ankündigte, den Militärhaushalt der USA auf 726 Milliarden US-Dollar aufzustocken, die Nuklearsysteme zu modernisieren und neue zu entwickeln, blieb die Antwort Putins nicht aus. In seiner Rede zur Lage der Nation am 1. März 2018 bezeichnete er die neue Nukleardoktrin Washingtons als «besorgniserregend» und stellte unter Bezug darauf seinerseits Neuentwicklungen verschiedener nuklearer Systeme vor, die mit herkömmlichen Mitteln nicht abzufangen seien und jeden Punkt der Erde erreichen könnten. Wörtlich sagte er: «Es geht um neue strategische Raketensysteme Russlands, die wir entwickelt haben als Reaktion auf den einseitigen Ausstieg der USA aus dem Vertrag über Raketenabwehr und die De-facto-Stationierung solcher Systeme auf dem Gebiet der USA und außerhalb der US-Grenzen.»

Die USA wollen neue, kleinere Nuklearsysteme mit geringerer Sprengkraft entwickeln und sie damit wie in Hiroshima 1945 einsetzbar machen. Allein dieser Abwurf kostete in Japan etwa 100 000 Menschen das Leben. Russland dagegen will superschnelle Raketen entwickeln, die Abwehrsysteme überwinden können. Der Ankündigung folgten bereits Taten: Am 10. Dezember 2018 testete Russland seine seegestützte hypersonische Rakete Tsirkon mit achtfacher Schallgeschwindigkeit (Mach 8). Sie soll 2022 einsatzbereit sein. Das alles könnte sich zu einem neuen globalen Horrorszenario entwickeln.

Auf der gemeinsamen Pressekonferenz mit Bundeskanzlerin Angela Merkel am 15. Juni 2018 in Berlin berichtete NATO-Generalsekretär Stoltenberg, dass die Verteidigungsausgaben der USA in Europa zuletzt um 40 Prozent gestiegen seien. Washington verlege Ausrüstung nach Europa und stationiere zusätzliche Truppen insbesondere in Polen und im Baltikum. «Wir haben die nachdrücklichste Stärkung unserer gemeinsamen Verteidigung seit dem Kalten Krieg aufgelegt.» NATO-Truppen stehen wieder an der russischen Grenze, weil die Allianz auf ihrem Warschauer Gipfel 2016 beschlossen hat, je etwa 1000 Mann in die drei baltischen Staaten und nach Polen zu verlegen. Auch 450 Bundeswehr-Soldaten befinden sich daher seit August 2017 im Rahmen eines NATO-Kampfverbandes in Litauen, gerade einmal hundert Kilometer von der russischen Grenze entfernt. Die NATO will auf diese Weise den drei baltischen Staaten wie Polen ihre Unterstützung gegen eine mögliche Bedrohung durch Russland zusichern. Im Kreml wurde daraufhin in einem persönlichen Gespräch gesagt, Russland werde keinen Selbstmord begehen. Sie wüssten, dass es ein Angriff auf die NATO wäre.

Deutsche Soldaten wieder nahe der russischen Grenze – das sollte uns doch nicht unberührt lassen. Haben wir einmal darüber nachgedacht, welche Gefühle das bei den russischen Menschen auslösen könnte? Es leben noch genug Russen, die den Zweiten Weltkrieg und den deutschen Überfall erlebt haben. 27 Millionen Russen hat der Krieg das Leben gekostet. Allein bei der deutschen Blockade des heutigen St. Petersburg sind eine Million Einwohner zu Tode gekommen.

Als Bundeskanzler Helmut Kohl im Juli 1990 mit Präsident Gorbatschow in der Stadt Mineralnyje Wody («Mineralwasser») zu Fuß über einen großen Platz zur gemeinsamen Pressekonferenz ging, kam ihm unangekündigt eine kleine Gruppe russischer Veteranen entgegen, in ihren alten Uniformen, mit Orden behangen, vom Alter und Entbehrung gezeichnete Gesichter. Sie hatten im Zweiten Weltkrieg im Kaukasus gegen deutsche Soldaten gekämpft. Sie bauten sich vor Helmut Kohl auf und ihr Wortführer sagte: «Deutsche und Russen müssen Freunde sein.» Anfang der vierziger Jahre haben sie noch gegeneinander gekämpft. Und heute stehen sich ihre Soldaten wieder an der Grenze gegenüber.

Wir waren in Europa und weltweit schon einmal weiter. Ist es wirklich unvermeidbar, auf diese Weise mit vollem Risiko weiterzuspielen? Denn die nächsten Konflikte zeichnen sich bereits ab. Es ist offensichtlich, dass Russland versucht, Weißrussland in die Russische Föderation zu integrieren. Im Dezember 2018 traf Präsident Putin zweimal mit dem weißrussischen Präsidenten Alexander Lukaschenko zusammen, während der russische Ministerpräsident Dmitri Medwedew fast gleichzeitig in Minsk weilte und Journalisten gegenüber erklärte, dass Russland «bereit sei, in der Bildung einer Union weiter voranzugehen». So könne Russland den weißrussischen Zoll, die Zentralbank und das Gerichtswesen übernehmen. Eine Integration Weißrusslands in die Russische Föderation hätte zudem einen für Putin willkommenen Nebeneffekt: Sie böte ihm die Möglichkeit, auf dem Boden einer neuen Verfassung der erste Präsident dieser Union zu werden und auf diese Weise die jetzt bestehende Amtszeitbegrenzung zu umgehen. Gegenwärtig gestattet die russische Verfassung nur zwei Amtsperioden à sechs Jahren nacheinander, weshalb Putin 2024 aus dem Amt ausscheiden müsste. Sollte sich Präsident Lukaschenko verweigern, was er wiederholt angedeutet hat, verfügt Russland über erhebliche wirtschaftliche und finanzielle Druckmittel. Doch wie würde die weißrussische Bevölkerung darauf reagieren? Passiv, resignierend oder gäbe es in Minsk Proteste wie auf dem Maidan in Kiew? Würde Moskau eingreifen, könnte dies endgültig einen neuen Kalten Krieg auslösen.

Die Liste der Kritik an Russland ist lang, und sie ist keineswegs unberechtigt. Russland fordere, so die NATO, die euroatlantische Sicherheit heraus durch «hybride Aktionen, einschließlich der versuchten Einflussnahme auf Wahlprozesse», und führe «weit verbreitete Desinformationskampagnen und bösartige Cyber-Aktivitäten» durch. Belastet wird das Verhältnis neben allen bereits genannten Faktoren auch durch den Einsatz des Nervengiftes Nowitschok bei dem Attentat in England. Der generelle Vorwurf der NATO lautet, Russland habe «die Stabilität und Sicherheit verringert, die Unvorhersehbarkeit erhöht und das Sicherheitsumfeld verändert». Doch was folgt daraus? Welche Strategie ist die erfolgversprechendste, um aus der gegenwärtigen Situation wieder herauszukommen? Welche Schritte sind am ehesten geeignet, Stabilität und Sicherheit wiederherzustellen?

Die riskante Strategie der NATO

Auch wenn insbesondere Deutschland sich immer wieder bemüht, den Gesprächsfaden zu Moskau nicht abreißen zu lassen und die Heißsporne im Zaum zu halten, so verstärkt sich doch der Eindruck, dass die Atlantische Allianz ihr Interesse an einer engen Zusammenarbeit und Einbindung Russlands mehr und mehr verliert. Man setzt darauf, Moskau durch Aufrüstung und Geschlossenheit abzuschrecken, und macht Schritte der Entspannung davon abhängig, dass Russland einlenkt und sich das Vertrauen des Westens durch Nachgeben langsam wieder verdient. Da die NATO davon ausgeht, selbst keine Verantwortung für die Eskalation zu tragen, sondern einer einseitigen Aggression Russlands gegenüberzustehen, werden auch keine Angebote unterbreitet, die Moskau wieder zur Kooperation zurückführen könnten.

Im Streit um den INF-Vertrag etwa bedeutet diese Haltung, dass die USA mit Rückendeckung der NATO Russland ein Ultimatum gestellt haben, binnen 60 Tagen die beanstandeten Raketen zu vernichten. Andernfalls werde Washington seinen Rückzug aus dem Vertrag einleiten. Und aus NATO-Kreisen war zu hören, man werde, falls das nicht geschehe, darüber nachdenken, die Raketenabwehr in Europa auszubauen oder ebenfalls mit Mittelstreckenraketen «nachzurüsten», was die Konfrontation noch mehr verschärfen und die weltweite Aufrüstung weiter beschleunigen würde. Von irgendwelchen Gegenleistungen war dagegen nicht die Rede, so als gäbe es die seit langem geäußerte russische Kritik nicht, das Raketenabwehrsystem stelle ebenfalls eine Verletzung des INF-Vertrages dar, da es auch nuklear bestückte Marschflugkörper abschießen könne, und bewaffnete US-Drohnen seien zwar keine Mittelstreckenraketen, hätten aber deren Fähigkeiten.

Vergleicht man dieses Vorgehen mit dem NATO-Doppelbeschluss, aus dem der INF-Vertrag hervorging, wird klar, was anders ist. Damals wurde die entschlossene westliche Antwort auf eine russische Provokation mit einem fairen Angebot kombiniert: der doppelten Nulllösung, einem gegenseitigen Verzicht auf nukleare Mittelstreckenraketen. Heute wird erwartet, dass Russland einseitig nachgibt und auf den Pfad einschwenkt, den der Westen vorgibt. Würde man die Lehren des Kalten Krieges beherzigen, müsste man dagegen auch die russischen Kritikpunkte angehen. In diese Richtung ließe sich etwa ein Gastbeitrag von Bundesaußenminister Heiko Maas im Nachrichtenmagazin «Der Spiegel» vom November 2018 interpretieren, in dem er für eine Neubelebung der Abrüstungs- und Rüstungskontrollpolitik warb. Er schlug dort ein «umfassendes Transparenzregime für Raketen und Marschflugkörper» sowie «ein internationales Regelwerk» vor, «das zum Beispiel auch Marschflugkörper einbezieht», und forderte generell Regelungen für «neuartige Waffenarten». Doch während Zeitungspapier geduldig ist, schlagen sich solche Initiativen in der offiziellen Politik der NATO nicht nieder. Man verfolgt eine Politik der Stärke, doch die ausgestreckte Hand, mit der diese in der Entspannungspolitik des Kalten Krieges verbunden war, sucht man gegenwärtig jenseits von rhetorischen Bekenntnissen vergeblich.

Welches Signal sendet man damit? Dass man die russischen Beschwerden nicht ernst nimmt und sie für vorgeschoben hält. Dass der «Schüler, der sich in der letzten Schulbank herumlümmelt», zur Ordnung gerufen werden muss. Doch wie soll es auf dieser Basis einen Ausgleich geben? Kennedys Strategie des Friedens beruhte darauf, die Interessen des Gegenübers zunächst einmal zur Kenntnis zu nehmen, ganz egal, was man von ihnen hält. Glaubt man ernsthaft, Russland werde einfach ohne Gegenleistung klein beigeben? Und wie will man, wenn es das nicht tut, eine immer weitere Verschärfung der Konfrontation vermeiden?

Die NATO verfolgt gegenwärtig eine unflexible, starre Strategie, die einseitig darauf setzt, dass der Gegner nachgibt, wenn man nur geschlossen hart bleibt und keinen Zweifel an der eigenen Bereitschaft zur weiteren Eskalation lässt. Doch bei Lichte betrachtet ist das eine sehr gefährliche Vorgehensweise. Denn was passiert, wenn Russland nicht nachgibt? Sollte man Moskau nicht den Weg über die Brücke etwas erleichtern? Wäre es jetzt nicht an der Zeit, wie Alexej Gromyko, Direktor des russischen Europa-Instituts in Moskau, im November 2018 zu Recht forderte, die wechselseitigen Anschuldigungen in professioneller Weise und nicht über eine «Megaphon-Diplomatie» zu behandeln? Stattdessen sollten Militärexperten beider Seiten gemeinsam alle entstandenen

Probleme diskutieren. Präsident Putin hat Donald Trump laut Gromyko bereits im Juli 2018 in Helsinki entsprechende Vorschläge unterbreitet. Sie schlossen die Streitfragen INF und START III ein. Und in seinem Neujahrschreiben an den amerikanischen Präsidenten hat Putin Ende 2018 seine Offenheit für Gespräche über eine «weitreichende Agenda» bekräftigt.

Russlands Rolle in der Welt

Vermutlich hat man sich in der NATO immer noch nicht daran gewöhnt, dass Russland nicht mehr der «schwache Staat» der 1990er Jahre ist. Mit den von Putin angekündigten neuen offensiven Nuklearwaffen, den defensiven Raketenabwehrsystemen und seinem modernisierten Militär fühlt sich Russland sicher, unangreifbar und auf Augenhöhe mit den USA. Russland hat seine Rolle als unabhängige Weltmacht unter der Präsidentschaft Putins systematisch ausgebaut und wird auch zukünftig alles versuchen, sie in der multipolaren Welt des 21. Jahrhunderts zu behaupten. Der Sitz im UN-Sicherheitsrat garantiert Russlands Einfluss in der internationalen Politik. Aber es steht auch keineswegs allein da.

China wird von Moskau als «strategischer Partner» gepriesen, und das umso mehr, als die Differenzen zwischen den USA und Russland, zwischen der EU und Russland sowie zwischen den USA und China ständig zunehmen. Die Beziehungen zu China seien, so Putin, noch nie so gut und freundschaftlich gewesen. Im UN-Sicherheitsrat kooperieren beide Mächte in vielen internationalen Konflikten und blockieren immer wieder wichtige Vorhaben und Initiativen Washingtons und seiner Partner. China wird in Moskau allerdings dennoch mit einem gewissen Argwohn gesehen. Pekings strategisches Ziel, Führungsmacht eines «asiatisch-pazifischen Machtzentrums» unter Einschluss der ASEAN-Gruppe zu sein, berührt auch russische Ambitionen in der asiatisch-pazifischen Region und beim Aufbau einer Eurasischen Wirtschaftsunion. Mit seiner Initiative der «Neuen Seidenstraße» (One Belt, One Road; OBOR) baut Peking seinen Einfluss in Eurasien auch auf Kosten Moskaus aus. Zudem ist China inzwischen eine starke und innovative Wirtschaftsmacht, während Russland ökonomisch noch zu sehr von seinem Rohstoffsektor abhängig ist. Es ist also eher die Konfrontation mit dem Westen, die Russland nach China blicken lässt.

Neben China gilt Indien Putin als strategischer Partner, als Pol in einer Welt, die sich neu zu ordnen beginnt und in der es nach ihm neben Russland eine führende Rolle spielen soll. Deshalb unterstützt Moskau auch den Anspruch Indiens, Mitglied des UN-Sicherheitsrates zu werden. Indien zählt traditionell zu den größten Waffenimporteuren aus Russland.

Wie China hat Russland unter Präsident Putin zudem begonnen, seinen Einfluss in Afrika auszubauen. Es knüpft dabei an die ehemaligen sowjetischen Netzwerke an. Die Sowjetunion hatte in Afrika viele Unabhängigkeitsbewegungen militärisch unterstützt und tausende Berater entsandt. Auch heute stehen für Moskau nicht die wirtschaftlichen Interessen im Vordergrund. Vielmehr geht es zumeist um militärische Kooperationen, um die Ausbildung lokaler Truppen und um Waffenlieferungen. Jüngstes Beispiel ist das Militärabkommen mit der Zentralafrikanischen Republik, obwohl deren Truppen bereits von der EU trainiert werden. Militärische Kooperationen bestehen mit Kamerun, mit der Demokratischen Republik Kongo, Burkina Faso, Uganda und Angola. Wirtschaftliche Projekte betreibt Russland im Sudan, in Simbabwe und Guinea. So manches hochrangige Regierungsmitglied dieser Staaten hat noch in der UdSSR studiert.

Auch mit lateinamerikanischen Staaten hat Russland seine Beziehungen in den vergangenen Jahren intensiviert, insbesondere mit Kuba, Venezuela, Nicaragua, Argentinien und Brasilien. Präsident Putin unterzeichnete auf seiner Lateinamerikareise im Juli 2014 zahlreiche Vereinbarungen im Bereich der Energiekooperation und über die Lieferung von Waffen und Rüstungsgütern.

Hinzu kommt der Versuch, eine internationale Vereinigung wirtschaftlich stark wachsender Schwellenländer, die sogenannten BRICS-Staaten, als globalen und einflussreichen Spieler zu entwickeln. Die beteiligten Staaten: Brasilien, Russland, Indien, China und Südafrika, deren Anfangsbuchstaben den Namen der Vereinigung bilden, zeichneten sich in der Gründungsphase durch ein hohes jährliches Wirtschaftswachstum aus. 2009 fand in Jekaterinburg in Russland das erste Gipfeltreffen statt, und seitdem trifft man sich jährlich. Die BRICS-Staaten umfassen zusammen 42 Prozent der Weltbevölkerung und tragen ca. 22 Prozent zur globalen Wirtschaftsleistung bei. 2015 gründete die Staatengruppe in der russischen Stadt Ufa eine gemeinsame «Entwicklungsbank» (New Development Bank) und einen eigenen, gemeinsamen «Währungsfonds». Wegen spekulativer Überhitzungen, der hohen Verschuldung einzelner Mitgliedsstaaten sowie des zwischenzeitlichen Verfalls der Rohstoffpreise und innenpolitischer Turbulenzen in den einzelnen Ländern ist das Ergebnis der Zusammenarbeit aufgrund des niedrigen Investitionskapitals bisher bescheiden geblieben. Doch sie zeigt das Bestreben Moskaus und Chinas, eigene Partnerschaften und Institutionen ohne die USA und ohne Europa zu schaffen. Putin umwarb seinen chinesischen Kollegen Xi Jinping mit den Worten: «Wenn Russland und China ihre Kräfte bündeln, können sie alle Probleme überstehen.»

In dieselbe Richtung weist auch die Schanghai-Organisation. Gegründet 2001, gehören ihr neben China und Russland auch Indien, Pakistan, Kasachstan, Kirgistan, Tadschikistan und Usbekistan an. 2005 hatten die USA einen Beobachterstatus beantragt, der jedoch abgelehnt wurde. Der Iran hat dagegen einen Beobachterstatus erhalten und inzwischen die Mitgliedschaft beantragt. Präsident Xi hat dem Iran seine Unterstützung zugesagt. Als Regionalorganisation geht es ihr vorrangig um die Zusammenarbeit in Sicherheitsfragen Zentralasiens wie Terrorismus, Separatismus und Extremismus, um den Kampf gegen den Drogenhandel und gegen das organisierte Verbrechen, aber auch um die wirtschaftliche, wissenschaftliche und kulturelle Zusammenarbeit. Inzwischen wurden von den Mitgliedsstaaten auch eine Reihe gemeinsamer militärischer Manöver durchgeführt, so in Kasachstan, China und Russland. Die Schanghai-Organisation verteidigt das Vorgehen Chinas in Tibet und in der Provinz Xinjiang genauso wie Russlands Tschetschenien-Politik oder die autoritäre Innenpolitik der zentralasiatischen Staaten. In diesem Zusammenhang wirft sie den USA vor, oppositionelle NGOs und «Farbenrevolutionen» zu finanzieren, um einen Regimechange zu erreichen. Tatsächlich dürfte ein wichtiges Ziel Russlands und Chinas bei der Gründung der Schanghai-Organisation darin gelegen haben, zu verhindern, dass sich die USA im Gefolge des Afghanistankrieges dauerhaft in Zentralasien militärisch etablieren. Andererseits wollen viele Mitgliedsstaaten auch gute Beziehungen zu den USA und zur EU unterhalten, als Gegengewicht zur Abhängigkeit von Russland und China. Ein Tor zu sein zu Asien mit seiner christlichen, orthodoxen und islamischen Mischkultur entspricht aber auch generell einer langen geschichtlichen Tradition Russlands. In diesem Zusammenhang zitieren ihre Anhänger gerne Fjodor M. Dostojewski: «In Europa waren wir Asiaten, während wir in Asien auch Europäer sind.»

Infolge der Fehler amerikanischer Politik ist Russlands Einfluss im Nahen und Mittleren Osten in den letzten Jahren stark gestiegen. Über Syriens Zukunft kann nicht mehr ohne Moskau entschieden werden. Präsident Putin wird alles versuchen, die Verhandlungsrunden in der Kasachischen Hauptstadt Astana zum Erfolg zu führen, den Krieg in Syrien zu beenden und Assad in seinem Amt zu stabilisieren. Für ihn wäre das ein großer diplomatischer Erfolg nach innen wie nach außen: Frieden zu schaffen, wenn auch einen kalten Frieden, ohne Regimewechsel und ohne territoriale Verschiebungen. Doch Russland zieht auch ganz konkrete Vorteile aus seinem Eingreifen. Laut Vizepremier Dmitri Rogosin konnten große Waffengeschäfte mit Syrien getätigt und russische Waffensysteme im Einsatz getestet werden.

Im April 2018 sagte Putin bei seinem Treffen mit dem türkischen Präsidenten Erdoğan zu, die bereits im Dezember 2017 vereinbarte Lieferung des russischen Raketenabwehrsystems S-400 zu beschleunigen und löste scharfe Kritik der USA und Israels aus. Gleichzeitig feierten beide Präsidenten den Startschuss für den Bau eines russischen Atomkraftwerkes in der Türkei. Außerdem kann Russland jetzt seine Marinebasis in der syrischen Hafenstadt Tartus endgültig zu einem vollwertigen Stützpunkt ausbauen. Zukünftig werden sich dort elf, auch atomar bestückte Schiffe aufhalten können. Die neue Vereinbarung mit einer Vertragsdauer von 49 Jahren ermöglicht es Russland, seine Präsenz im Mittelmeer entscheidend zu verstärken. Für Putin ist das ein weiterer Schritt zu der von ihm angestrebten neuen globalen Rolle für Russland, mit der er zugleich deutlich machen will, dass es sich mit den USA auf Augenhöhe bewegt.

Auch die russischen Beziehungen mit dem Iran, mit dem Moskau in Syrien kooperiert, haben sich in den letzten Jahren vertieft. Gleichzeitig zeigt sich im Falle Irans ebenso wie in Syrien sehr deutlich, dass der Westen Russland in zahlreichen weltpolitischen Konflikten als Partner braucht, wenn er diese lösen will. Die drohende nukleare Aufrüstung des Iran bot Moskau eine willkommene Gelegenheit, seine internationale Verantwortung und Kooperationsbereitschaft unter Beweis zu stellen. Gespräche im Kreml machten schon sehr früh deutlich, dass Russland kein Interesse hatte, an seiner Südflanke mit einer weiteren Nuklearmacht neben Pakistan und Indien konfrontiert zu werden. Dennoch vereinbarte Moskau mit Teheran im November 2014 ein Paket über die Errichtung von bis zu acht Kernkraftwerkeinheiten, für die es auch den Brennstoff zur Verfügung stellen sollte. Den genutzten Brennstoff will Russland jedoch wieder zurücknehmen, um ihn im eigenen Land endzulagern. Gleichzeitig setzte Russland seine Rüstungskooperation mit dem Iran fort und vertiefte auch die politische, wirtschaftliche und kulturelle Zusammenarbeit. So verknüpft die russische Führung internationale Verantwortung geschickt mit wirtschaftlichen Interessen.

Auch aufgrund russischer Vermittlung kam es im Juli 2015 nach 13 Jahren Atomstreit zu einer Einigung. Das Abkommen, das der Iran und die fünf ständigen Mitglieder im UN-Sicherheitsrat, Russland, Großbritannien, Frankreich, China und die USA, sowie Deutschland unterzeichnet haben, gilt bis heute als strategischer Durchbruch. Gleichzeitig regte sich von Anfang an Kritik, weil es auf zehn bis 15 Jahre begrenzt ist und seine Wirksamkeit von manchen Experten vor allem im amerikanischen Kongress angezweifelt wird. Präsident Trump hatte schon im Wahlkampf das Verhandlungsergebnis als «schrecklichen und einseitigen Deal» bezeichnet, den er dementsprechend im Mai 2018 aufkündigte. Auf dem Treffen der Schanghai-Gruppe im Juni 2018 kritisierte Präsident Putin in Anwesenheit des iranischen Präsidenten Hassan Rohani diese Entscheidung. Sie wirke sich für die ganze Region «destabilisierend» aus. Rohani bedankte sich auf seine Art. Er lobte die gegenseitigen Beziehungen, die sich «sehr positiv» entwickeln würden, und äußerte den Wunsch, den gegenseitigen Austausch und die Zusammenarbeit zu verstärken. Wie sehr sich inzwischen die Beziehungen qualitativ verbessert haben, war bereits im August 2016 deutlich geworden, als der

Iran seinen Luftstützpunkt Nojeh in der Provinz Hamedan kurzfristig für den Einsatz russischer Kampfflugzeuge in Syrien zur Verfügung gestellt hatte.

Während Russland in den letzten Jahren global an Gewicht und an Partnern gewonnen hat, war die Wirkung der westlichen Sanktionen bisher begrenzt. In manchen Sektoren haben sie Russland sogar wirtschaftlich unabhängiger und damit stärker gemacht. Viel entscheidender für die Entwicklung der russischen Wirtschaft war aber zuletzt der Ölpreis. Und Russland vom internationalen Energiemarkt auszuschließen, wie das im Falle des Iran praktiziert wurde, dürfte angesichts der zumindest mittelfristig hohen Abhängigkeit Europas von russischen Gaslieferungen schwierig werden. So kann der Westen Russland bei einer verschärften Konfrontation zwar wirtschaftlich Schaden zufügen, in die Knie zwingen wird er es auf diesem Wege aber nicht.

Es ist daher wenig wahrscheinlich, dass Russland sich vom Westen unter Druck setzen lassen wird. Für die gegenwärtige Strategie der NATO verheißt das nichts Gutes. Wer sich selbst als so stark und unabhängig einschätzt, wie die russische Führung dies tut, muss in den aktuellen Konfliktfällen keine voreiligen Kompromisse und nachteiligen Lösungen akzeptieren.

Die Zukunft der Ukraine

Das gilt insbesondere auch für die Ukraine. Die Halbinsel Krim ist für Präsident Putin von geostrategischer Bedeutung. Der Stützpunkt der russischen Marine in Sewastopol sichert Russland die Kontrolle des Schwarzen Meeres und den Seeweg zum Mittelmeer. Manche Beobachter wollen nicht ausschließen, dass die erheblichen Entwicklungskosten, die Moskau für die Krim aufbringen müsste, ein Anlass sein könnten, sie für eine Zusage der Ukraine, den Marinehafen dauerhaft nutzen zu können, wieder an sie zurückzugeben Gesprächspartner in Moskau sprechen von vielen Milliarden, die Russland für die Krim aufbringen müsse. Der frühere russische Finanzminister Alexej Kudrin bezifferte die direkten und indirekten Kosten ihrer Angliederung auf 150 bis 200 Milliarden US-Dollar. Doch müsste dazu wohl gleichzeitig die ukrainische NATO-Perspektive offiziell zurückgenommen werden. Eine militärische Rückgewinnung jedenfalls bleibt eine Illusion und könnte eine unübersehbare Krise in ganz Europa auslösen. Wer wollte dazu bereit sein?

In der Ostukraine finden nach wie vor Kämpfe zwischen dem ukrainischen Militär und prorussischen Separatisten statt. Auch rechtsradikale Milizen haben ihre Hand im Spiel. Der in Minsk vereinbarte Waffenstillstand wird ständig gebrochen. Die OSZE-Beobachtergruppe, die ihn überwachen soll, meldet Nacht für Nacht mal mehr, mal weniger Detonationen und Schüsse von schweren und leichten Waffen. Nach einem Bericht der OSZE-Beobachtungsmission hat es allein im Mai 2018 rund 28 000 Waffenstillstandsverletzungen gegeben.

Vereinbarungsgemäß sollten die schweren Waffen längst abgezogen sein. Fast regelmäßig kommen in der Ostukraine Zivilisten wie Milizionäre zu Tode. Männer mit «militär-ähnlichem Outfit» wechseln regelmäßig zu Fuß über die russisch-ukrainische Grenze. Lange LKW-Kolonnen aus Russland fahren bei Tag und Nacht mit unbekannter Ladung in die Ostukraine. Doch auch hier wird und kann es keine militärische Lösung geben.

Trotz des Minsk-II-Abkommens, das in einer Nachtsitzung im Februar 2015 zwischen der Bundeskanzlerin, dem französischen Präsidenten Hollande, Präsident Putin und dem ukrainischen Präsidenten Poroschenko ausgehandelt wurde, zeichnet sich noch keine diplomatische Lösung ab. Das Abkommen war neben Vertretern der Ukraine, Russlands und der OSZE selbst von den Separatisten unterschrieben worden. Im Rahmen der Verhandlungen hatten alle vier Staats- und Regierungschefs «ihre uneingeschränkte Achtung der Souveränität und der territorialen Unversehrtheit der Ukraine» bekräftigt und gemeinsam festgestellt, «dass es zu einer ausschließlich friedlichen Lösung keine Alternative gibt».

Manche Beobachter behaupten, dass in Wirklichkeit weder die Ukraine noch Russland ein Interesse hätten, die Ostukraine endgültig zu übernehmen. Für beide wäre das sogar die «größte Strafe». Die wirtschaftliche und finanzielle Belastung wäre zu groß. Zu dramatisch seien in der Ostukraine die Zerstörungen an den Gebäuden und an der Infrastruktur. Die wichtigsten Betriebe und Minen seien zerstört oder abmontiert. Hunderttausende Einwohner sind entweder nach Russland oder in die Westukraine geflüchtet. Kiew hätte weder das Geld noch die staatlichen Einrichtungen, die Separatistengebiete wieder zu integrieren.

Präsident Putin hat jetzt vorgeschlagen, zur Überwachung des Waffenstillstandes Blauhelm-Truppen der Vereinten Nationen im ostukrainischen Konfliktgebiet einzusetzen, allerdings nur entlang der Kontaktlinie. Das könnte sinnvoll sein, doch sollten unter ihnen laut Putin auch russische Soldaten zum Einsatz kommen. Nach ukrainischer Auffassung dagegen sollte nicht nur die Einhaltung des Waffenstillstandes überwacht werden, sondern die ganze Ostukraine einschließlich der beiden Separatistengebiete. Doch das lehnt wiederum Russland ab.

Bis zur Stunde bewegt sich daher nichts. Keine Seite ist bereit, den ersten Schritt zu tun. Moskau konzentriert sich auf die im Minsker Abkommen enthaltene Vereinbarung, dass die Regierung in Kiew den abtrünnigen Territorien im Donbas einen Sonderstatus in der ukrainischen Verfassung verleiht und ein Sondergesetz über Wahlen in diesen Gebieten beschließt. Die ukrainische Seite fordert die Durchsetzung der Waffenruhe, den Abzug schwerer Waffen und den Austausch von Gefangenen. Und Russland setzt seine hybride Kriegführung fort. Russische Soldaten bilden eine stete Drohkulisse an der ukrainischen Grenze und sind zugleich Schild und Versorger ihrer Kräfte in der Ostukraine. Die Okkupation der Krim und der Konflikt in der Ostukraine sind für Russland nicht zuletzt der Hebel, eine ukrainische NATO-Mitgliedschaft und damit eine mögliche Präsenz von NATO-Truppen entlang seiner 2295 Kilometer langen gemeinsamen Grenze mit der Ukraine zu blockieren.

Um eine weitere Eskalation des Konfliktes zu verhindern, sollte die EU nach der Assoziierung der Ukraine verstärkt darauf drängen, dass diese ihre demokratischen und vor allem rechtsstaatlichen Reformen beschleunigt fortsetzt, der immer noch erschreckend hohen Korruption ein Ende setzt, die marktwirtschaftlichen Reformen fortführt und die Privatisierung der Staatsbetriebe durchsetzt. Überfällig wäre die Auflösung der rechtsradikalen Verbände und Milizen. Ein ukrainischer Zweisprachen-Staat, der Russisch als gleichberechtigte Zweitsprache zulassen würde, könnte auch zum Modell für Russland werden. Der Weg zu einem demokratischen Rechtsstaat ist weit, und das ukrainische Reformtempo hat spürbar nachgelassen.

Der ehemalige polnische Finanzminister und Vater der polnischen Reformen, der «Schocktherapie» von 1989/90, Leszek Balcerowicz, hatte die Leitung einer hochrangigen Beratergruppe für Reformen in der Ukraine übernommen und bereits 2016 der Öffentlichkeit ein umfassendes Reformpaket vorgelegt. Darin sind nach seiner Meinung alle wichtigen und notwendigen Themen abgedeckt: die Dezentralisierung des Staates, der Kampf gegen die Korruption, der Umbau des Justizsystems, die Reform der Staatsfinanzen, Privatisierungen, die Demonopolisierung und Deregulierung der Wirtschaft. Nach Ansicht von Balcerowicz sollten diese Reformen im Paket verabschiedet werden. Und er fügte hinzu: «Sie schmerzen nur einzelne Interessengruppen, namentlich die Oligarchen im Land.» Doch zu ihnen gehört bekanntlich auch Präsident Poroschenko. Nach eigenen Angaben – so die «FAZ» vom 5. November 2016 – besitzt er «104 Unternehmen in der Ukraine, in Russland, Spanien, Polen, China und Zypern, auf den britischen Jungferninseln und in den Niederlanden. Sein Palast in einem Kiewer Luxusvorort hat 1131,7 m^2.»

Ein ehemaliger finnischer Präsident erinnerte auf der Münchner Sicherheitskonferenz im Februar 2015 an die geschichtliche Erfahrung der Finnen, als er sagte: «Wenn die Menschen an Demokratie glauben, können sie Stalins Truppen schlagen.» Die finnischen Truppen hatten im Winterkrieg 1939/40 den von Stalin befohlenen Angriff der Sowjetarmee erfolgreich zurückgeschlagen. Bezogen auf die Ukraine könnte man sagen: Als die Ukrainer auf dem Maidan an Europa glaubten, konnten sie Janukowitsch schlagen. Wenn die demokratischen und marktwirtschaftlichen Reformen endlich erfolgreich durchgesetzt würden, könnten sie auch die Separatisten schlagen. Militärisch kann die Ukrainekrise nicht gelöst werden. Daran werden auch die gemeinsamen ukrainisch-amerikanischen Manöver nichts ändern. Sie sind eher geeignet, die Gesamtsituation zu verschärfen. Das sogenannte Normandie-Famat, also Verhandlungen zwischen Deutschland, Frankreich, Russland und der Ukraine, bleibt vorläufig das einzige Instrument, um Fortschritte in der Ukrainekrise zu erreichen.

Die neue Entspannungspolitik

Wenn die NATO ihre gegenwärtige Politik fortsetzt, wird der Konflikt immer weiter eskalieren. Russland fühlt sich stark und wird auch einem weiter erhöhten Druck nicht weichen.

Man kann nur hoffen, dass es keiner neuen Kubakrise bedarf, bis ein Umdenken stattfindet und wieder das Streben nach Entspannung und Rüstungskontrolle in den Vordergrund rückt. Was in Europa fehlt, was im ganzen Westen fehlt, sind Politiker, die die vereinbarten Ziele, wie die Pariser Charta von 1990, ständig in Erinnerung halten, sie den Bürgern erklären und für sie werben.

Bundeskanzler Helmut Kohl und der französische Präsident François Mitterrand waren Wanderprediger in Sachen Europa. Helmut Kohl wie übrigens auch Franz Josef Strauß wollten die Vereinigten Staaten von Europa, Mitterrand wollte eine europäische Konföderation. Sie entwickelten in zahllosen persönlichen Begegnungen auch ihrer Außenminister Hans-Dietrich Genscher und Roland Dumas eine gemeinsame Strategie, die Europa über den gemeinsamen Binnenmarkt, über das Schengen-Abkommen, über eine Wirtschafts- und Währungsunion mit der gemeinsamen Währung und über eine Politische Union zu ihrem Ziel führen sollte. Der Weg ist lang und schwierig, aber jeder weiß es. Heute heißen die Ziele: «Wir brauchen mehr Europa» bzw. «Aufbruch nach Europa». Jeder stelle sich darunter vor, was er wolle.

Helmut Kohl gab auf dem Höhepunkt des Kalten Krieges in den achtziger Jahren das Ziel vor: «Frieden schaffen mit weniger Waffen». Einen Weg dazu vereinbarte er mit US-Präsident Reagan im November 1984. Und wie bereits beschrieben, konnten unter den Präsidenten Reagan und George Bush sen. und mit Hilfe der NATO mit der UdSSR und Russland die weitreichendsten Abrüstungskontrollvereinbarungen getroffen werden. Heute rüstet ein US-Präsident Trump hemmungslos auf, die NATO folgt und, welche Überraschung, Russland und China rüsten ebenfalls auf. Alle hatten über Jahre von der «Sicherheitspartnerschaft» mit Russland gesprochen, angefangen von der NATO über die EU bis zur Bundesregierung, die dann noch die «Modernisierungspartnerschaft» und die «Innovationspartnerschaft» hinzufügte. Man wartete schon gespannt darauf, welche «Partnerschaften» von der Bundesregierung zukünftig noch entdeckt würden. Doch am Ende blieben sichtbare Ergebnisse aus, weil die konkreten Schritte zur Umsetzung fehlten.

Als die Mauer fiel, hatte Bundeskanzler Helmut Kohl den Mut, das Ziel der deutschen Einheit anzukündigen. In seiner Zehn-Punkte-Rede vom November 1989 erklärte er die Strategie, wie er das Ziel erreichen wollte. Jeder Bürger und jeder Verhandlungspartner kannte sie. Überzeugend führen kann nur der, der den Bürgern klare Ziele vorgibt, Perspektiven aufzeigt und sich ihrer selbst sicher ist. Führen kann nur der, der entsprechende Strategien entwickelt sowie Wege und Instrumente vorweist, wie er diese Ziele erreichen will. Führen kann nur der, der bereit ist, dafür die Menschen zu mobilisieren, um die notwendige Akzeptanz und den demokratischen Konsens der Mehrheit der Bürger zu gewinnen, die zur Durchsetzung der Ziele unabdingbar sind. Führen kann nur der, der durch moralische Integrität und Kompetenz persönliche Autorität gewinnt und auch beansprucht.

Die Atlantische Allianz ist für Europa von strategischer Bedeutung, weil sie die USA vertraglich an Europa bindet. Sie war während des Kalten Krieges über Jahrzehnte der Garant für Frieden, Freiheit und Menschenrechte in Europa und am Ende auch ein wichtiger Motor für Entspannung und Abrüstung mit der Sowjetunion und den Warschauer-Pakt-Staaten. Diese Aufgabe muss sie unter den veränderten Voraussetzungen weiterführen. Im Grunde braucht es dafür keine neuen Vereinbarungen mehr zwischen Russland und der NATO, denn die Grundakte sagt alles über eine mögliche Partnerschaft aus, was nötig ist. Stattdessen muss daran gearbeitet werden, den bereits bestehenden Rahmen wieder mit Leben zu füllen.

Damit ist nicht gesagt, dass die NATO und ihre Mitgliedsstaaten die russischen Provokationen und die Aggression in der Ukraine ohne Antwort lassen sollen. Doch es gilt, die Lehren des Kalten Krieges zu beherzigen: Stärke und Entspannung schließen sich nicht aus, sie können sich vielmehr gegenseitig befördern. Wir brauchen wieder eine Politik, die die Bereitschaft zur Konfrontation mit der ausgestreckten Hand verbindet, mit konkreten Angeboten, die den Weg zur Deeskalation weisen, zu Abrüstung und Rüstungskontrolle, zu Entspannung und Partnerschaft. Und wenn das erfolgreich sein soll, dann müssen die NATO-Staaten wieder anfangen, die russischen Interessen ernst zu nehmen und Kompromisse einzugehen. Dies betrifft etwa den A-KSE-Vertrag, das Raketenabwehrsystem und die NATO-Perspektive für die Ukraine und Georgien. Es braucht wieder eine Gipfeldiplomatie, wie in der Endphase des Kalten Krieges, wo alle gegenseitigen Beschwerden auf den Tisch kommen und nach gemeinsamen Lösungen gesucht wird – sei es im Rahmen des NATO-Russland-Rates oder der OSZE. Es braucht eine Neubelebung der Charta von Paris. Werden solche Initiativen offiziell und mit Nachdruck verfolgt, dann muss sich auch Russland bewegen.

Brücken bauen

Nichts hat den Weg in die Konfrontation so beschleunigt, wie das wachsende gegenseitige Misstrauen zwischen Russland und dem Westen. Gegenwärtig vermuten beide Seiten bei ihrem Gegenüber meist die schlimmstmöglichen Absichten und Motive. Die entscheidende Währung, um die gegenwärtige Krise zu überwinden, ist daher Vertrauen – insbesondere zwischen den handelnden Politikern. Es kann jedoch in der aktuellen Situation nur Schritt für Schritt aufgebaut werden. Das setzt auch jeweils einen gewissen Vertrauensvorschuss voraus; das heißt nichts anderes, als dass man selbst bereit sein muss, sich einem gewissen Risiko auszusetzen, dass das entgegengebrachte Vertrauen missbraucht oder nicht mit dem gleichen Vertrauen beantwortet wird. Wenn ich Vertrauen gewinnen will, darf ich dem Partner aber keine Bedingungen stellen oder Sanktionen ankündigen. Es geht dabei nicht um blindes Vertrauen. Das Risiko, das jemand eingeht, muss kalkulierbar und tragbar sei. Auch 1989/90 musste Zug um Zug Vertrauen aufgebaut und nach der Maßgabe gehandelt werden: Hilfst Du mir, dann helfe ich Dir. Am Ende müssen beide Seiten Gewinner sein. Ansonsten ist Otto von Bismarck zuzustimmen, der einmal gesagt hat: «Ein ehrlicher Feind ist besser als ein falscher Freund.»

Kein anderer Staat hat so gute Voraussetzungen wie die Bundesrepublik Deutschland, um die Beziehungen mit Russland zu entwickeln und nach und nach wieder zu verbessern. Gemeinsam mit Frankreich sollte Deutschland dabei im westlichen Bündnis eine Führungsrolle übernehmen und den gegenläufigen Tendenzen in Washington und den osteuropäischen Mitgliedsstaaten weiterhin offensiv entgegentreten.

Am 18. August 2018 haben sich Bundeskanzlerin Angela Merkel und Präsident Wladimir Putin zu einem persönlichen Gespräch im Gästehaus der Bundesregierung auf Schloss Meseberg in der Nähe von Berlin getroffen. Nach Mitteilung des Bundespresseamtes war es innerhalb der letzten fünf Jahre die 15. Begegnung sowohl bilateraler Art als auch im multilateralen Rahmen wie zuletzt auf dem G-20-Gipfel. Im gleichen Zeitraum hätten beide 54-mal miteinander telefoniert, meistens nur zu zweit oder im sogenannten Normandie-Format gemeinsam mit dem französischen und ukrainischen Präsidenten, wenn es um die Minsker Vereinbarung ging.

Es war auch die Bundeskanzlerin, die im Februar 2015 die Initiative ergriffen und ihren französischen Partner, Präsident François Hollande, gewissermaßen an die Hand genommen hatte, um mit ihm nach Moskau zu Präsident Putin zu reisen und dann gemeinsam in der weißrussischen Hauptstadt Minsk unter Einbeziehung des ukrainischen Präsidenten Petro Poroschenko das Minsker Abkommen zu verhandeln. Es sollte ein Verhandlungsmarathon von 17 Stunden Dauer werden, unterbrochen nur von Vier-Augen-Gesprächen. Das ist vermutlich ein Verhandlungsrekord.

Viele werden sich noch an die eindrucksvollen Fernsehbilder vom 18. Mai 2018 erinnern, als Präsident Putin die Bundeskanzlerin in seiner Sommerresidenz in Sotschi mit einem prächtigen Strauß weißer Rosen begrüßte. In der gemeinsamen Pressekonferenz nach Abschluss der Gespräche betonte die Bundeskanzlerin, dass «gute Beziehungen zu Moskau im strategischem Interesse Deutschlands» seien. Sie halte «das Miteinander-Reden für absolut wichtig». Bei allen Differenzen gebe es «auch Themen, bei denen sind wir durchaus einer Meinung».

Auch Präsident Putin sprach sich für einen «engen Dialog mit Deutschland» aus. Und er fügte hinzu, dass es «verschiedene Einschätzungen der einen oder anderen Situation auf der Welt» gebe, aber die Probleme könnten nicht gelöst werden, «wenn man keinen Dialog miteinander führt». Was die Minsker Vereinbarung betreffe, sei sie «alternativlos», erklärte Putin, und nach Aussage von Angela Merkel bleibt das Minsker Abkommen bis zur Stunde die «einzige Grundlage, auf der wir arbeiten können».

Die Häufigkeit und Ausführlichkeit der Gespräche und Begegnungen sind ein Hinweis darauf, dass beide den jeweils anderen als wichtigen und handlungsfähigen Partner anerkennen und schätzen. Präsident Putin hat sich einmal in einem kleinen Kreis sehr positiv über die Bundeskanzlerin geäußert. Sie spreche Themen klar und sachlich an. Sie höre im Gegensatz zu anderen Gesprächspartnern zu und greife Argumente nicht nur auf, sondern kommuniziere auch öffentlich sachgerecht. Im Umgang mit Partnern zeige sich ihre christliche Er-

Angela Merkel – Garant für politische Stabilität und Dialogfähigkeit mit West und Ost

ziehung. Für ihn sei sie in Europa der wichtigste Gesprächspartner.

Für Präsident Putin ist die Bundeskanzlerin in der Sache eine sicherlich harte und unbequeme, aber eine vertrauenswürdige und zuverlässige Partnerin. Den wenigen Hinweisen nach, die in Erfahrung zu bringen sind, sieht die Bundeskanzlerin ihren russischen Partner kritischer, vor allem was seine Wahrhaftigkeit und Verlässlichkeit betrifft. Aufgrund ihres ersten Lebensabschnitts in der DDR müsste Präsident Putin für sie jedoch verständlicher und berechenbarer sein als für andere westliche Politiker.

Neben Frankreich kann Polen eine Schlüsselrolle für das Verhältnis zwischen dem Westen und Russland spielen – im positiven wie im negativen Sinne. Warschau kann einen Prozess der Annäherung und Zusammenarbeit mit Russland fördern, aber auch ernsthaft gefährden. Deshalb war es fast ein genialer Schritt, dass sich im August 1991 die Außenminister Deutschlands, Frankreichs und Polens in Weimar trafen, um das «Weimarer Dreieck» ins Leben zu rufen, ein informelles Gesprächsformat mit dem Ziel, «konkrete gemeinsame Impulse für die Außen- und Europapolitik [zu] geben».

Seit 1998 trafen sich in unregelmäßigen Abständen auch die Staats- und Regierungschefs. Bei ihrem fünften Treffen im Mai 2005 in Nancy sprachen sie unter anderem über die Beziehungen der EU zu Russland und der Ukraine. Im Jahr darauf stellte der damalige polnische Staatspräsident Lech Kaczynski das Weimarer Dreieck in Frage. Als Beratungsgremium könne es keine konkreten Ergebnisse beschließen. 2011 fand in Warschau das letzte Treffen der Staats- und Regierungschefs statt. Erst im Mai 2013 kündigten der französische Präsident François Hollande und sein polnischer Kollege Bronislaw Komorowski mit Zustimmung der Bundeskanzlerin die Wiederbelebung des Weimarer Dreiecks an. Es war und blieb ein inoffizieller Beratungskreis, aber es bot etwa die Chance für die Außenminister, ihren russischen oder ukrainischen Kollegen in die Suche nach Lösungen einzubeziehen. Doch das vorerst letzte Treffen sollte im April 2014 in Berlin und in Weimar stattfinden. Im Februar hatten die drei Außenminister noch auf dem Höhepunkt der Maidan-Proteste die Chance genutzt, in Kiew mit dem ukrainischen Staatspräsidenten sowie mit Führern der Opposition Gespräche zu führen.

Außenminister Heiko Maas hat sich bei seinem Antrittsbesuch in Warschau im März 2018 für enge Beziehungen mit Polen ausgesprochen und für die Wiederbelebung des Weimarer Dreiecks geworben. Der polnische Außenminister Jacek Czaputowicz unterstützt den Vorschlag. Doch vor dem Hintergrund der unterschiedlichen Positionen in der EU-Politik zögert Frankreich noch. Die Interessenunterschiede sind sehr groß. Mit Sicherheit gilt das heute auch für die Beziehungen zu Russland.

Zeitweise hatte es ermutigende Anzeichen gegeben, dass sich die russisch-polnischen Beziehungen unter Präsident Putin in eine positive Richtung entwickeln könnten. Im Vorfeld der Gedenkfeiern zum deutschen Überfall auf Polen, die am 1. September 2009 auf der Westerplatte bei Danzig stattfanden, hatte Putin in einem Gastbeitrag für die polnische Zeitung «Gazeta Wyborcza» den Hitler-Stalin-Pakt als «unmoralisch» verurteilt. Er könne «mit Fug und Recht» verurteilt werden. Am Ende seien Polen und Russen Waffenbrüder im Kampf gegen einen gemeinsamen Feind gewesen.

Am 7. April 2010 trafen sich Putin und der polnische Ministerpräsident Donald Tusk anlässlich des 70. Jahrestages des Massakers von Katyn zu einer gemeinsamen Gedenkveranstaltung, die Putin im Februar des Jahres angeregt hatte. Das alles waren Schritte in die richtige Richtung, auch wenn Putins Reden in Polen zwiespältige Gefühle ausgelöst haben. Die Katastrophe trat ein, als die polnische Maschine mit dem Präsidenten Lech Kaczynski und seiner Delegation Tage später beim Anflug auf die russische Stadt Smolensk abstürzte. Sein Zwillingsbruder Jaroslaw Kaczynski macht bis heute Russland für den Absturz verantwortlich. Als Chef der nationalkonservativen PiS-Partei (Partei Recht und Gerechtigkeit) dirigiert er den amtierenden polnischen Präsidenten sowie die Regierung, beschneidet die Unabhängigkeit der Medien und der Justiz und verfolgt nicht nur einen EU-kritischen Kurs, sondern auch eine kompromisslos ablehnende Politik gegenüber Russland. Doch im Herbst 2019 finden in Polen Parlamentswahlen statt und im Jahr darauf Präsidentschaftswahlen. Sollten sich die politischen Mehrheiten ändern, wäre auch eine andere Außenpolitik Polens wieder möglich.

Deutschland, Frankreich und Polen könnten gemeinsam ein entscheidender Motor für die Entwicklung konstruktiver

Beziehungen zu Russland sein. Die schrecklichen Ereignisse des Zweiten Weltkrieges und die bitteren Erfahrungen während des Kalten Krieges sollten für alle Anlass genug sein, Wege des Dialogs, der Verständigung und der Zusammenarbeit nicht nur untereinander, sondern auch mit Russland zu erarbeiten und zu praktizieren. Die gemeinsamen Ziele sind mit der Charta von Paris von 1990 längst definiert und von allen unterschrieben worden. Eine gesamteuropäische Sicherheitsordnung und eine gesamteuropäische Freihandelszone müssen im Interesse aller sein, auch Polens. Die fast 100 Millionen Toten in beiden Weltkriegen sollten für alle Mahnung genug sein, endlich tätig zu werden und aufeinander zuzugehen, statt neuen Hass zu säen.

In Russland wächst seit 1990 eine neue Generation auf. Sie hat keine Sowjetunion, keinen Kommunismus und keinen Kalten Krieg erlebt. Sie will eine friedliche und materiell gesicherte Zukunft – wie alle Menschen in Europa. Wir sollten zusammenarbeiten, die bereits errichteten Brücken weiter pflegen, neue Brücken bauen. Es gibt viele Möglichkeiten, angefangen beim Jugend- und Studentenaustausch sowie gemeinsamen Projekten in Wissenschaft und Kultur, erleichtert durch Visafreiheit, über Städtepartnerschaften und wirtschaftliche Kooperationen bis zur Zusammenarbeit etwa bei der Entsorgung von Atomabfall, wie gegenwärtig mit den USA praktiziert oder bei der Internationalen Weltraumstation ISS. Wie die Bundeskanzlerin einmal im Bundestag sagte: «Brücken sind schnell zerstört, aber es dauert lange, sie wiederaufzubauen.» Fangen wir wieder an.

Bildnachweis

S. 29 J. P. Darchinger / Friedrich-Ebert-Stiftung
S. 139 John MacDougall / AFP / Getty Images
S. 167 AFP / Getty Images
S. 230 Jan Pitman / Getty Images

Alle anderen Fotos stammen aus dem Archiv des Autors. Leider war es nicht in allen Fällen möglich, die Inhaber der Rechte zu ermitteln. Wir bitten deshalb gegebenenfalls um Mitteilung. Der Verlag ist bereit, berechtigte Ansprüche abzugelten.

Aus dem Verlagsprogramm

GABRIELE
KRONE-SCHMALZ
EISZEIT
Wie Russland dämonisiert
wird und warum das so
gefährlich ist
C·H·Beck